De invisible a
invencible

VILMA NÚÑEZ, Ph. D.

De invisible a invencible

Cómo crear tu
marca personal

PAIDÓS EMPRESA

© 2024, Vilma Núñez, Ph. D.

Diseño de portada: Planeta Arte & Diseño / Lisset Chavarria Jurado
Fotografía de portada: Luis Pineda

Fotografías de interiores: Del archivo de la autora
Ilustraciones de interiores: Virginia Prieto
Diseño de interiores: Sandra Ferrer Alarcón

Derechos reservados

© 2024, Ediciones Culturales Paidós, S.A. de C.V.
Bajo el sello editorial PAIDÓS M.R.
Avenida Presidente Masarik núm. 111,
Piso 2, Polanco V Sección, Miguel Hidalgo
C.P. 11560, Ciudad de México
www.planetadelibros.com.mx
www.paidos.com.mx

Primera edición en formato epub: junio de 2024
ISBN: 978-607-569-739-0

Primera edición impresa en México: junio de 2024
Primera reimpresión en México: agosto de 2024
ISBN: 978-607-569-718-5

Impreso en los talleres de Impregráfica Digital, S.A. de C.V.
Av. Coyoacán 100-D, Valle Norte, Benito Juárez
Ciudad de México, C.P. 03103
Impreso y hecho en México– Printed and made in Mexico

ÍNDICE

Dedico este libro a mis primeros inversores:
mi madre Vilma y mi esposo y socio Jose. Los que creyeron en mí
antes que yo. *Hoy vivo de mi pasión y múltiples talentos gracias a ellos.*

También dedico este libro a ti, mi estimado lector.
Deseo de corazón que vivas *feliz* y con prosperidad, poniendo
tus múltiples talentos al servicio de otros.

PRÓLOGO

Por Ismael Cala

Cuando Cala Enterprises radicaba aún en Brickell, Miami, un miembro de mi equipo de trabajo me dijo que, muy cerca, se encontraban las oficinas de Convierte Más, la marca personal de Vilma Núñez, una exitosa empresaria dominicana, speaker como yo, especialista en marketing y en negocios digitales.

No estaba al tanto de su trabajo ni de sus logros, yo no la conocía, pero me identifico mucho con una idea de la escritora y columnista norteamericana Gradys Taber, que dice: «Ser un buen vecino es un arte que enriquece la vida». Teniendo en cuenta este punto de vista y, sobre todo, las credenciales profesionales de Vilma, decidí comunicarle mi intención de conocerla.

Ella aceptó y desde el principio establecimos una relación profesional muy saludable, que al poco tiempo se transformó en amistad. Vilma, como buena empresaria, fue quien nos propuso trabajar juntos para desarrollar nuestra escuela online. A partir de ese momento establecimos otra relación: la comercial, que también fluye con éxito.

De invisible a invencible, su cuarto libro, me llama la atención por varias razones: una de ellas, la destreza con que Vilma —con ánimo de motivar— integra al mundo emocional y espiritual del ser humano el universo de los negocios online, el dinero, las ventas y la competencia empresarial.

Este es un enfoque interesante, porque muchos consideran que ambos mundos son «polos opuestos». Sin embargo, Vilma nos persuade de que no es así, y para hacerlo se sustenta en todo lo que ha vivido y logrado, durante más de diez años, como empresaria fundadora de una marca personal exitosa o « magnética », como ella la llama.

No obstante, no solo por conceptos como este, *De invisible a invencible* es un libro al que le vaticino éxitos dentro del campo de las ventas y los negocios online; lo hago también porque es un valioso material de consulta, sobre todo para quienes ya desarrollan sus talentos y habilidades dentro de este prometedor universo.

Haciendo referencia a Vilma nuevamente, me sorprendió que, cuando menciona a los talentos y habilidades personales que le han permitido escalar en el competitivo mundo de las redes sociales, no haya señalado el de escritora. ¿Ha prevalecido algún rezago de la Vilma tímida de su juventud? ¡No lo sé!

De lo que sí estoy seguro es de que ningún ser humano que carece de talento para escribir es capaz de publicar cuatro libros, sobre todo con un objetivo tan hermoso como el de educar y ayudar al florecimiento material y espiritual de los demás.

¡*De invisible a invencible* cumple ese propósito! En realidad es un libro que se distingue por la profundidad y lo valioso de sus conceptos, pero, a la vez, nos permite una lectura fluida, irreverente a veces; tallada, por supuesto, a la imagen y semejanza de los éxitos de su autora.

¡Gracias, Vilma!

INTRODUCCIÓN

«El único modo de
ser irremplazable es ser
diferente».

Esta frase se le atribuye a una joven diseñadora francesa de principios del siglo XX. Según cuentan, cuando daba sus primeros pasos en el exigente mundo de la moda parisina, visitó a un veterano perfumista para proponerle el proyecto de una nueva fragancia.

El hombre, una celebridad en asuntos de olores, acogió la propuesta con temor y desconfianza, y no era para menos, porque la fórmula requería 80 ingredientes distintos.

—¡Ochenta ingredientes para un perfume! ¡Esto es una locura!
La muchacha, muy segura de sí misma, lo tranquilizó:
—Maestro, confíe en mí. ¡Será un éxito!

Al parecer, movido por el entusiasmo y por la seguridad con que ella le hablaba, el veterano perfumista se motivó, aceptó la propuesta y comenzó a trabajar inmediatamente.

La fragancia estuvo lista poco tiempo después. Salió al mercado en 1921 y, según la prensa de la época, «se convirtió en todo un acontecimiento en París».

La joven de quien te hablo es Coco Chanel, fundadora de una poderosa **marca personal,** reconocida en los cinco continentes. La fragancia: su clásico Chanel N°5.

Te preguntarás: «¿Por qué Vilma comienza con esta anécdota si no está relacionada con los *negocios digitales*?».

Es cierto, no se refiere a los negocios digitales. Ni Julio Verne, el genio de la ciencia ficción, se imaginó una red de redes o un mundo globalizado como el de nuestros días. ¡Mucho menos un negocio digital online!

Sin embargo, las emociones, los sentimientos y los estados de ánimo que interactuaron en la historia, dando lugar a la creación de una marca tan influyente que trasciende el tiempo, son universales y, por supuesto, están siempre presentes a la hora de emprender cualquier proyecto en la vida. ¡La creación de una marca personal online no es la excepción! Por eso te cuento la anécdota.

Cuando hablo de emociones, sentimientos y estados de ánimo, me refiero al miedo, la autoconfianza, el entusiasmo y la motivación, entre otros, que debieron aparecer en el momento en que la joven diseñadora, llena de ilusiones, anhelos y con aspiraciones muy bien definidas, depositó su confianza —y su futuro— en las manos de aquel viejo maestro perfumista.

Con lo primero que lidias cuando inicias un nuevo proyecto es el miedo. Y es así porque este es una emoción que vive en nosotros, que nos acompaña siempre. Ahora bien, el miedo tiene un par de antídotos muy eficaces: el entusiasmo y la motivación. ¡Ojo! ¡No son lo mismo!

En la antigua Grecia, el entusiasmo se consideraba un signo de inspiración divina, algo así como una virtud que te permitía lograr todo lo que te propusieras. ¿Por qué? Porque el entusiasmo motiva, y un ser humano motivado es capaz de vencer cualquier tipo de miedo.

Tony Robbins, motivador y especialista en desarrollo personal, dice muy acertadamente que **«establecer una meta es el primer paso para convertir lo invisible en visible».** Con este libro, me he trazado la meta de motivarte, de darte el último impulso para que, si de verdad crees tener condiciones para hacerlo, hagas realidad el sueño de crear tu propia marca. ¡Que no te venza el miedo!

Sin embargo, si solo logro motivarte, nada resolvería, porque lo único que habré conseguido es alimentar en ti un estado de ánimo interno, «invisible», como dice Tony Robbins. Por tanto, para darle forma a lo que te motiva y que puedas disfrutar el éxito, es preciso que desarrolles un plan de acción.

En *El principito*, hermoso libro de cabecera de muchos, su autor, el francés Antoine de Saint-Exupéry, pone en boca de su personaje, con la ternura que lo caracteriza, una frase muy oportuna para lo que estamos hablando. Dice: **«Un objetivo sin plan no pasa de ser un deseo».**

Estoy segura de que Coco Chanel ya olfateaba su fragancia en el aire antes de crearla, se embriagaba con ella, la deseaba y hasta visualizaba el éxito que tendría. Pero para que ese aroma trascendiera su fértil imaginación e inundara los cinco continentes tuvo que enfocarse en lo práctico, en cómo convertirlo en realidad. Por eso lo primero que hizo fue reunirse con el célebre perfumista Ernest Beaux para que le ayudara. Lo demás es historia.

En dos de mis libros anteriores, *La brújula de los negocios digitales* y *Magnetizar*, pongo a tu disposición una serie de herramientas teóricas básicas, sustentadas en mi experiencia práctica, que te permitirán proyectar y desarrollar un exitoso plan de acción, si es que decides formar parte de este fascinante y competitivo mundo.

Con todos estos recursos a tu alcance, te propongo que valores cuánto aportaría una marca personal a tu desarrollo profesional y como ser humano para que comiences a trabajar en ello ahora mismo.

Comparto también contigo los sentimientos y las emociones que me han dominado durante estos años y, por supuesto, cada uno de los principios y las reglas que he seguido para crear mi propia marca y disfrutar el éxito. Ten presente que estos principios y reglas no son rígidos, por lo que debes adaptarlos a tu realidad, a tu preparación individual y a tus objetivos. ¡Recuerda, eres un ser único e irreemplazable!

¡Solo motívate, convence a tu corazón y a tu mente, y verás que es posible! Enfatizo «tu mente» porque tienes que prepararla muy bien para cualquier proyecto nuevo en esta vida. ¡Incluso hasta para el éxito!

Mi equipo de trabajo y yo hemos establecido una exitosa marca personal online, y estoy segura de que tú también lo puedes hacer, sobre todo ahora que tienes los recursos teórico-prácticos a tu disposición. Ten presente que, cuando proyectes tus planes de negocio y de acción, debes ser exigente y a la vez práctico. ¡Nunca planees lo que no creas poder realizar! Muchas veces hay que controlar el entusiasmo y ser realistas.

Quiero precisarte otro punto que considero importante. El hecho de que en esta introducción y a través de todo el libro maneje conceptos como **marca personal** o **ser diferentes** no quiere decir que alabe el individualismo o el egoísmo malsano. ¡Nada de eso!

Te darás cuenta de que es todo lo contrario. Una marca personal te brinda la oportunidad de desarrollarte humana y profesionalmente, porque en todo momento te pones en función de los demás, te transformas en líder... y el liderazgo es influencia.

No soy practicante del budismo, no obstante, reconozco la sabiduría de las ideas que profesa. Buda dice: «Los propósitos de un buen líder nunca deben estar basados en la avaricia ni en el individualismo». Una marca personal online tampoco, aunque sí te obliga a poner a prueba tus habilidades individuales.

Porque disfruto esta experiencia a diario, puedo asegurarte que, cuando lideras una marca personal, guías, proteges y provees de recursos teóricos y prácticos a tus clientes y subordinados. Los inspiras e incentivas, y les dejas un legado imperecedero. ¡Nada más hermoso! Creo que son razones suficientes para que te entusiasmes y motives.

De invisible a invencible es un deseo que he estado acariciando durante años. Con el favor de Dios, y después de mucho trabajo, lo tienes ahora en tus manos, convertido en realidad.

Ahora bien, mi éxito no estaría completo sin cumplir con los objetivos que me impulsaron a escribirlo: motivarte a que valores las ventajas de una marca personal online y, después, que entres en acción para que transformes tu motivación en realidad.

La motivación impulsa, pero, en definitiva, **¡la acción es la llave maestra que abre todas las puertas del éxito!**

¡Cuenta siempre con mi apoyo!

1

¡CONÓCETE!

Desde muy joven comencé a trabajar como ejecutiva de cuentas y planificadora de medios en una agencia de publicidad en Santo Domingo, República Dominicana. Entonces no existía ninguna de las tan populares plataformas sociales de hoy ni las de comunicación interna como Slack, así que utilizaba MSN Messenger de Microsoft para hablar con mis compañeros, proveedores y clientes.

Una mañana me conecté y quedé impactada por un comercial. No era dominicano, venía de otro país de Latinoamérica. Su diseño audiovisual era muy creativo, coherente y superatractivo. Me entusiasmó tanto que en ese mismo instante me dije: «¡Caramba, yo quiero hacer cosas como esa! ¡Quiero hacer publicidad y vender online!».

El origen de mi motivación eran la publicidad y las ventas online, ni me pasaba por la mente la idea de una **marca personal**, pero sin saberlo, sembraba su semilla.

Aunque siempre amé las redes sociales y todos mis trabajos estaban relacionados con las ventas, fue a partir de ese anuncio que tanto me motivó que decidí el rumbo que tomaría mi vida en lo profesional. No fue un capricho pasajero, a pesar de que todavía arrastraba muchas de las dudas existenciales propias de la juventud. Yo era muy joven, sin embargo ya me preguntaba: «¿Qué quiero hacer con mi vida?». Y lo hacía sin valorar en toda su dimensión la trascendencia de la respuesta, porque implica tomar conciencia de quiénes somos, en qué creemos y cómo pensamos.

No es nada fácil responderla; además, no lo lograrás de hoy para mañana, porque los argumentos requeridos llegan de manera progresiva. Están sujetos a las experiencias del día a día y, por supuesto, a cómo asimilas esas experiencias y las pones a disposición de tu mejoramiento personal.

Eckhart Tolle, maestro espiritual alemán y autor del libro *El poder del ahora*, asegura que **«no es raro que mucha gente pase toda la vida esperando empezar a vivir»**.

Tolle se refiere, precisamente, a la gente que no ha tenido disposición de aprender quién es ni qué quiere, y que, por tanto, no sabe hacia dónde va en la vida y se comporta como un típico zombi social, que enfrenta la existencia de manera reactiva, muchas veces automática, con el único ánimo de sobrevivir.

Por el contrario, quien tiene dominio de sí mismo está en condiciones de motivarse y de funcionar como un ser **proactivo**, ese que es capaz no solo de reaccionar ante las exigencias del entorno, sino también de ejercer influencia sobre él e incluso transformarlo.

Enfatizo este punto porque mi intención es —repito— motivarte para que entres en acción y fundes tu propia marca personal. Ahora bien, para que lo logres tienes que dejar de ser el tipo de persona de la que habla Tolle y comportarte como un ser proactivo, es decir, apto para influir sobre los demás.

Mi propósito nace de la importancia que reviste una marca personal en un mundo como el de hoy, regido por las redes sociales y las leyes del mercado, pero sobre este tema profundizaré más adelante. Por ahora, mi interés radica solo en que tomes conciencia de que, por mucho que quieras crear tu marca, cualquier esfuerzo será en balde si te desconoces y no estás al tanto de tus habilidades. ¡Primero conócete, luego actúa!

Esta necesidad de autoconocimiento del ser humano viene de miles de años atrás, no es una idea contemporánea. Sócrates, el gran filósofo de la antigua Grecia, les decía a sus alumnos que «el conocimiento de uno mismo surge de la urgencia de conocer el alma y comprenderla, para distinguir el bien del mal, y así poder elegir el bien».

Este punto de vista socrático es interesante porque, con un atractivo fulgor espiritual, determina que **la única forma de hacer**

el bien es conocerte. ¡Si no te conoces, no sabrás si actúas bien o mal!

Por aquella época, los griegos visitaban el oráculo de Delfos, ubicado en el templo de Apolo, el dios de la naturaleza, la verdad y las profecías. Iban a rogarle favores a Apolo y a que el famoso oráculo predijera su futuro. ¡Los griegos, al parecer, eran muy curiosos! Cuando llegaban al sagrado recinto, muchos se sorprendían con una inscripción en el pórtico de entrada que decía: «Conócete a ti mismo».

El objetivo de esta era no hacerle perder el tiempo al dios ni al dichoso oráculo, porque, ¿cómo te van a predecir el futuro si no sabes quién eres hoy? Esa filosofía de vida fue uno de los pilares fundamentales del extraordinario desarrollo de la civilización helénica.

El hecho de conocerte es un factor de estabilidad mental y espiritual que te permite conectar con tu esencia y, como dice Sócrates, te identifica con tu alma, tu verdadero ser. Cuando lo logras, la realidad no te puede imponer límites porque tu autoconfianza crece y pierdes el miedo a emprender cualquier proyecto de mejoramiento personal y de los demás. Vives en plenitud y disfrutas la abundancia que te ofrece la vida.

El deseo de saber qué hacer con mi vida se avivó durante mis estudios de Publicidad en la universidad privada Acción Pro Educación y Cultura, de Santo Domingo, más conocida por sus siglas APEC.

Me gustaba y aún me gusta la publicidad, y no soy mala estudiante, aunque no miento cuando digo que me sentía perdida dentro de aquella madeja de asignaturas. ¡Por suerte para mí no se impartían matemáticas! Realmente sentía que no era lo mío, que allí no iba a encontrar algo que me motivara en lo profesional para seguir adelante en la vida; no obstante, admito que no tenía claro todavía lo que quería. ¡Vaya contradicción!

Cuando estaba finalizando la universidad, mis compañeras y yo tuvimos que presentar un trabajo práctico relacionado con la creatividad para una de las asignaturas.

Una vez redactado el proyecto, mi única obligación era imprimirlo, pero me propuse defenderlo porque la defensa que habíamos preparado no era buena, y yo no podía permitirme sacar una mala nota. ¡Perdería mi beca! Me martillaba esa idea en la cabeza.

Me preparé lo mejor que pude para la defensa y, por suerte, lo hice bien. Cuando el profesor encargado de evaluarnos nos dio el resultado final, dijo: «Sinceramente, el proyecto no es el mejor, *pero todos se salvaron gracias a la defensa que hizo Vilma*».

¡Ese trabajo para mi evaluación final de una asignatura fue el primer encuentro consciente que tuve con las ventas! ¿Por qué consciente? Porque, a la vez que estudiaba Publicidad, trabajaba en un banco en el área de Comunicación Interna, y buena parte de mis funciones allí consistían en promover y vender a los empleados los beneficios adicionales a su salario que la institución financiera les ofrecía. ¡Yo no lo entendía así, pero es lo que hacía! De eso me di cuenta mucho después.

La calificación positiva de aquel trabajo final resultó trascendente para mí por numerosas razones: terminé la carrera, no puse en riesgo mi beca y el mismo profesor que nos evaluó acreditó mi perfil como ejecutiva de cuentas. Así, mi vida tomaría un rumbo que me permitiría conocer, por fin, lo que realmente deseaba hacer en la vida y así despejar mis dudas de juventud.

En ese mismo cuatrimestre, una profesora, con la que mantenía magníficas relaciones, me propuso el trabajo de ejecutiva de cuentas en una agencia de publicidad. Me enfrenté a un gran dilema: en el banco tenía mayores beneficios, pero la nueva propuesta me satisfacía más porque estaba en sintonía con mis intereses.

Como ejecutiva de cuentas, entre otros deberes, iba a ser el enlace entre los clientes y la agencia, gestionaría las necesidades de posibles compradores y las convertiría en material publicitario. Lo analicé bien y decidí aceptar la oferta de la profesora.

Una mañana, conectada al chat MSN Messenger, vi el anuncio del que te hablé a principios del capítulo y que tanto me motivó a decidirme por la publicidad y la venta online.

Lo curioso y más contradictorio en esta historia es que, tanto en el banco como en la agencia de publicidad, mi labor siempre estuvo relacionada con las ventas. ¿Qué hacía en la agencia? ¡Vender publicidad! Pero yo no lo interpretaba de esa manera. ¡No me consideraba una vendedora! Desde mi punto de vista, era una publicista.

Repito, era muy joven en aquel tiempo —hablo de la primera década de 2000— y es muy probable que no descifrara del todo el concepto «vender». Dice el *Diccionario* de la Real Academia Española que *vender* es «traspasar a alguien por el precio convenido la propiedad de lo que se posee». Esa «propiedad» puede ser tangible o intangible.

Si utilizamos el mismo término de la RAE, yo «traspasaba» servicios publicitarios —un producto intangible— a través de un correo electrónico o de un chat y, como muchas veces no tenía contacto físico con el cliente, no asimilaba lo que realmente estaba vendiendo. Hoy, la venta online es una labor cotidiana, tan natural como ir a la panadería y comprar una barra de pan. ¡Todo se vende a través de las redes sociales y, por lo tanto, todo tiene un precio!

Si lo analizamos bien, es verdad que siempre he estado conectada con mi esencia, o sea, con las ventas, mi verdadera pasión; pero créeme que fue hasta 2017 —casi diez años después de mi graduación de la carrera de Publicidad— que un amigo me abrió los ojos y me hizo comprenderlo. Y no solo eso, también me hizo sentir orgullosa de lo que he hecho toda mi vida. Me dijo: «Vilma, debes estar satisfecha, porque vender es hacerle un favor a la gente».

Esa frase, además de llenarme de satisfacción, me concientizó acerca de que, desde el banco, ya ofrecía facilidades a los clientes, vendiéndoles ideas, proyectos, contenidos e iniciativas.

¡Hoy me fascina vender! Y lo hago consciente de que, cuando alguien compra un producto mío, convierte en realidad su deseo y, por tanto, le ayudo a ser feliz.

¡Cuando compras lo que deseas eres feliz!

Gracias a toda esta sucesión de acontecimientos le fui dando respuesta, paso a paso, a la pregunta **«¿qué quiero hacer con mi vida?»**, y a otras interrogantes que surgen a partir de ella: **¿quién soy?, ¿qué quiero ser?** ¡Bendito lío en el que una se mete cuando se propone responderlas!

Y digo «bendito» porque solo cuestionándonos de esta manera logramos conectarnos con nuestra alma, nuestra verdadera esencia, como dijo Sócrates. A medida que respondía cada una de esas preguntas, me convencía cada vez más de que mi verdadera pasión es vender.

Después de la universidad y de mis trabajos, tanto en el banco como en la agencia de publicidad, realicé estudios universitarios superiores, trabajé en mi desarrollo personal y viví nuevas experiencias en España y Estados Unidos, gracias a lo cual pude abrirle las puertas, de par en par, a mi **marca personal** y llegar a ser lo que hoy soy: **una mujer exitosa, empresaria, estratega en negocios y marketing, rectora de la universidad americana American Business,** fundadora del Grupo Convierte Más, una marca personal de alcance internacional, encargada de promocionar y vender productos, consultorías, softwares y servicios a través de medios digitales. ¡Soy lo que siempre he soñado ser!

Motívate y actúa

> ¡El conocimiento de uno mismo y la motivación forman una combinación imposible de separar si realmente deseas disfrutar el éxito!

Según un famoso diálogo zen, un alumno al que no le iba bien en las calificaciones se acercó preocupado a su sabio maestro y le preguntó:

—Maestro, yo estudio mucho, pero no saco buenas calificaciones. Dígame usted qué debo hacer.
El sabio maestro lo miró a los ojos y le dijo:
—¡Motívate, hijo, motívate!

La psicología define la motivación como «un deseo que activa y dirige el comportamiento humano hacia alcanzar una meta». El sabio maestro zen comprendió que aquel alumno, estudioso y aplicado, carecía de motivación. Su deseo de lograr buenas calificaciones existía, pero no estaba activado, dormitaba en su interior. ¡Solo la motivación activa la mente y saca al deseo de su letargo!

La psicología apunta también que «para lograr un propósito hay que contar con suficiente energía, con un *objetivo claro* y *la voluntad de emplear esa energía*».

El objetivo que debes tener claro no es más que la meta o el fin para el cual activas tu mente. Dicho con otras palabras, es **saber lo que quieres**. La psicología reafirma, por tanto, la indisoluble combinación que establecen el autoconocimiento y la motivación.

La motivación es una experiencia subjetiva como cualquier otro estado de ánimo. Al igual que una emoción, es generada por un estímulo ya sea externo o interno. La mente tiene la capacidad de concebir estímulos internos capaces de crear estados de ánimo y emociones.

La diferencia más notable entre un estado de ánimo como la motivación y una emoción radica en que el primero es una actitud o disposición ante la vida (cuya duración puede ser de horas, años y, en algunos casos, toda la vida) y la segunda, por el contrario, tiene un carácter transitorio, fugaz, y, al mismo tiempo, más intensa.

Como esta última aparece y desaparece con rapidez, tienes que preparar tu mente para que reaccione a la misma velocidad y pueda, en un abrir y cerrar de ojos, manejar la emoción que sea. ¡Porque las emociones no se dominan, se manejan! Si entras a un lugar que te infunde temor, no puedes dominar la emoción e impedirle que te invada. ¡Sientes temor! Pero puedes aprender a utilizar ese miedo en tu favor y evitar que te detenga. Todo depende del nivel de inteligencia emocional del que dispongas.

Dice Daniel Goleman, autor de la teoría relacionada con la **inteligencia emocional**, que «los estados de ánimo, aunque no son emociones, son un componente activo del universo emocional de los seres humanos y, por lo tanto, sí influyen en tus emociones».

Y no solo son un componente activo, a menudo los estados de ánimo son emociones que perduran y predisponen nuestra manera de actuar. Un enojo prolongado transforma al ser humano en un ente iracundo cargado de energías negativas. Lo mismo sucede con otras emociones.

Es indiscutible que a una persona con mal humor o con depresión se le hace más difícil disfrutar una emoción positiva, como la alegría, que a una con un estado anímico eufórico y positivo.

Le dedico tiempo a este tema de las emociones y los estados de ánimo porque la decisión de crear una marca personal —como cualquier otro proyecto importante— viene acompañada de desafíos que dan lugar a un variado espectro emocional y anímico, como el temor, la frustración, la satisfacción, la alegría y el enojo cuando las cosas no salen bien.

La única forma de manejar ese espectro anímico-emocional para que no conspire en contra de los buenos resultados que deseas lograr con tu proyecto es tener un nivel básico de control mental.

Los desafíos te van a obligar a tomar decisiones, algunas muy difíciles. Ahora bien, si esa toma de decisiones la haces bajo la influencia de una emoción o un estado de ánimo, sobre todo si estos son negativos, es muy probable que tu decisión no sea la correcta, porque tu mente no estará enfocada en tu verdadero interés.

Las emociones y los estados anímicos descontrolados también afectan las relaciones personales, y más aún las profesionales, algo que deberás tener en cuenta tanto a la hora de crear tu marca como cuando ya la has echado a andar.

Yo he aprendido a controlar, al menos en lo básico, mis emociones y estados de ánimo. En un momento de mi vida fui muy tímida, un patrón de comportamiento que, según los especialistas, limita el desarrollo, Si dejas que la timidez te venza, afectará tu autoestima, así como tus relaciones personales y profesionales.

Yo cometía muy a menudo el error de compararme con los demás, y lo peor es que siempre salía perdiendo. ¡Me consideraba menos capaz! Me preguntaba: «¿Por qué los otros logran más que yo? ¿Por qué sus resultados son mejores que los míos?». Confieso que me veía como una hormiguita minúscula y llena de inseguridades. ¡Mi autoestima estaba por los suelos!

¿Por qué me ocurría eso? ¡Porque me dejaba vencer por la timidez y no era auténtica! No estaba siendo real ni honesta conmigo misma, solo trataba de encajar, es decir, de ajustarme al entorno, tanto laboral como social.

Más temprano que tarde, por suerte, me fui dando cuenta de que, en vez de «encajar», lo realmente importante era «destacar». Tuve que luchar por ser auténtica. ¡Yo decidí serlo!

Moraleja: **la autenticidad es incompatible con la timidez**. Y una marca personal, para triunfar, tiene que ser auténtica. De esto te hablaré más adelante en este capítulo.

Otra consecuencia negativa de no controlar tus arranques anímico-emocionales es el estrés. Un alto nivel de estrés no es saludable porque afecta las tres categorías que conforman tu existencia como ser humano: la física, la espiritual y la mental.

La física, porque te agotas fácilmente. El estrés consume muchas de las energías indispensables para emprender un proyecto. Para mantener viva la motivación, requieres voluntad y «el empleo de todas tus energías», como dicta la psicología. Si le das rienda suelta al estrés, la motivación languidece.

El daño que el estrés provoca en el plano espiritual se refleja en la pérdida de entusiasmo y falta de motivación. Tu mente tampoco funciona como es debido porque se nubla, pierdes la paciencia y la voluntad se cae al piso. Puedes evitar los resultados negativos del estrés con control mental. Y más te vale que los evites, porque son incompatibles con el éxito de una **marca personal**. Con solo controlar tu mente aseguras gran parte del éxito.

Una emoción o un estado de ánimo bajo control puede llegar a ser una fuente de creatividad y energía. El entusiasmo, la motivación, la alegría y el amor inspiran a los seres humanos; incluso el miedo, cuando lo manejas, se convierte en tu aliado, porque te hace ser prudente y te obliga a pensar más y mejor lo que debes hacer.

¡El control mental marca la diferencia entre el éxito y el fracaso! Tenlo en cuenta a la hora de perseguir tu marca personal o cualquier otro sueño o anhelo en la vida.

Un recurso muy valioso para conocer el recorrido de las emociones es el siguiente cuadro diseñado por Ismael Cala, conferencista motivacional, comunicador y especialista en liderazgo. Lo tituló «La ruta de las emociones», pero es también aplicable a los estados de ánimo. En definitiva, ambos siguen el mismo camino.

Entorno. Allí se generan los estímulos que dan lugar a las emociones y los estados anímicos.

Sentidos. El estímulo es recibido por uno o varios sentidos a la vez.

Cerebro. Se percata del estímulo por la señal que emiten los sentidos a través del sistema nervioso central.

Mente. Procesa el estímulo y le añade el poder emocional o anímico. Tiene suficiente fuerza para generar ella misma una emoción o un estado de ánimo, y esto define la grandeza del ser humano, porque la mente, que es quien tiene la última palabra, es etérea y a la vez hija de un órgano físico: el cerebro.

Cuerpo. Reacciona en sintonía con el resultado del proceso mental. Un estado anímico o una emoción muchas veces se detecta por un simple gesto o expresión del rostro.

Entorno. La reacción del cuerpo envía el estímulo, ya convertido en emoción o estado de ánimo, al entorno. Esto puede dar lugar a un nuevo estímulo capaz de generar nuevas emociones o estados de ánimo en los demás.

Quiero destacar este último punto porque los humanos somos seres gregarios, es decir, vivimos en sociedad, rodeados por nuestros congéneres, y no estamos diseñados para vivir en solitario como los tigres. Sin embargo, Dios nos concedió la vida y el libre albedrío. Entonces, somos nosotros los que decidimos quién nos rodea y con quién nos juntamos.

Cuando un cuerpo reacciona a una emoción o un estado anímico positivo, el ambiente se torna positivo. ¡Qué bien! Pero cuando reacciona ante emociones o estados de ánimo negativos, el entorno se intoxica.

Aprovecha la capacidad de elegir que Dios puso en tus manos y aléjate de los ambientes tóxicos. ¡Una marca personal rara vez funciona en un medio como ese!

Poder y posibilidades de una marca personal

En un blog al que acudo muy a menudo leí la historia de una joven que llenó una solicitud de trabajo. Al igual que otro candidato, era buena trabajadora, tenía la capacidad requerida y gozaba de notable prestigio entre sus compañeros. Sin embargo, ¡no la aceptaron! ¿Por qué? Porque su rival era dueño de una marca personal online y ella no.

Estoy segura de que los contratistas en este caso estaban convencidos de que, al incorporar como asociado al fundador de una marca personal, elevarían el prestigio de la empresa.

La oportunidad de obtener hoy una nueva oferta de trabajo no depende, en muchas ocasiones, de tu *curriculum vitae*, de las cualidades que poseas como profesional, de tus valores personales ni de la cantidad de resúmenes laborales que envías. Por supuesto, todo eso influye, pero tu marca personal puede hacer la diferencia. No solo en casos como el que te acabo de contar, sino también en cualquier otra circunstancia que la vida laboral o social te ponga por delante.

Un estudio realizado por Adecco, entidad internacional especializada en recursos humanos y en la relación persona-empresa, demostró que la mayoría de los empleadores, antes de cerrar un convenio, realizan un estudio del nivel de influencia que tienen los candidatos en las redes sociales. El estudio arrojó que alrededor de 44% de los empresarios eliminaron a algún aspirante por carecer de influencia online. Esa tendencia va en aumento.

Una **marca personal** te brinda esa «influencia» tan deseada por las empresas a la hora de pactar con nuevos talentos, porque hoy día es sinónimo de profesionalidad y credibilidad. Sin embargo, en muchos subsiste la idea de que echar a andar una marca personal es solo para famosos: futbolistas, artistas, influencers u otro tipo de personas mediáticas, ¡pero nada de eso!

No necesitas tener una estrella en el paseo de Hollywood para ponerla a funcionar por una razón muy simple: todos tenemos una marca personal, ¡aunque no la utilicemos ni aprovechemos su inmenso poder!

Te voy a poner mi propio ejemplo. Yo nunca fui famosa ni considero que lo sea. Ya te conté parte de mi historia: mientras estudiaba trabajaba en un banco y, después, en una agencia de publicidad en República Dominicana. Así, entre estudios y trabajos, me preparé durante muchos años hasta que, finalmente, fundé **Vilma**. Como resultado, hoy hago lo que me place, disfruto del éxito y de todas las ventajas espirituales y materiales que me proporciona, y dejo una huella que me distingue y hace única.

No existen dos seres humanos iguales, y por eso todos llevamos, aunque invisible a simple vista, nuestro propio cuño de identificación. No podemos ser iguales por una razón especial: somos producto de una combinación genético-ambiental que determina nuestro físico, nuestras creencias, nuestras maneras de pensar y de actuar, así como cada una de las habilidades individuales que nos distinguen. Es improbable que esa combinación genético-ambiental se repita en dos personas.

Lo único que tenemos en común los humanos es el poder de la razón. ¡Somos seres pensantes! Eso nos hace —en apariencia— superiores al resto de las especies animales. Sin embargo, cuando ejercemos esa virtud, es decir, la de pensar y razonar, también nos diferenciamos, porque cada quien interpreta la vida a su manera, según sus criterios, puntos de vista y hasta conveniencia. No hay dos personas que analicen y describan un mismo suceso de igual forma. ¡Eso es imposible! A no ser que antes se pongan de acuerdo.

Si profundizamos en esta diferencia, podemos ir más allá: ni uno mismo es igual siempre, porque —sin excepción— cambiamos a lo largo de la vida, tanto en lo físico como en lo mental. Yo no soy la misma Vilma de hace diez años, he cambiado, igual que tú, igual que todos. Incluso aquellos que no aceptan el cambio, porque su mente divaga en los predios del pasado, con solo mirarse al espejo se cercioran —si son sinceros— de que ya no son los mismos.

¡En lo único en que coincidimos los seres humanos es en que somos diferentes! Por tanto, no hay dos marcas personales iguales, y en esa disparidad —imposible de destruir— radica la grandeza y el poder de la tuya, de la mía y de la de todos. ¡Desde la autenticidad que provoca el ser diferentes fluye tu fuerza y poder de influencia! De esto hablaremos más adelante.

Como ya mencioné, «somos un producto genético-ambiental». Ese producto —que nos determina como seres únicos— comienza a gestarse desde el día en que nos conciben y lo vamos empoderando tras el nacimiento y durante toda la vida. Del empeño y del amor que le pongas a ese ejercicio de empoderamiento dependerá la simiente de tu marca personal.

Imagina que tu imagen pública, la misma que utilizas en las redes sociales para atraer clientes y generar confianza y prestigio, no es más que la punta del iceberg. Pero no fue la punta del iceberg la que hundió al Titanic, la mayor obra de ingeniería del ser humano en esa fecha, ¡fue su enorme y poderosa base! Según los cálculos, la base de un iceberg supera siete u ocho veces el tamaño de su punta, y allí radica su poder.

El bambú, a simple vista, es una caña delgada que crece muy elevada, al parecer frágil, pero que es capaz de resistir mejor el viento de una tormenta que cualquier otro árbol de mayor tamaño, como el roble. Lo que sucede es que el bambú desarrolla sus raíces durante años antes de brotar. Gracias a eso, cuando surge, crece de manera exponencial. ¡Lo mismo sucede con tu **marca personal**!

Si la sustentas sobre una base débil, su poder y legado pueden derrumbarse con facilidad. Entonces, ¿cómo fortalecer su base una vez que decidas echarla a andar? Te voy a enumerar tres puntos en los que, por experiencia propia, podrás apoyarte:

1. **Misión.** La misión tiene que ver con tus sueños y ambiciones. Pregúntate: ¿qué quiero lograr con mi marca personal? Yo me la hice y llegué a la conclusión de que **«quiero cambiar, para bien, la vida de las personas, haciendo lo que me complace. Quiero lograr el éxito y ayudar a los demás a lograrlo también».** ¡Esa es la misión de Vilma! Enfócate desde el inicio en tu propósito.

2. **Visión.** La interpreto como tu razón de ser, como tu objetivo de futuro. Pregúntate: ¿qué haré para conseguirlo? Debes convertirte en visionario y visualizar lo que quieres ser y hasta dónde quieres llegar. Una de las leyes espirituales del éxito, según Deepak Chopra, es la **ley de la intención y el deseo.** Te sugiero que cierres los ojos y visualices tu deseo. Cuando lo veas hecho realidad, déjate llevar por tu intención y actúa, verás que lo alcanzas. Parte de mi práctica diaria consiste en nutrir mi mente con declaraciones y afirmaciones poderosas; una de mis favoritas es: «Visión a largo plazo, acción a corto plazo».

3. **Valores.** Son los que hacen que tu marca personal sea única y trazan el camino hacia el éxito que esperas alcanzar. Digamos que es lo que determinará «la personalidad» de tu marca. Pregúntate: ¿hasta dónde estoy dispuesto a llegar con lo que hago?, ¿cuánto valor podré aportar a mi marca? Para responder estas preguntas tienes que estar convencido de que necesitas trabajar en su planificación estratégica.

Te recomiendo que, primero, identifiques los valores de tu marca y, luego, desarrolles su misión y visión.

¡De esos tres puntos de arranque dependerá su fortaleza!

Comprobé el poder que genera una marca magnética durante un recorrido que hice por Argentina y Chile, donde hablé para 1 600 personas. Primero, en Argentina, lo hice ante 800, y todo lo ocurrido allí lo documenté a través de **Docuselling**, un método que enseño por todo el mundo, que consiste en **documentar** en vez de **vender**.

¿Qué quiero decir? Te pongo un ejemplo. No me dedico a subir a las redes sociales anuncios como: «Contrátame para speaker de tu próximo evento». ¡Nada de eso! Lo que hago es documentar desde que preparo una conferencia hasta que la imparto. Es una propuesta muy creíble, porque deja de ser uno más entre los miles de anuncios que invaden las redes sociales. Reflexiona sobre esto: quien domina el arte de atraer jamás necesita perseguir.

Esta metodología —¡comprobada!— se la enseño a figuras políticas para que, en vez de dedicarse a solo pedir votos, realmente comiencen a presumir, con humildad, sus múltiples talentos e hitos; sin duda es una mejor estrategia de venta.

Docuselling me permite vender todos los días del año sin importar el precio de mis soluciones, y así se lo enseño a millones de personas a través de mis medios digitales. Te recomiendo ver el perfil de X (antes Twitter) de Elon Musk y el de su compañía Tesla, pues, desde mi punto de vista, son los mejores en **marketing Docuselling.** Y te lo recomiendo por experiencia, porque fui clienta de esa marca tres años.

Gracias a la experiencia documentada en Argentina, conseguimos también llenar una sala con capacidad para 800 personas en Chile, a pesar de que unos pocos días antes aún no se habían agotado las entradas. Lo logramos porque la gente apreció la organización y credibilidad de mi marca, y desde entonces me propongo llenar espacios de 1 800 a 2 000 personas.

El hecho de que Chile sea uno de los países en Latinoamérica que más boletos vende para conciertos y espectáculos artísticos me confirmó que debía llamar a mis conferencias en tarima «conciertos para la mente». Inventé este concepto en Venezuela, después de que, en Bolivia, lograra yo sola mi primer *sold out*. Era un taller de ventas digitales. Luego, en cada ciudad de Venezuela a la que fui también logré el *sold out*.

El llamar a las presentaciones en tarima «conciertos para la mente» no es un capricho, lo hago porque el poder de una marca personal también se manifiesta llenando salas, como si fuéramos artistas.

Por poner solo un ejemplo, Camilo Cruz, un importante pensador, escritor y conferencista, ha impactado a millones de personas con su libro *La vaca*, un clásico de la literatura motivacional hispana, que además es capaz de llenar una sala con 10 000 personas. ¿Por qué entonces no podemos calificar nuestras presentaciones como conciertos, si impactamos a millones de personas y llenamos teatros como muchos artistas? ¡La comunicación es un arte, no lo olvidemos!

Para lograr el propósito de llegar a la mayor cantidad de personas posibles, además de cumplir con las cualidades de un buen comunicador, hay que trabajar el estilo propio, porque eso incidirá en tu nivel de influencia. Sobre tu estilo descansan la originalidad y la autenticidad, virtudes que, junto al dominio del tema, te hacen más creíble.

No somos artistas en el sentido literal, aunque, repito, la comunicación es un arte. No obstante, hoy somos los nuevos líderes de opinión y, por tanto, tenemos no solo el deber sino también el derecho de ejercer ese liderazgo.

Para disfrutar del poder de una **marca personal** y llegar hasta donde han llegado personas iguales a ti y a mí debes cultivar ciertas cualidades indispensables. Entre ellas, te enumero las siguientes:

1. **Confianza.** Cree en ti mismo y transmite esa confianza a los demás. No esperes a que otro apruebe lo que vas a hacer. Pregunta, consulta, pide opiniones, pero confía en ti y decide tú.

2. **Pasión.** Un hermoso proverbio persa reza: **«La razón es el timón del barco, la pasión la vela que lo impulsa».** Si eres apasionado y lo transmites a tu audiencia, serás capaz de inspirarla y cargarla de energía positiva.

3. **Optimismo y positividad.** Los clientes y seguidores se sienten atraídos por los seres que irradian alegría, positividad y optimismo. ¡Aléjate de la gente y los entornos tóxicos!

4. **Autenticidad.** ¡Es vital para la fuerza de una marca personal! Muchas veces es más impactante cómo se dice una cosa que la misma «cosa en sí». Mientras más original y auténtico seas a la hora de tratar con clientes, seguidores y público en general, más crece tu prestigio y la credibilidad y admiración hacia ti.

5. **Empatía.** ¡Cultívala! No solo te identifiques con tu audiencia. Ponte en su lugar y entenderás más fácilmente lo que en realidad le importa, sus necesidades, preocupaciones, temores y deseos.

6. **Creatividad.** A medida que eres más creativo, más te diferencias de la competencia. Una marca personal poderosa es creativa. No te dejes vencer por la rutina.

7. **Perseverancia.** Junto a la paciencia, es fundamental para lograr cualquier propósito en la vida, porque siempre tendrás que enfrentar muchos obstáculos, algunos muy difíciles de superar. De ti depende hacerlo y seguir adelante.

Todas ellas, además de la fortaleza del trabajo en equipo, empoderan mi marca. Este poder se manifiesta en el siguiente dato: comencé con cero seguidores. Hoy sumo millones en diferentes plataformas y me propongo triplicar mi alcance para monetizarla más y ayudar a más personas.

¡Mi propio ejemplo demuestra el poder de una marca!

Oportunidades

Lo primero que me brinda mi marca personal es sentirme orgullosa de lo que hago y, más importante, de lo que he logrado. Ahora bien, cuando hablo de orgullo no me refiero a ese exceso de estimación malsana, capaz de conducirnos hacia un sentimiento de superioridad.

Mi orgullo nace de la humildad y no es más que esa aureola de satisfacción que nos embriaga a todos, cuando consideramos meritoria una obra propia, que nos beneficia a nosotros mismos y a los demás.

¡Una marca personal te cambia la vida! Como ya te conté, yo solía ser tímida y enfrentaba la existencia con demasiada humildad.

¡Es hermoso ser humilde, pero no hasta el punto de que provoque un sentimiento de inferioridad! Yo lo llegué a sentir, ya lo dije.

Sin embargo, trabajé conscientemente ese sentimiento, me enfoqué en mis objetivos y hoy siento gran placer por lo que hago. Con otros ocurre lo contrario, más que superar la humildad limitante han debido bajarle el volumen a su ego, porque la influencia positiva de una marca solo se ejerce desde la confianza, la humildad y la empatía.

Estoy segura de que la mayor satisfacción que me ofrece **Vilma**, además del bien material que me aporta, es el poder de influencia que ejerce sobre los demás a través de un mensaje enriquecedor y efectivo. Mi marca ha impactado a millones de personas durante más de una década, lo cual —repito— es motivo de satisfacción y orgullo, sentimientos que fluyen desde la profunda calidez del alma.

Como dato interesante, puedo afirmar que en Instagram, en solo un año, mis contenidos se imprimen 200 millones de veces, lo que quiere decir que 200 millones de veces se muestran contenidos de mi marca.

Pero el éxito de una marca no solo premia con sentimientos que regocijan el universo interior, también enaltece tu imagen como líder y ser humano ante los demás, y te brinda la oportunidad de prosperar ostensiblemente en lo material.

Voy a precisarte algunas oportunidades más que considero muy relevantes.

Credibilidad

Dice el Libro de Jeremías: **«Si un profeta profetiza paz, cuando su palabra se cumpla, ese profeta será conocido como el que de verdad el Señor ha enviado»**. Este pasaje bíblico apuntala algo importante: la credibilidad se logra solo cuando los demás ven cumplidas tus promesas.

Jeremías, en el universo de la fe, equipara «credibilidad» con «verdad», algo muy hermoso que, lamentablemente, no siempre se cumple hoy en día. En el mundo moderno, tú puedes ser creíble incluso hasta cuando mientes, y algunos asumen la mentira como un arte.

Una marca personal que se respeta no toma una posición manipuladora, más bien se subordina —aunque sin saberlo— a las enseñanzas del profeta Jeremías, porque es la única manera de forjar su credibilidad. Cuando un cliente se siente complacido con tu trabajo, reconoce «tu verdad», cree en ti y, a la vez, te hace creíble ante los demás.

La credibilidad es un elemento medular, pues de ella depende la capacidad de generar confianza y, como resultado halagüeño, facilita que clientes y seguidores estén dispuestos a trabajar contigo y a comprar tus productos o servicios. Una actitud como esta impacta tu éxito profesional, porque aumenta la percepción de profesionalismo y calidad de tu marca.

¡La credibilidad se asocia con la excelencia! Esta unión es un factor clave para el cliente que busca productos o servicios de alta calidad. Tiene que ver mucho, igualmente, con la identidad e influencia de la marca, en medio de una salvaje y creciente competencia.

Todos estos factores relacionados con la influencia, la credibilidad y la confianza que logra una **marca personal** en su campo traen consigo mayores oportunidades profesionales, colaboraciones y más visibilidad.

El escritor, vendedor y orador motivacional estadounidense Zig Ziglar acuñó una idea muy en consonancia con la credibilidad: **«Si le gustas a la gente, te escucharán, pero si confían en ti, harán negocios contigo».**

Ziglar, quien nació en 1926, se dirige al sector de ventas de su época. Alcanzó su máximo esplendor como experto en las décadas de 1950, 1960 y 1970, pero la sensatez de ese juicio se extiende hasta nuestros días.

Resumo este punto, la credibilidad es un elemento clave, pues incide, de manera favorable, en la forma en que los demás te perciben y confían en ti como persona y como sustento de una marca. Cuando logras la credibilidad, te sitúas en una posición de privilegio, desde la cual ya puedes avistar el éxito.

VISIBILIDAD

¡Tu marca personal es tu carta de presentación! Dice quién eres, cómo piensas y actúas, y te hace visible ante los demás; ahora bien, esta oportunidad no te la brinda para complacer tu ego insano ni para que te digas: «Todos me conocen, soy superior a los demás». ¡Nada de eso! Para triunfar con tu marca personal es imprescindible que te despojes de cualquier vestigio de vanidad, de lo contrario, te perjudicaría sobremanera.

Te hablo de vanidad porque la «**visibilidad** es la capacidad que tiene una marca de ser vista, valorada y reconocida por el público a través de cualquier plataforma de comunicación». Si tu marca personal es tu carta de presentación, entonces tu marca te ofrece esa oportunidad.

Si la mente no sabe cómo sobrellevar esta carga mediática, la cual, en última instancia, es también una carga emocional, puede sucumbir ante la vanidad y el ego malsano. Soy de las que piensa que la mejor técnica para combatir ambos es agradecer siempre quiénes somos y hasta dónde hemos llegado. En mi caso, desde el punto de vista profesional, agradezco ser quien soy: una persona que se siente acompañada por millones de seguidores a través de distintas plataformas.

Si tomas con humildad esa oportunidad que te ofrece la marca, ¡la visión que los demás tienen de ti se embellece y fortalece! Lograrás también que la gente, en especial tus clientes, se sienta cómoda al interactuar contigo —tanto en persona como online—, lo que incrementa el valor de tu imagen pública, así como las oportunidades de negocio y el nivel de los ingresos. ¿Por qué? Porque tu influencia crece gracias a la imagen positiva que has logrado y que proyectas de ti mismo.

Tu visibilidad en el sector profesional depende mucho del trabajo de marketing y comunicación, es decir, de la publicidad a través de medios tradicionales y redes sociales, del patrocinio, de la participación en eventos especializados e, incluso, de tus relaciones sociales, entre otros. Por ejemplo, un buen trabajo de networking te facilita ir más allá de la simple interrelación «persona-persona» o «marca-cliente», porque su objetivo es el crecimiento de tu red, expandir sus conexiones, lo que trae como resultado una imagen más diversificada y poderosa. Al final incluí un capítulo extra y digital en este libro, en el cual revelo mis estrategias de networking más efectivas. Estas técnicas me han permitido establecer conexiones con destacados líderes internacionales y valiosos contactos en el ámbito profesional.

La construcción gráfica también es relevante. Yo misma diseñé los dos primeros logos de mi marca personal, porque no podía esperar a que otros lo hicieran. Recuerdo que solo eran tipografías; sin embargo, con mi logo inicial pude cerrar el primero de mis contratos, que ascendió a 2 500 dólares.

Evolución de los logos de la marca Vilma

Me encanta ver la evolución de los logos de mi marca, porque me demuestran cuánto he progresado.

Por supuesto, no se trata solo de diseñar un logo. En realidad, necesitas trabajar en el isotipo (elemento gráfico de identificación visual) de tu marca y en sus colores y, como es de suponer, en cómo la llamarás, porque el nombre de tu marca es relevante, tiene mucho poder. Si te cuesta trabajo decidir el nombre, te recomiendo que imagines tu logo impreso y, si no lo relacionas con el nombre, busca otro. El nombre debe nacer de tu esencia.

Creo oportuno mencionar dos marcas que no llevan los nombres y apellidos de sus dueños y lograron convertirse en **marcas personales magnéticas**: la del doctor Guillermo Rodríguez Navarrete y Hello Fears, creada por la gran emprendedora Michelle Poler. Estos nombres les abren puertas y les permiten, con su mensaje, transformar a personas de todo el mundo.

Como ves, puedes optar por utilizar tu nombre o seleccionar otro que te apoye en el trabajo. Tú decides, y recuerda que siempre podrás evolucionar. Yo comencé con Vilma Núñez y ahora soy Vilma.

Para demostrarte que puedes y, a veces, hasta debes cambiar tu nombre y proyección, te presento la evolución de mi imagen en los últimos años. ¿Cómo podría mantener el mismo logo si he cambiado con los años? Y no lo digo porque me sienta mayor, al contrario, me siento como el buen vino que, mientras más tiempo tiene, mejor se pone y más vale en el mercado.

¡Abrazo crecer! Al momento de escribir este libro estoy más cerca de mis 40 años que de mis 30, pero pienso que este es solo el comienzo del resto de mi vida.

La evolución es inevitable

En resumen, la visibilidad de una marca es esencial para que tenga éxito, pues le permite ser vista, recordada y elegida frente a otras opciones.

PERSONALIDAD

La personalidad es el conjunto de peculiaridades que posee un individuo y que lo caracteriza y lo diferencia de los demás.

Tomando como parámetro este concepto, es posible afirmar que, si personalizas tu marca, garantizas que no sea igual a otra.

¡Cada ser humano es único y diferente, y con las marcas personales sucede lo mismo!

Destacar la personalidad es una estrategia de marketing muy certera, sustentada en la promoción de una persona como marca. En un principio puede parecernos deshumanizado, pero no lo es, porque cuando la marca crece y gana prestigio, enaltece la personalidad de quien la engendró. ¡Tu marca te distingue y te honra!

La relación personalidad-marca da lugar a un interesante ejercicio de «toma y dame»:

1. Le añades tu personalidad a la marca.
2. Cuando la marca crece y se desarrolla, crece tu personalidad.
3. La personalidad —ya engrandecida— le insufla más prestigio a la marca.

Se produce algo así como un movimiento en espiral ascendente que, más que llevarte hasta la cima del éxito, te permite también disfrutar siempre el camino.

Algunos dicen que «la marca te pide permiso para ser tú mismo». No exageran, porque, cuando la creas, la haces a tu imagen y semejanza: le inyectas tus sentimientos, emociones, creencias, manera de ser, de pensar y de actuar, dándole forma a lo que otros llaman **personalidad de marca**.

Si dos personas tienen habilidades y experiencias similares en una misma área, la personalidad es el factor decisivo al elegir con quién trabajar (ya sea que se trate de un empleador o de un cliente). Si eres carismático y amigable, tienes mayores posibilidades de que tu marca sea más atractiva que otra, cuyo creador no lo es.

Existen innumerables ejemplos de cuánto influye la personalidad, pero voy a referirme solo a uno que, aunque no es digital, atestigua todo lo que estamos hablando.

Si te preguntaran acerca de las características personales que tiene la fundadora de Victoria's Secret, es muy probable que creas que es presumida, elegante, emprendedora, si no conoces su historia. Sin embargo, ¡no es así!

En primer lugar, Victoria's Secret fue fundada por un hombre: Roy Raymond. La idea le surgió un día que andaba de compras con su mujer por San Francisco y sintió vergüenza al entrar en una tienda de lencería femenina (por timidez o falso machismo, no puedo asegurarlo). Por alguna de esas dos razones, Raymond, que tenía una personalidad emprendedora y a la vez comedida y reservada, decidió abrir su primera tienda en 1977, con el fin de que los hombres se sintieran cómodos a la hora de ir a comprarle lencería a su pareja. Ese establecimiento inicial tenía paredes de madera, detalles victorianos y sus dependientas debían ser muy discretas. Las prendas estaban exhibidas en la pared dentro de anaqueles y, de ese modo, los hombres podían elegirlas sin tener que buscarlas en los percheros. No tenían ni que tocarlas, ¡solo señalarlas!

Parece inverosímil, pero Victoria's Secret es hoy la marca de lencería femenina más famosa del mundo, y estoy segura de que no tiene nada de machista y, mucho menos, de tímida.

Legado

Es el resultado directo de todas las oportunidades anteriores. ¿Sobre qué base se apoya tu marca para permitirte dejar un legado? Se apoya, en lo fundamental, en la **personalidad**, la **credibilidad** y la **visibilidad** que le impregnaste.

El legado es la huella que deja la marca en la mente de las personas; ahora bien, si su creador le infunde la personalidad capaz de llevarla al éxito, entonces el fundador se verá honrado con ese legado.

Un legado puede manifestarse de muchas formas, entre ellas:

1. A través de logros profesionales (Apple - Steve Jobs).
2. Contribuciones a su comunidad (St. Jude - Danny Thomas).
3. Inspirando a otros (Mel Robbins, Cala, Chopra).
4. Por los valores y principios defendidos (Martin Luther King Jr.).
5. La forma en la que ha tratado a las personas (Santa Teresa de Calcuta).

Marca personal puede ser un concepto nuevo para algunos, sin embargo, sus raíces son antiguas, porque, en definitiva, cuando recordamos a personas como Martin Luther King es, precisamente, porque supo construir una marca personal memorable, aunque 50 o 60 años atrás su obra y personalidad no se conocieran de esa manera.

En definitiva, el legado de una marca personal es el resultado de una existencia bien aprovechada, con un objetivo definido. Esos son los puntos sobre los cuales se apoyan la reputación y la huella que dejas en este mundo.

El legado no se construye en un par de horas. Es el producto de años —a veces toda la vida— de esfuerzo y dedicación. De ahí la importancia de realizar, a favor de nuestra marca, una labor constante y creativa: es la única forma de dejar una huella duradera y positiva.

Oportunidades económicas

Una marca personal sólida no solo enaltece tu imagen pública y te brinda placeres para el alma, lo cual es hermoso y gratificante, sino que te abre también las puertas de la bonanza material.

Por ejemplo, contar con un número importante de seguidores a los que les vendes productos digitales, servicios y cursos en línea, entre otros productos, puede generarte ingresos significativos. Además, puede abrirte las puertas a nuevas oportunidades de networking con otras marcas y fomentar las colaboraciones, los patrocinios y los negocios en general.

Tu marca puede ofrecerte muchas oportunidades económicas, pero es importante que dediques tiempo y esfuerzo a construirla y gestionarla de manera adecuada para aprovechar todo su potencial.

Entre los negocios más comunes que te ofrece tu marca están los servicios de consultoría y asesoramiento a empresas y personas que necesiten tu ayuda. Puedes crear y vender productos físicos y digitales como cursos en línea, libros electrónicos, pódcasts o webinarios que estén en sintonía con tu especialidad, habilidades y conocimientos.

Si cuentas con una audiencia fiel, tienes el camino abierto para generar ingresos por publicidad en tu sitio web, blog o redes sociales. Es muy probable que otras empresas y marcas quieran asociarse para colaborar en lo relacionado con el marketing, la publicidad y los patrocinios.

Dale rienda suelta a tu espíritu de vendedor: vende joyas, ropa, productos de belleza, artesanías de todo tipo o cualquier producto útil, lo hayas creado tú o no. Súmales a estos servicios de coaching o mentoría, o cualquier otro con el que puedas ayudar a los demás, sobre todo a tus seguidores y clientes.

Una **marca personal** es una fuente inagotable de negocios, posibilidades económicas y placeres espirituales y mentales.

Llamado a la acción I

Me gusta finalizar muchas de mis conferencias con una frase propia, muy sencilla pero poderosa: «**Conocimiento sin acción genera frustración**». Soy una mujer creyente, tengo fe en Dios y creo también en la ley de la atracción, pero, sobre todo, creo en mí cuando aplico la **ley de la acción**.

Si has llegado hasta aquí, quiere decir que confías en mí para ayudarte a crear tu marca personal. Yo, con mucha honra, asumo el compromiso de brindarte las herramientas básicas para que presumas tu talento con humildad y así contagies al mundo con el éxito de tu **marca personal magnética**.

Viajo mucho para impartir conferencias y talleres. Quizás pienses que soy afortunada por ello, que conozco diferentes países y que me pagan por hacerlo, pero no creas que es cuestión de suerte. Mi «suerte» es consecuencia de la ley de acción que aplico todos los días de mi vida.

Mientras unos sueñan, pero temen, se quejan y no llegan a ninguna parte, yo sueño y tomo acción todos los días (sin excepción). Aplico, entre otras, una fórmula que me permite soñar y hacer, porque me aleja del temor a emprender un nuevo camino. Te la recomiendo.

Me refiero al **método de los 5 segundos,** de Mel Robbins, una oradora motivacional estadounidense muy conocida por su charla TED titulada «Cómo dejar de joderte a ti mismo» y por sus libros, entre ellos, *La regla de los 5 segundos*.

Según Mel Robbins, su fórmula te permite descubrir que solo necesitas cinco segundos para confiar en ti, dejar de procrastinar, ahuyentar la duda y el miedo, y dejar de preocuparte para que seas más feliz. Es un método sencillo y eficaz a la hora de enfrentar los problemas que más molestan al tomar decisiones.

Consiste en un conteo regresivo del 5 al 1, un *final countdown*, como se titula la famosa canción del grupo Europa, como cuando la NASA lanza un cohete.

Esta técnica —asegura Mel Robbins— cambia tu mentalidad, porque interrumpes el hábito de pensar demasiado (sobre todo en lo que no tienes que pensar) y estimula tu neocórtex, es decir, el cerebro pensante, el analítico, lo que facilita el cambio. La técnica rompe en fracciones de segundo los malos hábitos, en este caso el temer y dudar. Rompe la inercia y desencadena un nuevo cambio de conducta positivo al empujarte a actuar.

Te planteo este método de los 5 segundos porque he comprobado que es una propuesta efectiva para romper el inmovilismo que un estado de ánimo como la desmotivación o una emoción como el miedo pueden provocar.

A mí me gusta aprovechar cada momento de la vida y, como ahora no temo volar, me encantan los aviones para tomar acción. En realidad, antes no era así, sufría hasta ataques de pánico al volar. En una ocasión llegué a quedarme casi desnuda en un avión porque pensaba que me asfixiaría. Tuve que someterme a varias terapias para resolver ese problema, entre ellas la hipnosis, para no tener que tomar tantos medicamentos.

Sin embargo, la mejor terapia fue la de crearme una rutina de disfrute en cada vuelo: veo series, como, escribo, trabajo, escucho música, leo, duermo... En fin, aprovecho el tiempo y me divierto mucho. Aun con los ataques de pánico, nunca dejé de volar, porque mi misión y mi pasión eran más fuertes que el temor a los aviones.

Ahora me satisface trabajar en las alturas por dos razones: no tengo distracciones (internet, compromisos, etcétera) y cuento con tiempo limitado. Para cuando aterrizo, debo haber terminado el trabajo o adelantado lo suficiente.

En ocasiones sueño despierta y genero ideas para mi futuro, ¡esa es mi acción diaria! Otros días ejecuto: ahora mismo escribo estas líneas, en sábado, durante un vuelo Panamá-Miami de vuelta a casa.

Te propongo ahora comenzar los ejercicios correspondientes a este primer capítulo.

Plantéate como ejercicio la técnica del **time-blocking**, una estrategia de gestión del tiempo que te permitirá planificar cada momento de tu día, evitando cualquier tipo de distracción. Con el time-blocking puedes dividir la semana laboral en pequeños bloques de tiempo para revisar correos, trabajar en proyectos, tomarte un descanso e incluso hacer ejercicio. Como puedes apreciar, una tarea única por cada bloque de tiempo —repito— sin distracción.

> El beneficio de esta técnica radica en que fusiona la motivación que te impulsa a hacer algo con un bloque de tiempo ajeno a las distracciones. Yo la aplicaba desde hace años sin saber que ese era su nombre.

Si has seguido mi obra, sabrás que me motivan los retos, sobre todo si me permiten cumplir sueños; pero, si no me conoces, a medida que avances en la lectura de este libro te irás dando cuenta de que amo progresar, por lo que estoy dispuesta siempre a embarcarme en proyectos alineados con mi misión. Todos los días me repito: «Mi ambición deberá estar ligada a mi misión para poder crecer mientras ayudo a otros».

He desarrollado el hábito de tener éxito y cantar victoria hasta en los sucesos más íntimos de mi vida, como cuando concebí a mi hija Emma, que se volvió mi única prioridad mientras estuvo en mi vientre. Para ayudarte a tener éxito y a que también cantes victoria, te propongo la técnica del time-blocking, pero permíteme antes darte algunas sugerencias.

1. Esta técnica —repito— requiere que solo hagas una tarea en cada espacio de tiempo estipulado. Yo no trabajo bloques mayores de tres horas, mi tiempo preferido es de 30 o 60 minutos. Cuando llevo procrastinando mucho una tarea, hago un bloque extra de 30 minutos antes de almorzar y la termino. Esto que lees lo escribí durante un vuelo. Para eso planifiqué con anterioridad dos bloques de tiempo: uno, para hacer un listado tipo borrador de los ejercicios, y el segundo, para releer lo que había escrito, corregirlo, eliminar

y agregar. Te sugiero planificar varios bloques de tiempo, para que te enfoques mejor.

2. Cuando carezcas de motivación para comenzar un nuevo bloque de tiempo, ponte un premio como incentivo y recuerda tu propósito y misión, o simplemente analiza por qué esa tarea es tan importante hasta que te persuadas de que tienes que hacerla.

3. Acostúmbrate a trabajar la técnica del time-blocking a pesar del ruido exterior y de las condiciones adversas. Las personas exitosas hacen lo mejor que pueden con los recursos que tienen, para ellas no valen las excusas. Si hay mucho ruido, utiliza audífonos; si no tienes una computadora, escribe en un papel, etcétera, pero ¡siempre toma acción!

Ahora que ya he compartido contigo tres técnicas para aplicar la ley de la acción (el método de los 5 segundos, aprovechar cualquier oportunidad como un vuelo de un avión y el time-blocking), te ofrezco una serie de herramientas que te ayudarán a construir o mejorar los cimientos de una **marca personal magnética**.

Cuando imparto conferencias a ejecutivos de multinacionales o a emprendedores, me percato de que la palabra *presumir* les incomoda. Es normal, nos hemos criado con la opinión de que presumir es malo.

Sin embargo, presumir con humildad es el mejor ejercicio para recordar nuestros progresos y entrenarnos en el hábito de tener éxito. Presumir con humildad es altamente contagioso, es como un virus positivo que puede cambiarle la vida a personas a las que ni siquiera conoces en persona.

¿Cuántas veces has salido con la ropa de entrenar puesta, aunque fueras de compras, por ejemplo, porque viste en las redes sociales a alguien haciéndolo? Esa persona, atleta o no, se atrevió a presumir su físico o talento ante el mundo y te impulsó a tomar acción. Eso es lo que deseo que hagas con tu marca personal, que presumas tu talento cada día, educando, ayudando y sirviendo a otros.

En mis viajes, a veces, clientes y seguidores de mi marca personal me regalan lo más preciado para mí: una nota escrita a mano. En todas ellas se repite el mismo patrón: me agradecen por ser asequible, auténtica y por motivarlos a perseguir sus propios sueños.

En ocasiones presumo mi conocimiento educando a través de distintos formatos, con lo que yo llamo «píldoras de alto valor»: un *live*, una historia en Instagram, un video en YouTube, un post en X, un artículo en mi blog o un episodio en mi pódcast, por ejemplo. Cuando presumo de mis conocimientos, aumento mi influencia y, a la vez, ayudo de forma gratuita a millones de personas. ¡Eso forma parte de mi misión!

A veces me da por presumir mi faceta de aprendiz cuando asisto como participante a un evento o cuando estoy leyendo un libro, como tú lo estás haciendo ahora mismo. Me motiva a subir publicaciones a las redes sociales que generen el diálogo con mi comunidad. Así les envío un claro mensaje de que soy una aprendiz que siempre está buscando la manera de sumar sabiduría a su vida y profesión.

¡Tú también puedes hacerlo ahora mismo! Puedes presumir tu faceta de aprendiz y compartir *De invisible a invencible* con tu comunidad, sin importar la cantidad de seguidores que tengas. La influencia no se mide por el número de seguidores, se mide por las personas a las que eres capaz de movilizar, las que te escribirán o preguntarán después de hacer una recomendación. Puedes subir una publicación a través de tu plataforma preferida, utilizando el *hashtag* **#PresumeTuTalento**, así comenzarás a practicar el arte de presumir con humildad en medios digitales y podrás medir la influencia que tienes.

En otras ocasiones, presumo mi trabajo subiendo las fotografías de las actividades que realizo como conferencista. Así posiciono aún más mi profesión como speaker, algo que aumenta mis oportunidades laborales. Resalto este ejemplo, pero, ojo, no se trata de subir las fotografías en las que mejor te ves, sino las que ayuden a posicionar mejor tu marca personal.

País

GRACIAS URUGUAY

Enseñando a cientos de
personas sobre ventas digitales

Prueba social de
la cantidad de personas

¡Tienes que venderte sin sentir la mínima culpa ni incomodarte! Yo lo hago, y cada vez refuerzo más mi posición como speaker y mis posibilidades de crear alianzas con productores de eventos, porque tengo un poder de convocatoria capaz de reunir a cientos de personas para *conciertos de la mente*.

Si alguna vez sientes culpa, recuerda que presumir con humildad tu talento puede ser lo mejor que hagas con tu marca personal:

Primero: lo haces por ti, para celebrar tus hitos y reconocer tu progreso.
Segundo: lo haces para venderte mejor, algo que debes tener en cuenta siempre si quieres posicionarte como una autoridad y tener una marca personal magnética.
Tercero: tu éxito es contagioso y movilizarás a otros.

Para ayudarte a tener éxito y a que cantes victoria con tu marca personal magnética, también puedes implementar mi metodología Docuselling, a la cual ya me referí anteriormente.

DIARIO PARA LIDERAR UNA
MARCA PERSONAL MAGNÉTICA

El formato que he diseñado se centra en lograr resultados en el menor tiempo posible. Quizás algunas de las preguntas y ejercicios sean un tanto profundos y hasta te hagan sentir incómodo. Si es así, recuerda que los líderes se forjan en épocas de turbulencias y no de bonanza. ¡La incomodidad, lo nuevo y lo desafiante solo te hace más fuerte!

Estructuro este diario en distintas fases para facilitar tu momento de acción.

Lo más importante para tener una **marca personal exitosa y magnética** es abrirnos a distintas posibilidades y oportunidades, es decir, acostumbrarnos a *diversificar*, una palabra que puede sonar estresante para muchos, sin embargo, te aseguro que es la razón por la cual numerosas marcas personales y comerciales triunfan.

Para liderar una marca personal magnética, tienes que diversificar:

> **Tus ideas.** No te aferres a una única idea. Las personas más exitosas son visionarias y tú también puedes convertirte en eso si le das espacio a tus pensamientos. ¡John Maxwell tiene una silla exclusiva para pensar! En un mundo como en el que vivimos, adictos a la rapidez y al ruido, es importante detenernos para reflexionar e idear.
>
> **Los objetivos dan forma a tus ideas.** Dedica tiempo a construir objetivos concretos. Hace años sentí que estaba dispersa y compré la agenda de planificación de Michael Hyatt, llamada *Focus Planner*. A mi esposo y a mí nos fue muy bien utilizando sus métodos de planificación. Sin embargo, al final del año me percaté de algo: solo me había propuesto 10 objetivos, me había quedado corta. Desde entonces no pongo techo a mis objetivos anuales. Unos tienen una fecha de

caducidad cercana y con otros puedo permitirme ser flexible y reconocer que tardaré incluso años en conseguirlos.

Tu visibilidad offline y online. Ten presencia tanto en los medios digitales como en los tradicionales. ¿Qué sucede cuando buscan tu nombre en Google? ¡Te haces más visible!

Los formatos de comunicación para presumir tu talento. Aunque sientas preferencia por algunos formatos, recomiendo que utilices varios y distintos para obtener más impacto e influencia. ¿Prefieres grabar un video o un pódcast?, ¿impartir una conferencia o escribir un artículo o un libro? ¿O quizá te gustan todos estos formatos?

Tu vocabulario para conectar cada vez con más personas. Mientras más lees, más sabio te vuelves; mientras más practicas la comunicación asertiva, mejor sabrás expresar tus ideas a los demás.

Tus relaciones personales y profesionales. Rodéate de profesionales que estén alineados con los objetivos que quieres conseguir. Hay relaciones pasajeras que apenas dejan huella, pero hay otras que son para toda la vida. Siempre encontrarás a alguien que querrá recorrer contigo este camino y a quienes prefieran quedarse atrás y celebrar tus victorias a la distancia. Para que no cometas los mismos errores que yo, te recomiendo diversificar tus relaciones profesionales a través del networking lo antes posible. Necesitas estar rodeado de personas hacedoras como tú, incluso más exitosas que tú. Recuerda, el éxito es contagioso.

Tus ingresos a través de distintos modelos y unidades de negocio. Tu marca personal tiene un poder inigualable para generar la prosperidad económica necesaria para que vivas de tu talento y construyas un negocio a partir de tu persona.

Nos estresamos muchas veces porque no entendemos que podemos tenerlo todo, pero no todo a la vez. El estrés aparece por la falta de claridad, sabiduría y foco.

Alimentamos el hábito de vivir estresados, del cual yo fui víctima durante años. ¡Me volví adicta a una vida cargada de estrés! Puedo decir, sin embargo, que ahora estoy en el mejor momento de mi vida, porque he reducido el estrés al mínimo y solo aparece en algunas

ocasiones. Tomar acción no genera estrés porque, como reza el refrán, «Roma no se construyó en un día». Tu marca personal tampoco. Si tu meta es progresar —créeme—, siempre llegarás a ella, y eso
te alejará de una vida estresante.

Si tu estrés proviene de pensar en cómo llegarás a todo o cómo
ejecutarás todo, te recomiendo leer *Quién, no cómo*, de Dan Sullivan. Es uno de los libros que siempre recomiendo cuando hago
formaciones y consultorías de negocio para emprendedores. En
la vida **no se trata de cómo hacerlo**, sino de **quién te ayudará** a lograrlo.

Diversificación para marcas personales

Te propongo hacer este ejercicio de visión estratégica para diseñar
tu presente y tu futuro.

Tiempo recomendado para este time-blocking de acción:	Música recomendada:
30-45 minutos	motivadora

PRIMERA PARTE

Comienza con un proceso reflexivo: ¿dónde estás y quién eres en
este momento de tu vida? (Yo misma me hice estas preguntas antes
de escribirlas y te confieso que me sacudieron el alma).

> ¿Quién eres?

¿Cuál es tu biografía corta actual?

¿Qué hitos profesionales y personales has alcanzado hasta hoy?

¿En qué has logrado el éxito?

¿Qué has conseguido?

_____

¿De qué te sientes orgulloso?

_____

¿En qué has acertado?

_____

¿Qué motiva que te feliciten?

_____

¿Qué hitos económicos has conseguido?

_____

¿Cuál es tu talento?

_____

¿Qué harías todos los días de tu vida incluso gratis?

_____

Eres una edición limitada, ¿qué te diferencia de otras marcas personales?

_____

¿Tu biografía actual realmente se corresponde con tu talento y con los hitos que has conseguido?

_____

Saber venderte es clave. En el caso de que lo necesites, reescribe tu biografía vendiéndote mejor y, de paso, cámbiala en tus medios digitales.

_____

_____

_____

¿Cuáles son los valores que definen tu marca personal?

Imagina participar en el mejor evento de tu industria, ¿qué biografía tuya leerán los empleadores?

¿Qué objetivos tienes con tu marca personal? ¿Por qué estás invirtiendo tiempo y recursos en ella ahora mismo?

Mi propósito con esta parte del ejercicio es ayudarte a reconocer el gran talento que ya tienes y que, a partir de hoy, generes el hábito de reconocer quién eres, qué has conseguido y qué eres capaz de conseguir cuando tomas acción. Esos hitos son el resultado de tus acciones.

Para presumir con humildad tu talento, también tienes que entrenarte en celebrar tus hitos. Te sugiero un ejercicio complementario:

> Toma un envase de cristal transparente cualquiera y ubícalo en un lugar donde lo puedas ver. Cada vez que consigas un nuevo hito —por muy pequeño que sea— anótalo en un papel y deposítalo dentro del envase. Cada día lo verás llenarse más y, al final del año, podrás percatarte de todo lo que has conseguido gracias a la **ley de la acción**.

La mejor parte de este ejercicio es que también estarás practicando el agradecimiento. Este es un método muy sencillo, pero muy poderoso, sobre todo a la hora de abrirte más a la vida. ¡Agradecer es poder!

Te voy a contar cuál es mi técnica preferida para agradecer. Requiere una tableta o computadora, porque se trata de expresar agradecimiento tanto en lo visual como en lo textual.

Busca en tu galería de fotografías una imagen que represente un momento del cual te sientes orgulloso por el logro conseguido. Con una aplicación de notas (Canva en tu tableta o PowerPoint en tu computadora), inserta la imagen y escribe lo que significó para ti, agradece esa oportunidad como si hubiera ocurrido hoy. Es una práctica que tan solo requiere unos minutos, pero te aseguro que su efecto positivo permanecerá mucho tiempo contigo. El agradecimiento se ha transformado en un hábito comúnmente adoptado en nuestra economía moderna. Tanto es así que, en 2023, Apple introdujo una aplicación llamada Journal para incentivar a sus usuarios a practicar el agradecimiento mediante la técnica del *journaling*, que consiste en mantener un diario personal. Desde su lanzamiento, he usado esta aplicación para documentar logros, fracasos y momentos de gratitud, y complemento mis registros con fotografías, textos, imágenes y videos.

SEGUNDA PARTE

Esta parte la dedicaremos a diversificar tus ideas y reformular mejor tus objetivos. El ejercicio incluye cualquier tipo de idea: personales o profesionales, así como sus objetivos. Es un error distinguir entre lo profesional y lo vocacional, porque, en definitiva, somos uno y la **marca personal** nos ayuda tanto a ser como a tener.

Diversifica tus ideas	
¿Qué quieres de verdad?	
¿Qué te gustaría conseguir en un mes?	
¿Qué te gustaría conseguir en un año?	
¿Cómo te ves en el futuro cercano?	
¿Qué te gustaría conseguir en cinco años?	

¿Qué hitos quieres conseguir?	
¿Qué sueño tienes pendiente de hacer realidad?	

Diversifica tus objetivos	Objetivos para los próximos 365 días
Intenta formular objetivos concretos y medibles. Por ejemplo: lanzar tu propio libro sobre cómo desarrollar una marca personal en [verano de...].	

	Objetivos sin fecha de caducidad cercana

TERCERA PARTE

Ahora es momento de diversificar tu influencia y visibilidad. ¡Si no te ven, no existes! ¡Si no existes, no te puedes vender!

Diversifica tu visibilidad offline y online	Canales donde tienes presencia actualmente
Describe los medios que utilizas actualmente y los que quieres emplear en un futuro cercano.	

Canales y medios donde te gustaría tener presencia	

Diversifica tus formatos de comunicación	Artículos	
Marca todos los formatos de comunicación que quieres utilizar para el posicionamiento de tu marca personal.	Videos	
	Pódcasts	
	Libros	
	Conferencias	
	Formaciones online y presenciales	
Te dejo espacios en blanco para que tu imaginación no tenga límites en relación con otros formatos de comunicación.	Recursos prácticos	
	Publicaciones de redes sociales	
	Membresías	
	Encuentros en vivo	

Tu vocabulario te posiciona. Cuando decidí hacer una transición para tener más equilibrio entre mi trabajo con B2C (*business to consumer*, de negocio a consumidores) y B2B (*business to business*, de negocio a negocios), cambié por completo mi vocabulario; eso sí, sin perder mi esencia latina ni mi acento dominicano. Es imprescindible ser auténticos, aun cuando queremos utilizar nuevas palabras en nuestro diccionario de comunicación.

Enlista las palabras que quieres incluir en tu vocabulario para influir y monetizar tu marca personal	Enlista los verbos que quieres utilizar en tu comunicación
Ejemplo: acción, diversificación, emprendedores en serie, corporativos, etcétera.	Vender, multiplicar, etcétera.

CUARTA PARTE

Diversifica tus ingresos. Aterriza las ideas de negocio que quisieras lanzar para monetizar tu talento, conocimientos y profesión. ¿De qué manera ganarás dinero mientras sirves a otros?

Diversifica tus ingresos

Sin hacer trampa y sin adelantarte al plan de negocios para marcas personales, escribe todas las ideas que tienes para monetizar tu talento. Este no es un ejercicio de negocios, es un ejercicio de visión y creatividad.

No le pongas techo a tus ideas, recuerda que un libro que escribes puede convertirse en un pódcast gratis y en una conferencia de pago, y ¿por qué no?, también en una empresa con entrenadores que utilizan la metodología de tu libro para educar a otros.

Los visionarios hacen posible lo imposible, y tú también puedes hacerlo. Alguien visualizó primero la silla donde estás sentado ahora mismo y hoy es una realidad imprescindible para la mayoría de nosotros.

_____

_____

_____

_____

_____

_____

_____

_____

_____

_____

_____

QUINTA PARTE

Diseña un plan puente, aunque en ciertas circunstancias podrías considerarlo más bien como un plan de escape. Es complicado reconocer que la vida que llevamos hoy no se alinea con nuestros anhelos para el mañana. Confieso que, en algunas ocasiones, ser honesta conmigo misma me lleva a referirme a esta estrategia como un «plan de escape». Esto me ayuda a aceptar la necesidad de implementar cambios, establecer límites y tomar medidas. Comprar y leer este libro fue una acción importante de tu parte, no por el mero hecho de comprarlo ni por haberlo escrito yo, sino porque lo viste como una fórmula para crear o mejorar tu marca personal. Aprovecha esta motivación y compromiso para crear un plan puente, es decir, un plan de acción con las tareas que harás en los próximos días para conseguir más rápido tus objetivos y conquistar nuevos hitos.

Te explico cómo :

1. Describe de forma honesta tu situación actual.
2. Establece los objetivos y resultados que quieres obtener, a corto y mediano plazo.
3. Define las acciones para crear este plan puente, tu nuevo plan de acción, y ejecuta una de las acciones hoy mismo.

METODOLOGÍA: EL PLAN PUENTE

Por Vilma Nuñez, Ph.D.

1 Tu situación actual

Pregúntate y cuestiónate

¿Cómo te sientes ahora?
¿Qué limitaciones tienes?
¿Cuánto ganas?
¿Qué estás haciendo?
¿Qué tienes?

2 Tu plan puente
tu plan de acción

1. _____
2. _____
3. _____
4. _____
5. _____
6. _____
7. _____
8. _____
9. _____
10. _____

Lo que harás hoy:

3 Objetivos y resultados

_____
_____
_____
_____

Ideas para definir tus objetivos y resultados

¿Qué hitos celebrarás?
¿Qué resultados esperas?
¿Cuánto quieres ganar?
¿Cómo te sentirás cuando lo consigas?

Cada vez que me siento estancada o que quiero agregar un nuevo objetivo, hago un **plan puente o plan de escape**. En la mayoría de las ocasiones hasta le pongo un nombre. Mi plan para ser autora se llama «Maxwell Plan», en honor a John Maxwell; mi plan como speaker lo titulo «The Robbins Plan», inspirado en Tony Robbins. Sé que ambos planes me tomarán años, pero los comencé hace tiempo y todas las semanas tomo alguna acción que me acerca a las metas.

¿Cómo llamarás a tu próximo plan puente?

Despido este primer capítulo con dos deseos: **que tu pasión se transforme en plan de acción y que conviertas la motivación en movilización.**

No olvides que **es mejor soñar y hacer para luego tener que soñar y no hacer para quedarnos en el mismo lugar.**

2

INTELIGENCIA, HABILIDADES Y PLAN DE NEGOCIO

Lo que me motivó a crear mi marca personal fue el hecho de que la mayoría de las personas que yo admiraba, las mismas que veía en conferencias y conversatorios sobre una tarima, tenían una y aprovechaban sus presentaciones para hablar de ella, aunque trabajaran en otras compañías. Eran speakers vinculados al marketing, la comunicación y los negocios; otros eran profesionales que fui conociendo en diferentes eventos y a través de las redes sociales durante mi estancia en España.

Se presentaban con sus nombres y apellidos, los distinguía su estilo propio, logotipo, tipografía, es decir, tenían una **marca personal** que los empoderaba. Si los buscabas en las redes sociales, los encontrabas; si les hacían una entrevista en algún medio masivo de comunicación, la presumían.

En uno de esos eventos al que asistí en calidad de asistente comenzó a darme vueltas en la cabeza la idea de crear mi propia marca. Me preguntaba una y otra vez: «¿Por qué no? ¿Por qué no podría tener una en un futuro cercano? ¿Qué me impide subirme a una tarima e impartir una conferencia igual que ellos?». A la vez que me cuestionaba, alimentaba más mi deseo, lo iba madurando.

En el capítulo anterior te dije que era muy tímida, que me minimizaba y no me sentía capaz de llegar a donde otros habían llegado. Gracias a Dios, y a los deseos y la motivación por crear mi marca personal, fui recomponiendo mi autoestima hasta que un día decidí intentarlo.

Oficialmente, comencé a trabajarla de forma profesional en 2010, al terminar mi primera maestría en Publicidad en Madrid, en la Universidad de Nebrija. No obstante, desde antes, en República Dominicana, era una tuitera muy activa y hasta participaba en reuniones de tuiteros antes de irme a estudiar a España en 2009.

Allí, precisamente por Twitter, que ahora se llama X, le pregunté a una persona a la cual admiraba mucho, Roberto Carreras, gran speaker, emprendedor y bloguero:

—¿Qué consejo me da para desarrollarme y perseguir mi pasión por las redes sociales?

—¡Abre un blog! —me dijo.

Menciono al señor Carreras porque su apoyo fue muy importante para mí. Él creyó en lo que yo hacía de tal manera que hasta me dio la oportunidad de impartir clases y conferencias en su nombre cuando trabajé para él.

No me sentía lista para abrir un blog, ¡pero lo hice! Como estábamos viviendo un *boom* infográfico, me metí en esa corriente y lo dediqué a la infografía. Después ocurrió un hecho curioso: el mismo Roberto Carreras publicó un tuit en el que solicitaba publicistas para trabajar en marketing digital. Fue el último empleo que tuve en España.

Ahora que analizo mi trayectoria desde que comencé a estudiar Publicidad en República Dominicana hasta que abrí el blog en España, me siento satisfecha, entre otras razones porque comencé a monetizar mis habilidades y talentos desde muy joven. ¡Todos tenemos múltiples habilidades o talentos, no es una virtud privativa de alguien en particular!

Cualquier ser humano es capaz de desarrollar más de una habilidad, porque tenemos innumerables aptitudes que podemos cultivar y perfeccionar con la práctica. Incluso aquellas personas que no tienen las habilidades naturales de un área específica pueden desarrollarlas a través de la práctica y el estudio.

Insisto en resaltar que somos personas con múltiples habilidades y talentos para contrarrestar el famoso dicho «El que mucho abarca poco aprieta». Este refrán, lejos de ser una guía, limita nuestra mentalidad y, lo que es peor, puede hacernos sentir que estamos errando al buscar la felicidad y prosperidad a través de nuestros diversos talentos.

Antes de continuar con este tema quiero hacer una breve aclaración: algunos confunden **habilidades** con **talentos**, pero no son lo mismo. Quiero puntualizarlo para evitar posibles confusiones en quienes no tienen bien esclarecido el significado de ambos términos.

Las *habilidades* son destrezas que se adquieren y se desarrollan con el aprendizaje y la práctica. Tienden a mejorar con el tiempo si no las dejamos adormecer. El gran escritor inglés Walter Scott dijo: «Para el éxito, la actitud es tan importante como la habilidad». Por mucho que anheles un objetivo, será imposible que lo logres si no tienes las herramientas básicas. ¡Y una de esas herramientas son tus habilidades!

Los *talentos*, aunque guardan una estrecha relación con las habilidades, son capacidades que posee una persona desde su nacimiento. ¡Son innatos! Muchos nacen con un talento en áreas específicas y lo desarrollan sin necesidad de muchos esfuerzos. A menudo se manifiestan de forma intuitiva, de lo cual te hablaré más adelante.

Ya mencioné que cualquier ser humano posee y es capaz de desarrollar numerosas habilidades. El psicólogo Howard Gardner, profesor de la Universidad de Harvard, diseñó lo que llama la «teoría de las inteligencias múltiples». De acuerdo con sus investigaciones, tenemos muchas inteligencias independientes y cada una se conforma de diversas habilidades.

Según Gardner, los seres humanos tienen siete tipos de inteligencia:

1. **Inteligencia lingüística:** capacidad para dominar el lenguaje y el poder de comunicación.
2. **Inteligencia lógico-matemática:** capacidad de razonar de forma lógica y de resolver problemas matemáticos.
3. **Inteligencia espacial:** conocida también como **visual-espacial**, es la habilidad que permite observar el mundo y los objetos desde diferentes perspectivas (como los ajedrecistas y profesionales de las artes visuales).

4. **Inteligencia musical:** es como tener una mayor inteligencia lingüística en la cual el lenguaje está conformado por notas.

5. **Inteligencia corporal y cinestésica:** habilidades corporales y motrices requeridas para usar herramientas o expresar emociones (como las que tienen bailarines, actores, deportistas, cirujanos, etc.).

6. **Inteligencia intrapersonal:** gracias a ella comprendemos y controlamos nuestro universo interior. ¡Autocontrol! Se refiere, sobre todo, al control emocional y del foco de atención. Quienes la poseen acceden a sus sentimientos y emociones y reflexionan de manera consciente sobre ellos.

7. **Inteligencia interpersonal:** permite captar información de los demás, aunque esta no se registre a través de los sentidos. Hace posible la interpretación de las palabras —más allá de sus significados— y de los gestos de otros. Es la base de la empatía.

Una de las particularidades que contribuye a que cada ser humano sea único e irrepetible es, precisamente, su capacidad para combinar (también de forma única) los múltiples talentos contenidos en cada uno de estos siete tipos de inteligencia. ¡Cuando los combina y los pone a disposición de sus sueños y anhelos, se convierte en un ser invencible a la hora de salir a conquistarlos!

Te pongo el ejemplo de una persona muy conocida: Arnold Schwarzenegger. Podemos tener diferentes opiniones sobre la labor profesional de una figura pública. Es probable que no nos complazca como actor o que sus adversarios políticos consideren que fue un mal gobernador, pero lo que nadie discute es que ha sabido desarrollar y monetizar con éxito sus diferentes tipos de inteligencia.

Desde muy joven practicó y monetizó sus habilidades para el deporte —fisicoculturismo— y la actuación, ambas pertenecientes, según Howard Gardner, al tipo de inteligencia 5: inteligencia corporal y cinestésica. Como gobernador de California, tuvo que poner a prueba su inteligencia lingüística, porque se necesita un alto nivel de comunicación para un cargo como ese. Debió trabajar también con la inteligencia ínter e intrapersonal para controlar sus emociones y empatizar con sus electores, claves para un político de ese rango.

No dudo de que el gran talento de Schwarzenegger fue el fisicoculturismo; ahora bien, también triunfó como actor (es conocido en el mundo entero) y su desempeño como gobernador de uno de los estados más grandes e influyentes de los Estados Unidos fue bastante bueno, si tomamos en cuenta que no tenía experiencia política previa.

Si examino mi trayectoria —guardando la debida distancia con Schwarzenegger—, tengo motivos suficientes para sentirme satisfecha, porque desde muy joven —ya lo dije— también comencé a monetizar mis múltiples talentos y habilidades en función de mi beneficio personal y el de los demás.

Mientras estudiaba, tomaba clases de diseño gráfico y esto lo aprovechaba para crear logotipos y después venderlos. Un día observé a una amiga confeccionando joyas y le pedí que me enseñara. ¿Y sabes qué? Al poco tiempo ya estaba haciendo joyas para vender y generar ingresos extras. Compraba los materiales al por mayor, en zonas no muy seguras que digamos, para obtener mejores precios. Recuerdo con cariño que mi padrastro (QEPD) me acompañaba y me ayudaba a negociar buenas tarifas. Descubrí desde entonces que la **pasión,** unida a la **acción,** hace desaparecer cualquier tipo de miedo o, al menos, lo minimiza.

Lo analizo hoy y me percato de que, además del talento para las ventas, desarrollaba la inteligencia corporal y cinestésica, pues ponía a prueba mis dotes corporales —manuales en este caso— elaborando joyas. También ponía a prueba la inteligencia lógico-matemática, porque, aunque nunca fui fan de esta ciencia, con solo 18 años llevaba el control de gastos y beneficios que generaba mi «emprendimiento parcial». Aprendí de costos y a poner precios que me dieran margen para invertir en productos de mayor calidad y un mejor empaque. ¡Tenía que saber sacar cuentas, porque si no, perdía!

A los 18 años ya tenía tres fuentes de ingreso: la manutención de mi padre, que utilizaba para invertir en mi negocio de joyas, los beneficios de ese negocio y mi empleo a medio tiempo en un colegio.

En la actualidad, como speaker pongo a prueba (igual que Schwarzenegger) los tipos de inteligencia intrapersonal e interpersonal, porque cuando me paro en una tarima delante de miles de personas, tengo que controlar mis emociones, estoy obligada a perder el miedo escénico y a crear empatía con el público para que el mensaje que transmito sea más convincente. Tal vez no lo domino a la perfección ni le saco el mayor provecho, pero estoy segura de que mejoraré a medida que desarrollo mis habilidades personales.

Voy a contarte una fábula muy *ad hoc* con este tema:

El ave de los 400 trinos

Dicen que, al principio de los tiempos, cuando el Señor creó las aves cantoras, el sinsonte era mudo. ¡No cantaba! El pajarito estaba molesto y se quejaba todo el día porque, para colmo de males, su plumaje no le llamaba la atención a nadie: era negro, gris y blanco, ¡y solo volaba!

—¡Caramba, Dios, acabaste conmigo, todo lo feo me tocó! —se lamentaba el infeliz sinsonte.

Un mañana, posado sobre una rama matando el tiempo, escuchó a un ruiseñor cantar y, para combatir el tedio, intentó imitarlo. Imagínense su asombro al darse cuenta de que lo hacía a la perfección. ¡Cantaba como un ruiseñor!

Después, muy motivado, voló dentro de una bandada de canarios y comenzó a trinar como ellos, nadie notó la diferencia. Así, para entretenerse, fue imitando a cada una de las aves cantoras de aquel bosque del principio de los tiempos.

Llegó el momento en que se dio cuenta de que Dios, en su profunda bondad, no solo le había otorgado el talento para volar, sino también el de cantar, pero, eso sí, tenía que trabajarlo.

Entonces puso a prueba todas sus habilidades para el canto y lo hizo de tal manera que hoy muchos le llaman el *ave de los 400 trinos*. Lo más asombroso de esta historia es que, aunque imita el canto de las demás aves, el sinsonte es único y auténtico, porque los combina de una manera tan, pero tan original, que ningún otro pájaro en esta tierra creada por el Señor es capaz de imitarlo.

Todas las fábulas tienen una moraleja, la de esta yace a simple vista: **si no descubres tus habilidades y las practicas, no podrás desarrollarlas.**

Como ser humano, tienes una gran ventaja sobre el sinsonte o sobre cualquier otro animal: puedes proponerte, descubrir y desarrollar tus habilidades de manera consciente en lugar de sentarte a esperar una señal del cielo o el canto de un ruiseñor. En mi país, yo decidí dedicarme a la publicidad y venta online gracias a un comercial que me inspiró. En España, el motivo para abrir mi marca personal fue otro, pero en ambas ocasiones mi decisión fue secuela de un estímulo externo procesado de manera consciente por mi cerebro.

Ahora bien, muchos de los estímulos que procesa tu cerebro consciente no vienen del exterior, sino que los concibe él mismo en su parte subconsciente. Uno de esos estímulos es la **intuición**, un proceso mental que, según la neurociencia, te permite conocer la realidad que te rodea y conocerte a ti mismo sin necesidad de utilizar el razonamiento lógico. Es una forma automática de conocimiento, basada en experiencias previas y en la capacidad de percepción; es decir, la habilidad de captar información sensorial del entorno y procesarla con el fin de conocer y comprender el mundo que nos rodea.

¿Nunca has tenido la intuición de que eres bueno para algo? ¿Cuándo lo experimentaste? ¿Tomaste acción y lo comprobaste? Muchas de las motivaciones que nos impulsan a descubrir potenciales habilidades y talentos emanan desde nuestro mundo interior provocadas por la intuición. De aquí la necesidad de tomar muy en cuenta todo lo que percibimos primero e intuimos después, lo que llamamos una *corazonada*. ¡Es posible que la realidad que te rodea no te inste a desarrollar determinada habilidad, pero tu cerebro sí!

La intuición de «puedo hacerlo» es la fuerza que movió y mueve a millones de personas, muchas de ellas consideradas genios hoy día. Estoy segura de que Leonardo da Vinci, que nunca estudió arte, decidió ser pintor, escultor e inventor gracias a su *intuición*; Coco Chanel tuvo que *intuir* que Chanel N° 5 iba a ser un perfume espectacular, y podría enumerar incontables ejemplos más.

¿Por qué trato este tema? Porque mi interés es que descubras tus habilidades y talentos para que los pongas al servicio de tu marca personal magnética, y creo que es importante destacar la intuición como una fuente de conocimiento al alcance de todos.

¡Comprueba lo que intuyes y aprende! Si la intuición es negativa y te dice «No lo hagas, eres malo en eso», te sugiero que tomes acción y lo compruebes, porque tampoco somos infalibles. ¡La práctica es la que dice la última palabra!

Por lo tanto, si en realidad quieres triunfar con una **marca personal magnética**, tienes que desarrollar tus múltiples habilidades, tanto las que ya has puesto a prueba como las que tienes escondidas. No importa si son el resultado de un estímulo externo o de tu intuición, porque, a medida que los trabajas, diversificas las áreas de influencia de tu marca, la amplías y haces que su mercado crezca sustancialmente. Esta es una estrategia muy de moda en el universo empresarial y del emprendimiento moderno.

Voy a puntualizar dos estrategias básicas para que desarrolles tus talentos con tu marca personal:

1. Haz una lista de todo lo que haces bien y te apasiona. Después, identifica las habilidades que necesitas para hacerla realidad: las que ya practicas, desarróllalas, y las que no, apréndelas, ponlas a funcionar, y verás cómo también las desarrollas. Toma conciencia de que el autoconocimiento y el aprendizaje continuos son claves para la evolución de las múltiples habilidades que te exige una marca personal magnética.

   Puedes tomar cursos en línea o de forma presencial, asistir a talleres y conferencias, y leer todo lo que tengas al alcance de tus manos en torno a esta temática.

2. ¡Sal de tu zona de confort! Experimenta en áreas diferentes a las que estás habituado. Identifica en qué campo te gustaría desarrollarte y busca la oportunidad para comenzar a hacerlo. Por ejemplo, si te interesa la escritura, abre un blog y escribe sobre lo que te apasiona. Si te gusta cocinar, ¡cocina! Conozco a un renombrado chef de un restaurante especializado en mariscos que, a través de varias plataformas online, mantiene un espacio dedicado a «platos del mar». Me dijo que las habilidades que lo hacen buen cocinero las heredó de sus padres y abuelos, pero las de comunicador las descubrió un día que tuvo que enfrentarse a un grupo de estudiantes de cocina. A partir de ahí decidió comenzar a desarrollarlas.

Coherencia del mensaje

Desarrollar tus talentos es importante, pero también debes mantener la coherencia con lo que expones a través de tu marca personal, porque ello te hace creíble, aumenta tu prestigio como especialista y comunicador, y permite que te aprecien como un experto en cada área.

Cuando hablo de coherencia, me refiero a la claridad y consistencia de tu mensaje, así como a la armónica relación que este debe guardar con la misión que te propones con tu marca. Yo parto de un punto de vista que me ha dado excelentes resultados: la mejor forma de servir a los demás con una marca personal es desarrollar nuestros talentos y habilidades sin dejar de ser coherentes.

Ten en cuenta que *coherencia* implica integridad en lo que piensas, dices y haces, así evades el llamado «síndrome del impostor». Si te dejas dominar por este síndrome, estarías echando por tierra tus habilidades y talentos, así como la misión que te hayas propuesto con tu **marca personal** (sobre todo si la concebiste para cumplir tus sueños y ambiciones, y teniendo en cuenta el beneficio de los demás).

Pregúntate: «¿Soy coherente?, ¿me mantengo fiel a mi esencia?, ¿me muestro tal cual soy?». Si tus respuestas son positivas porque en verdad tu mensaje es coherente y fiel a tu esencia, te aseguro, sin temor a equivocarme, que marchas rumbo al éxito.

Si, por el contrario, permites que te asalte el síndrome del impostor, te sentirás inferior y traicionado por tu propio ego, por muy buenos resultados que hayas obtenido al principio. Estos sentimientos, tóxicos y nocivos, tendrán un efecto nefasto tanto en ti como en tu proyecto; tu marca podría perjudicar a las personas a quienes está dirigida.

Por ello, a la hora de echar a andar tu marca, mantén un equilibrio entre tu ego y tus propósitos, saca a flote tus talentos y habilidades, define bien qué hacer con ellos y enfócate en tu misión.

¡Abre tu marca personal!
Plan de acción

Cuando me fui a España para cursar mi primera maestría, mi madre me dijo que dedicara todo el tiempo a estudiar, pero no pude complacerla. Tenía una beca de apenas 400 euros al mes, lo que no era suficiente para vivir allí. Recuerdo esos primeros tiempos en aquel país y cómo tenía que hacer magia para salir adelante con tan poco dinero. ¡No sé cómo lo lograba! Por un lado, tras sufrir un derrame cerebral, mi padre ya no podía brindarme apoyo económico. Por otro, mi madre estaba limitada por tener que cubrir los gastos de su propio hogar, a pesar de sus esfuerzos por ayudarme. En consecuencia, mi realidad se convirtió en vivir con lo mínimo indispensable.

Aunque mi madre me repetía que mi única función en España era estudiar y sacar buenas notas, no pude seguir sus consejos. Lo intenté por unos meses, pero me sentía inútil con tanto tiempo libre y al saber cómo trabajaba sin parar mi madre para ayudarme a cumplir un sueño.

Hice varias pasantías porque era la única manera de ganarme algún dinero de manera legal como inmigrante. Me pagaban muy poco, pero era mejor que quedarme en mi departamento en Madrid viendo series sin hacer nada productivo. Al menos así obtenía algunos ingresos que me ayudaban a mantenerme.

Trataba de hacer mi trabajo lo mejor posible y la mayoría de las veces lo hacía tan rápido que los jefes me daban más tareas. ¡Y yo, encantada! Una vez hasta repartí folletos promocionales afuera de una estación de metro y les sonreía a todos mientras lo hacía.

Seguí el consejo que me dio Roberto Carreras y abrí un blog, lo que me permitió relacionarme con otros blogueros y especialistas en redes sociales. Después trabajé en marketing digital. Así, al margen de mis estudios, fui acumulando experiencias prácticas, las cuales, sumadas a mis deseos de tener una marca personal propia, me permitieron ir dejando atrás la timidez que tanto me limitaba para decidirme a emprender por mi cuenta.

Existen momentos en que una reflexión profunda y seria marca la diferencia en la vida. ¡Ese fue el mío y lo aproveché! A partir de ahí me dije: «Voy a ser la única responsable de mi futuro camino profesional». Una decisión como esta puede ser nefasta si se toma como resultado de un entusiasmo pasajero, pero yo tenía la firme convicción de que era el resultado de mi preparación y de haber creado las condiciones profesionales y mentales mínimas para dar ese paso y fundar mi propia marca. Corría el año 2012.

Digo «condiciones profesionales y mentales mínimas» porque, en realidad, era así. No puedo negar que me faltaba experiencia, que era muy joven; sin embargo, entendía que no podía seguir postergando el momento, porque comenzaría a procrastinar (una actitud nada recomendable, mucho menos para los emprendedores).

John C. Maxwell, un líder que ha influenciado a millones de empresarios y emprendedores —entre ellos a mí—, deja bien sentada una idea que hice mía en ese preciso instante:

> El mejor momento para empezar a hacer algo es ahora. Puede que estés esperando el momento o las circunstancias perfectas para hacer un cambio o una transición en tu vida o tu carrera, pero la realidad es que no hay un momento perfecto... El momento es ahora, independientemente de los retos u obstáculos a los que te enfrentes. Nunca estarás completamente preparado, pero siempre podrás empezar.

¿Si sentí miedo? ¡Mucho! Pero aunque sabía que me faltaba experiencia y que era muy joven, seguí al pie de la letra otro punto de vista de John Maxwell: «Una de las mejores maneras de superar el miedo es mirarlo de frente en vez de huir de él».

¡Yo lo hice y empecé a trabajar en mi proyecto! El miedo, al parecer, me tomó cariño, pues no me abandonaba (ni me abandona) nunca; de hecho, se ha convertido en mi aliado. Me hace ser cautelosa y me obliga a estudiar mejor mis decisiones. ¡Juntos, mi miedo y yo, hemos logrado muchas y muy buenas cosas!

Siempre tuve la convicción, desde esos primeros momentos, de que para que un proyecto salga adelante requiere de un plan para generar éxito, tanto en lo económico como en lo espiritual. Un plan puente que enlace la idea, los deseos y la motivación con el éxito. De lo contrario, por muy buenas intenciones que tengas, por mucho que trabajes y conquistes al miedo, todo se va por la borda.

La planificación de un proyecto es crucial para disfrutar sus buenos resultados, y una marca personal no es la excepción. Planear con seriedad un proyecto te permite conocer sus objetivos, los recursos indispensables para echarlo a andar y salir adelante, y la necesidad de establecer un cronograma de trabajo realista.

Otra de las razones por las que es importante planificar tus proyectos, entre ellos tu **marca personal**, es que así minimizas los riesgos de un posible fracaso. Te ayudará a identificar obstáculos y tomar a tiempo las medidas necesarias.

Vivimos en un mundo donde imperan la tecnología y la inteligencia artificial, un mundo muy competitivo y globalizado. ¡Nunca antes la mente humana enfrentó tantos desafíos! Ya no nos conformamos con haber ido a la Luna, ahora aspiramos a Marte; cuando pensábamos que la 4G era la tecnología del futuro, aparece la 5G, capaz de conectar varios dispositivos inalámbricos a la vez; las comunicaciones son más rápidas, las distancias se acortan, todo o casi todo lo tenemos al alcance de un clic.

En este mundo donde «echamos nuestra suerte» (en alusión a Julio César), una marca personal cobra extraordinaria relevancia porque te obliga a desempolvar tus habilidades y talentos, y marchar al ritmo de esta vida. Una marca personal —que en sí misma es un reto— te ubica en una mejor posición para enfrentar los desafíos de estos tiempos.

Sin embargo, no es posible construirla de la noche a la mañana. Para construirla y lograr que cumpla la misión que le encomiendas, tu primer paso debe ser enfocarte en un plan de acción que debe contemplar los siguientes puntos:

1. Define tus objetivos

No confundas misión con objetivos. La misión es el propósito por y para el cual creas tu marca. Los objetivos tienen que ver con tu toma de acción, destinada, precisamente, a hacer realidad la misión a través de un plan de negocio.

La misión de **Vilma** —como te dije— es **cambiar para bien la vida de las personas, haciendo lo que me complace. Quiero alcanzar el éxito y ayudar a que los demás también lo logren**. Todos mis objetivos y mi plan de negocio tienen como fin el cumplimiento de esa misión.

Te recomiendo que te preguntes:

- ¿Qué pretendo lograr con mi marca personal?
- ¿Cuáles son mis fortalezas?
- ¿Qué hago para hacerla sobresalir?
- ¿Qué público me llama la atención?
- ¿Hasta dónde quiero y puedo llegar?
- ¿Cómo me las arreglo para conseguir clientes?
- ¿Cómo vendo más?
- ¿Cómo genero nuevas oportunidades y contactos?

Te puedes hacer muchas preguntas como estas a la vez que trazas los objetivos de tu marca. Ahora bien, pon énfasis en que cada uno de ellos sea un objetivo **SMART**, un término anglosajón que en español significa *inteligente*. No obstante, evita focalizarte en su significado en sí, hazlo en el que tiene aquí como acrónimo (SMART), porque cada una de sus letras te dirá cómo deben ser tus objetivos.

- **Specific** (Específico). Tu objetivo debe ser lo más claro, preciso y concreto posible. Cualquiera que lo lea debe entender, exactamente, lo que pretendes lograr y cómo. Ejemplo: *incrementar las ventas expandiendo las áreas de influencia.*
- **Measurable** (Medible). Para que lo puedas controlar, analizar y tomar las medidas oportunas según su desarrollo, tu objetivo debe ser medible. Es imposible valorar lo que no medimos y, por lo tanto, mejorarlo. Ejemplo: *incrementar las ventas expandiendo las áreas de influencia entre 10 y 15 por ciento.*
- **Attainable** (Alcanzable). Tu objetivo debe ser ambicioso, pero factible. Ese 10 o 15% de incremento que te propones debe basarse en un análisis de tus posibilidades reales. **Asegura tu buena suerte con números; no tiene que ser fácil, pero sí asequible.** Tampoco te aferres a esos números; si se produce cualquier cambio en el entorno, como podría ser el crecimiento de la competencia, ajústalos, si lo crees conveniente.
- **Relevant** (Relevante). Los resultados deben ser significativos. Ese margen de 10 a 15% que te pongo como ejemplo debe resultar relevante para el desarrollo de tu marca. ¡Cada objetivo debe contener un propósito! ¡No pierdas tiempo en lo irrelevante!
- **Time** (Tiempo). Fija siempre una fecha de cumplimiento, para definir mejor las etapas que habrás de superar antes de llegar a la meta. Ejemplo: *incrementar las ventas expandiendo las áreas de influencia entre 10 y 15% en el primer semestre del año.* El hecho de que marques una fecha para su cumplimiento te permitirá valorar periódicamente la marcha del objetivo.

Te detallo lo más que puedo este punto porque uno de los peores errores que puedes cometer a la hora de crear tu marca personal es olvidarte de los objetivos o no darles la importancia que merecen.

2. Determina tu público

Debes concretar el público al que te diriges. Si quieres llegar al grupo de los emprendedores, define qué tipo de emprendedores son. Si tu intención es un público profesional o de líderes, determina, por ejemplo, si tienen o no marcas personales. El que ya la tiene podría mejorarla, y el que no, podría crearla.

Puntualizar tu público de manera efectiva te ayudará a generar el contenido correcto y el más acertado para llegar a tus metas y cumplir tu misión. Como recompensa, ese contenido acertado atraerá mayor audiencia y, por ende, más público.

Es importante no ser esclavo de tus propias decisiones. ¿Qué significa esto? Si tú, así como tu marca, también creces y evolucionas, los objetivos relacionados con el público también deben crecer para expandir así tu área de influencia. Deberás ir adecuándolos para no correr el riesgo de quedarte estancado.

3. Define tu mensaje y el tono de comunicación

El «qué decir y cómo decirlo» resulta más complejo de lo que parece teniendo en cuenta el número de plataformas existentes, las cuales exigen una forma de comunicación personalizada, única.

No te compliques intentando ser diferente y trata de no imitar a nadie, solo sé fiel a ti mismo. No trates de aparentar que eres diferente porque, en realidad, ya lo eres. Cuando cumples la regla de ser tú mismo, generas confianza y tu mensaje es positivo. Respetar tu esencia es un factor básico para la personalidad de tu marca.

Detecta cuál es la red social más importante para tu negocio, la mejor para comunicar lo que quieres, la que más influye en él. Por ejemplo, mi plataforma más fuerte es Instagram. ¿Por qué? Porque es la red social que más domino, si tomamos en cuenta mi manera de comunicar.

¿Cuál es la plataforma más propicia para ti? Decídelo y que sobre ella recaiga, en lo fundamental, la particularidad de tu mensaje. Cuando comencé, no me imaginaba subiendo videos a YouTube, y mucho menos que saliera mi cara. Tampoco me imaginaba comunicarme a través de un pódcast; es más, el primero lo hice bastante tarde, ya que lo que más hacía era escribir.

Te recomiendo elegir un medio de comunicación que disfrutes y que se te dé bien para que lo atiendas con la constancia que requiere. La intermitencia del mensaje no es recomendable para ninguna marca personal ni empresarial, sobre todo cuando apenas comienzas o estés a punto de consolidarla.

4. Diseña tu imagen corporativa

La imagen corporativa es crucial para el éxito de cualquier marca. No puede ser de otra manera porque, en un mundo cada vez más audiovisual y digital, el modo en que una empresa se presenta y es percibida por el público determina muchas veces su existencia.

Una imagen corporativa sólida y definida establece diferencias y, por ende, destaca en el mercado. Además, proyecta profesionalidad, coherencia en el mensaje, consistencia y confianza, elementos clave para asegurar la estabilidad y la ventaja competitiva de una marca, así como la posibilidad de atraer nuevos talentos y de retener a los que ya tiene.

Al mismo tiempo, la imagen representa por igual un papel psicológico importante, porque logra ubicar la marca en la mente de los consumidores. Una imagen corporativa fuerte evoca emociones, sentimientos y hasta recuerdos en el público, generando una mayor y más profunda conexión entre la marca y los consumidores.

Seleccionar un nombre adecuado para tu marca tiene mucho poder. Cuando no lo tengas claro, te recomiendo de nuevo el siguiente ejercicio: imagina tu logo impreso con varios nombres. Si no te identificas con ninguno, no funciona; deséchalos y prueba con otros. ¡El nombre tiene que nacer de tu esencia! Te sugiero que eches un vistazo a marcas personales exitosas y las analices: cómo se llaman, por qué se llaman así y su poder de impacto.

Una imagen corporativa puede determinar la consolidación de la marca, lo que se traduce en un mayor valor de sus productos y de la marca en sí en el mercado. Además, le facilita la expansión hacia nuevas áreas mercantiles y la diversificación de productos o servicios.

Si hay un activo estratégico para una empresa o para una marca personal, ese es sin duda la **imagen corporativa**. He aquí algunos pasos que deberás tener en cuenta cuando vayas a crearla.

Puntualiza su misión y valores, y sobre esa base precisa la **identidad** de tu marca, es decir, el conjunto de rasgos que la van a definir: logos, diseño de productos y compromisos éticos. Elige colores, tipografía y todos los elementos visuales necesarios que reflejen su personalidad.

La imagen corporativa y la personalidad se complementan. La personalidad se sustenta en las particularidades, los valores asociados y, por supuesto, la manera en cómo estos se comunican a la audiencia. La **personalidad** define los atributos emocionales y humanos que se desean transmitir: confiabilidad, profesionalidad, seriedad, etcétera.

La imagen corporativa, por su parte, tiene una función significativa en la expresión y el sustento de la personalidad de la marca. Cada uno de los elementos visuales que la identifican está diseñado para facilitar una mejor percepción de su personalidad y, por tanto, establecer una relación más estrecha, a veces hasta sentimental, entre el cliente y la marca.

Y digo «sentimental» sin exagerar. Hoy, la manzana mordida de Apple o la ventana acristalada de Windows forman parte de nuestra vida cotidiana, al igual que la etiqueta roja de Coca Cola o el niño de los productos Gerber. ¿Por qué? Porque la personalidad de marcas como estas y su imagen corporativa se complementan la una con la otra, creando en el cliente puntos de contacto muy estrechos, incluso emocionales.

Ten en cuenta también que la imagen corporativa evoluciona. No es un proceso estático en el tiempo, y por esa razón tiene que estar abierta a los cambios del mercado, a la competencia y otros factores inherentes a este vertiginoso mundo en el que vivimos.

5. Mide los resultados

Cuando mides los resultados, debes tener en cuenta que estás evaluando no solo la aceptación y la efectividad de tu marca, sino también tus esfuerzos para crearla y echarla a andar, así como el cumplimiento de tu misión y objetivos; no se trata solo de medir si hiciste o no más dinero.

La medición de los resultados está estrechamente ligada a su influencia. Yo valoro los resultados por las veces en que los seguidores y clientes me dan las gracias por haberlos ayudado o por hacer bien las cosas, por la cantidad de preguntas planteadas para indagar cómo trabajo, o por su interés en mis nuevos productos.

Si te buscan en la red pidiendo un consejo, una recomendación o para averiguar algo en torno a un producto, es porque confían en ti y tienen la convicción de que tú les puedes ayudar. Ese es un indicador positivo a la hora de medir los resultados.

Muchos me preguntan qué tienen que hacer para trabajar en una de las empresas de mi marca, cómo los puedo ayudar o, simplemente, cómo resuelvo determinada situación. En esos casos, más que yo intentar venderles un producto, ellos me están pidiendo que se los venda. ¡Este es otro buen indicador!

Valora las oportunidades laborales o los nuevos proyectos que se te presentan gracias a tu marca. Las invitaciones a eventos y propuestas de colaboración son también un indicio de cuánto interés y reconocimiento genera tu marca personal.

El análisis de los resultados te ofrece información valiosa para evaluar tu progreso, identificar las áreas que debes mejorar, avalar decisiones, generar oportunidades y adaptarte a los cambios del entorno. En resumen, es un paso esencial para construir y gestionar una **marca personal** sólida y efectiva.

Llamado a la acción II

Recuerda la frase con que comencé este libro: **el único modo de ser irremplazable es ser diferente.**

Te la recuerdo porque otra acción que nos define como seres únicos, diferentes e irremplazables es la manera en que combinamos los talentos y las habilidades individuales en función de cada uno de los objetivos en la vida. El «ADN profesional» es una mezcla de distintos talentos y habilidades que vamos desarrollando a lo largo de toda la existencia.

Si quieres tener una **marca personal magnética, auténtica e invencible,** debes centrar tu atención en un plan de negocios y en uno de marketing, que se adapten a tus talentos y habilidades, y a la manera en que los fusionas.

Te lo explico con un ejemplo muy fácil. Uno de los *tipos de inteligencia* de Howard está relacionado con el talento musical. Ahora bien, para darle rienda suelta a esa aptitud y hacer que te reconozcan, debes desarrollar tus habilidades para el canto, para la ejecución de un instrumento o para escribir música. ¡No desarrollas un talento, que es innato, sin la práctica de una habilidad que respalde ese desarrollo!

Por tanto, si partes desde la base de que eres una edición limitada con diversidad de talentos y habilidades, tu plan de negocio, creado sobre esa base, te permitirá diversificar y expandir la presencia y la influencia de tu marca, por lo que disfrutarás de diferentes líneas de ingreso.

Dicho de otra forma: las nuevas líneas de ingreso no aparecen de la nada, van surgiendo a medida que pones a trabajar tus talentos y habilidades en función de tu marca. Yo no disfrutaría hoy del éxito profesional si no hubiera comenzado a desarrollar desde muy joven mis talentos para las ventas, las manualidades, las cuentas, el control emocional, y logrado una mayor empatía con las personas a quienes me dirijo. Todos esos talentos me permitieron, y aún me permiten, abrir nuevas líneas de ingreso.

¿Por qué insisto en esto? Porque no es inteligente ni seguro tener una sola línea de ingresos con una marca personal, pues te hace vulnerable. Ya me referí a este punto en este capítulo. ¡Sería como tener una mesa sostenida sobre una sola pata! Y la única manera de que no te suceda es echando a andar todos los *tipos de inteligencia* de los que dispones y poner a funcionar tus múltiples talentos y habilidades.

Al contrario de otros especialistas y expertos en marcas personales y de negocio, yo creo firmemente en lo positivo que resulta diversificar las líneas de ingreso. Me lo demuestran a diario los grandes referentes a los que admiro. Un autor destacado escribe varios libros y los grandes inversores invierten en diversas esferas, por solo mencionar un par de ejemplos. Todos ellos, por lo general, imparten conferencias y clases y suelen recorrer el mundo educando desde una tarima. ¡No se centran en una sola creación o línea de ingreso, sino que abarcan varias!

¿Tú crees que Amazon sería la misma compañía si Jeff Bezos, su fundador, se hubiera dedicado solo a vender libros? ¡Recuerda que la marca nació, en 1994, como una modesta librería online en un garaje en Seattle! Hoy ha evolucionado de tal manera que ofrece artículos y servicios muy diferentes, además de libros: joyas, prendas y productos de todo tipo, concursos literarios, autopublicaciones, almacenamiento en la nube, dispositivos electrónicos y servicios de *streaming*.

La historia de Amazon, aunque no con pocas controversias, es una muestra de innovación y diversificación de sus fuentes de ingreso. Es un ejemplo de cómo —gracias a una buena política de negocios— se puede escalar desde un modesto y casi invisible garaje en Seattle hasta la cima del comercio a escala global. Por mucha competencia que tenga —¡y la tiene!— Amazon es una compañía invencible en su especialidad.

Este es solo un ejemplo, pero existen centenares de ellos. Entonces, motívate y piensa: «Si tengo múltiples talentos, ¿por qué no puedo tener también múltiples líneas de ingreso?». Yo llevo monetizándolos desde muy joven; ya te conté la historia, vendía logotipos, fabricaba y comercializaba joyas, y así logré diversificar mis ingresos aún siendo estudiante.

A veces termino mis conferencias con una frase: **«Sin inversión no hay conversión».** Yo invierto en mis iniciativas, al fin y al cabo, creo realmente en ellas. ¿Por qué no voy a hacerlo? Si generas ganancias, no hay excusas para no sacar una parte e invertirla en nuevas líneas de ingreso. Así lo llevo haciendo con éxito desde mis 18 años.

Nunca consideré ni considero un empleo o emprendimiento parcial como un sacrificio. No lo veas así, por el contrario, tómalo como una bendición porque te da la posibilidad de poner tus talentos al servicio de los demás mientras generas prosperidad económica. Desde que me fui a España para estudiar mi primera maestría lo he comprobado, aunque mi madre me repetía una y otra vez que mi único trabajo era estudiar y sacar buenas notas. No es que la desobedeciera sin razón, es que me sentía inútil, sobre todo porque veía cuánto se sacrificaba para ayudarme.

Como me encanta servir y ser útil, creo que, sea cual sea el trabajo que hagamos, debemos enfrentarlo con la mejor actitud, disposición y con la mayor de las sonrisas. ¡Ganar dinero de una forma ética es una bendición! En estos tiempos es todavía más fácil lograrlo, porque puedes trabajar online incluso desde tu casa o hacerlo los fines de semana en un *part-time* que te genere ingresos extra. Yo no tenía esa posibilidad.

Si ahora mismo no estás generando los ingresos que deseas, te sugiero que comiences con un empleo o un emprendimiento parcial para que veas cumplidos tus sueños con un plan puente. **¡Haz hoy lo que hacen pocos para vivir mañana como pocos lo harán, con felicidad y prosperidad!**

Así lo hice como inmigrante en un país que tenía un alto nivel de desempleo y en contra de todos los pronósticos. He sido inmigrante en dos ocasiones y te diré algo: no es fácil, pero tampoco es imposible salir adelante. Es más, en mi diccionario no existe la palabra *imposible*, y tampoco debería en el tuyo.

~~IM~~POSIBLE...

Cuando finalmente conseguí un buen empleo en España, en una empresa que creyó en mí, en solo unos meses demostré mi capacidad y, gracias a eso, conseguí el permiso de trabajo con un buen contrato.

Salí a buscar ese empleo por una razón fundamental: mi madre, aunque me decía que no trabajara, se había endeudado para pagarme una segunda maestría.

Mientras escribo estas palabras —con lágrimas en los ojos— en uno de los tantos vuelos de vuelta a Miami, me percato de que mi primer inversor no fue Jose, mi esposo y socio, ¡fue mi madre! Perdóname, madre, por no haberme dado cuenta antes de que fuiste tú, que creíste siempre en mis múltiples talentos. ¡Gracias, mamita linda, por impulsarme a luchar por mis sueños! Hoy te reafirmo que vivo de mi pasión gracias a ti.

Conseguí el tan necesitado empleo porque, con determinación y disciplina, decidí responder a cientos de ofertas de trabajo, todas las que me aparecían por delante. Tomé un empleo temporal y de medio tiempo, aunque no me gustaba para nada. Recuerdo invertir una hora de ida y otra de vuelta para trabajar solo cuatro horas, pero ganaba lo suficiente para pagar la habitación que rentaba, mi plan de datos para el móvil y el abono mensual del metro.

Fueron muchos los días que lloré en el autobús que salía de Moncloa. Después de desahogarme, me convencía de que esa situación era temporal; cerraba los ojos y me veía con ropa elegante trabajando en una gran empresa. Eso me motivaba a secarme las lágrimas y a seguir buscando, desde mi móvil, un empleo de tiempo completo.

Fui a decenas de entrevistas, y en la mayoría me iba muy bien, pero como era inmigrante no querían contratarme: temían entrenarme para que luego me fuera. Me ilusionaba y me decepcionaba una y otra vez, pero no desistía. Hasta que, por fin, vi aquel tuit de Roberto Carreras que solicitaba empleados para la especialidad de marketing. ¡No lo dudé ni un segundo, respondí y lo conseguí!

Estaré eternamente agradecida con los socios de MUWOM, su agencia. Ellos me contrataron como becaria para poder trabajar de forma legal y nunca me trataron como una pasante. Me dieron la oportunidad de mi vida y por eso me costó tanto trabajo renunciar, a pesar de que las ganancias de mi recién fundada **marca personal** me habían permitido ahorrar mi salario anual en solo unos meses.

En ese, mi último empleo en España, dirigía un departamento digital y generaba ganancias adicionales con otras fuentes de ingreso, entre ellas:

- Venta de productos digitales (plantillas, guías, ebooks, packs y cursos).
- Clases en universidades y escuelas de marketing y negocios.
- Participación en congresos y eventos en España y Latinoamérica.
- Redacción de artículos para empresas necesitadas de una mejor posición en los buscadores de internet.
- Regalos y dinero por mi influencia en Twitter (ahora X), sobre todo a la hora de cubrir eventos y tuitear sobre algunas empresas.
- Realizaba consultorías en mis días de vacaciones.

No pienses que soy una *workaholic*, ¡estoy muy lejos de serlo! Solo soy una mujer hacedora e impulsada por una misión. En realidad tomo acción todos los días de mi vida, movida por mi pasión y propósito. No obstante, quiero que sepas que todo eso que hacía y que hago nunca me ha impedido disfrutar de una buena serie de TV, salir con mis amigos, leer un buen libro al llegar a casa, irme de vacaciones con la familia o tomarme unos días para ayudar a algún cliente. Cuando un emprendedor se dedica a sus sueños, a menudo se le etiqueta de adicto al trabajo. Sin embargo, admiramos la determinación y el éxito de atletas como Rafa Nadal o referentes como Jeff Bezos. No lo tomes personal; es más sencillo para muchos criticar que admirar o comprender. Para mí y otros líderes de alto rendimiento, todo es cuestión de planificación, de establecer prioridades y, por supuesto, de trabajar en proyectos que me apasionan.

> ¿No te esforzarías como el 99% de las personas no lo hacen para vivir como solo el 1% vivirá en el futuro cercano?

¡La felicidad y prosperidad económicas pueden coexistir! Créeme, estoy en el mejor momento de mi vida. Soy más feliz y próspera que nunca, me pagan por hacer lo que amo y puedo cambiar la vida de otras personas. ¡Mi esfuerzo, por tanto, valió la pena, y el tuyo lo valdrá también!

Pero —te repito— no dependas de una sola fuente de ingresos, porque vivirás un estrés eterno, viendo películas absurdas en tu mente, preguntándote qué pasaría si pierdes un cliente o si dejan de contratarte.

Hay meses en que solo me contratan de speaker para una conferencia y otros en los que tengo más de 15 actividades. En los meses flojos como speaker genero ganancias con otras líneas de ingreso y, de esta forma, nunca estoy preocupada.

Espero que mi historia, la de una mujer trabajadora que convierte su pasión en plan de acción, te motive a diversificar tus ingresos para que puedas ayudar a muchas más personas. Ten en cuenta también que, por años, fui invisible por el exceso de timidez, pero ahora soy la creadora y dueña de una marca personal fuerte, destacada, que logra obtener lo que se propone.

¿No crees que es una manifestación de egoísmo no desarrollar tus talentos en función de tu desarrollo personal y el de los demás? ¡Yo sí lo creo! No solo porque vender es un acto de generosidad, sino también porque contagias a otros a que hagan lo mismo y triunfen como tú.

¡Tu éxito es contagioso: exponlo, diversifícalo, presume tus múltiples y variados talentos!

Metodología E^2 para diversificar los ingresos de las marcas personales y comerciales

Lancé la primera versión de **mi metodología E^2** (negocio estable y escalable) en 2016. Entonces contaba solo con cuatro métodos para generar ingresos; ya voy por 12, los cuales, a su vez, se subdividen en múltiples métodos para impactar y facturar.

Metodología E²

Cómo construir un negocio estable y escalable diversificando

Por Vilma Núñez, Ph. D.

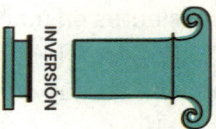

INVERSIÓN
- Inversión de sabiduría a cambio de compensación económica
- Inversión económica en proyectos y marcas a cambio de compensación económica

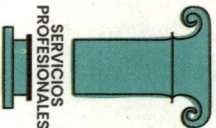

CONSULTORÍAS, COACHING O MENTORÍAS
- Coaching y mentorías grupales
- Consultorías, coaching o mentorías 1-1
- Programas de consultorías, coaching, mentorías individuales

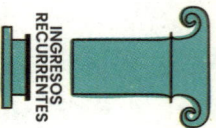

SERVICIOS PROFESIONALES
- Servicios personalizados
- Servicios preempacados

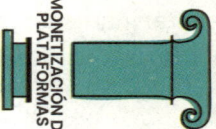

INGRESOS RECURRENTES
- Suscripciones
- Membresías digitales
- Masterminds digitales
- Masterminds presenciales

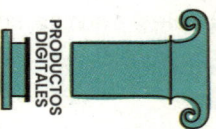

MONETIZACIÓN DE PLATAFORMAS
- Programas de partners de redes sociales
- Patrocinadores para medios propios como blogs, canales de video y pódcast

PRODUCTOS DIGITALES
- Ebooks
- Workbooks
- Kits o tool kits
- Cursos
- Certificaciones
- Programas ejecutivos (Executive Education)

E-COMMERCE
- Tiendas online propias
- Ventas de productos físicos en plataformas como Etsy o Mercado Libre

ENTRENAMIENTOS Y CONFERENCIAS
- Conferencias virtuales
- Conferencias presenciales
- Talleres virtuales
- Talleres presenciales
- Formaciones In-House
- Participación en paneles, mesas redondas o debates

SOFTWARE
- Aplicaciones móviles
- Software
- Plugins

EXPERIENCIAS Y EVENTOS
- Seminarios
- Congresos
- Retiros
- Eventos con viajes
- Bootcamps o talleres presenciales
- Eventos híbridos (presencial con digital)

ALIANZAS
- Afiliación
- Cocreación
- Comisiones

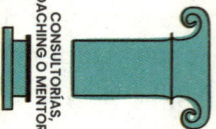

EDITORIAL
- Libros
- Agendas
- Cuadernos de trabajo
- Enciclopedias
- Manuales
- Cards

Cada línea de ingreso en esta metodología la he validado con mis marcas comerciales y mi marca personal, y en ocasiones con todas a la vez. Con el paso de los años he ido agregando líneas nuevas y lo seguiré haciendo a medida que evolucione y progrese.

Una de las líneas recientes fue la **inversión**, después de validarla y escalarla de forma exitosa. Estuve mucho tiempo invirtiendo mis conocimientos en asesorar a otros en sus inicios a cambio de un porcentaje de sus beneficios; en otras ocasiones invertí conocimiento y capital personal. Me gusta asociarme e invertir en otros talentos y marcas personales, siempre y cuando cumplan mi *Regla de 5*.

La **Regla de 5** para alianzas e inversiones. Cada persona con la que me asocio debe cumplir estos cinco puntos.	1. **Ser visionaria:** pensar siempre en cómo sumar y servir a los demás mientras vive de sus múltiples talentos y habilidades. 2. **Ser *doer* (o hacedor/a):** que convierta su pasión en un plan de acción. 3. **Ser mission-driven (impulsora de una misión):** que todo lo que haga sea por su propósito de vida o misión. ¡Que nunca hipoteque sus valores! 4. **Ser *result-centric* (estar centrada en los resultados):** que sea consciente de que es una persona ganadora por su disciplina, determinación y paciencia estratégica. 5. **Ser auténtica:** que se conecte con los demás desde su esencia y nunca le haga el juego al «síndrome del impostor» para intentar impresionar.

Mi Regla de 5 parte de cómo yo vivo mi vida y monetizo mis talentos. Ahora bien, para que exista una conexión real con otra persona, sea seguidora o cliente establecido o potencial, debemos hablar el «mismo idioma» para complementarnos.

Una vez invertí en alguien que dominaba una industria de la cual yo solo era consumidora. Él ponía la marca y la exposición, yo la estrategia de negocios. La inversión fue un éxito. Durante semanas trabajamos mano a mano y conseguimos una mejoría notable teniendo en cuenta sus resultados previos. Él ganó, yo gané, pero los mayores beneficiados fueron los clientes a los que servimos.

Por eso, cuando busques alianzas estratégicas o inversión, procura que se cumpla la regla del GANAR-GANAR-GANAR. Durante años nos hablaron solo de dos *ganar*, pero la realidad es que esta es una manera egoísta de generar ingresos porque lo haces a expensas de otros.

Cuando inviertes en el GANAR-GANAR-GANAR, ganas tú, la persona con quien haces la alianza o con la que inviertes, y el cliente. Eso te fortalece, porque tu primera transacción se transforma, de hecho, en una relación más fuerte con la persona a quien sirves, y esta, por una razón lógica, tiende a seguir comprándote y recomendándote.

Antes de ahondar en cómo crear un plan de negocios E^2 para marcas personales, quiero insistir en que cada año puedes (y debes) actuar distinto al anterior. Hay años en los que unas líneas no te generan ingresos y otras sí; analízalo bien si te sucede, pues puede deberse a que no estás siendo coherente con tu ser y así corres el riesgo de hipotecar felicidad, salud y bienestar *por unos dólares de más*, como reza el título de un famoso *western*.

Hay una diferencia sustancial entre ser avaricioso y ser ambicioso. ¡Tenlo en cuenta a la hora de valorar por qué un año algunas líneas generaron ganancias y otras no!

Para lograr un plan de negocios exitoso «**debes aprender a decirle *no* a las buenas oportunidades para darles el *sí* a las mejores**». La frase no es mía. Yo estaba en Bogotá con Ismael Cala cuando me confesó que Bruno Torres, cofundador de Cala Enterprises, se la había «regalado», y desde entonces la llevo tatuada en mi mente para que me detenga cuando siento que mi mundo emocional me arrastra a decirle *sí* a una potencial oportunidad.

La próxima vez que te propongan algo nuevo, pregúntate: ¿es una buena oportunidad o es realmente la mejor oportunidad?

No caigas en la trampa de asumir una carga de trabajo adicional cuando otro te la disfraza de «oportunidad». Algunas personas vendrán a tu vida con su propia agenda y, en la mayoría de las ocasiones, esta no encajará con la tuya, porque el ganar es solo de ellos. No cumplen la fórmula de GANAR-GANAR-GANAR ni la Regla de 5.

Recuerdo que una persona con su propia agenda me vendió una «oportunidad». Me la vendió tan bien que me lo creí; pero afortunadamente tengo la costumbre de consultar algunas iniciativas futuras con mentores y personas a las que admiro y en las que confío. Mientras más comento mis sueños, proyectos e iniciativas, mejor los aterrizo y me percato de si en verdad son buenos o no.

Mi tío y mentor, César Villanueva, siempre tan sabio, me abrió los ojos cuando ya había avanzando en el plan y de inmediato lo eché todo para atrás. Esa «oportunidad», por muy increíble y buena que me haya parecido, no cumplía con mi Regla de 5 e implicaba una carga de trabajo excesiva. Dije que no y, enseguida, me apareció una mejor oportunidad. Algunos lo llamarán casualidad, yo lo llamo realidad.

Como te dije, en República Dominicana y España fui una empleada con distintas líneas de ingreso gracias al desarrollo de múltiples talentos y habilidades, aunque, cuando comencé, no estaba aprovechando todos los que tengo ahora. Los fui incorporando, mejorando y desarrollando con el paso de los años, y tú también lo puedes hacer.

¡En la escuela de la vida hay que ser estudiante siempre, aunque seas un maestro para otros!

Mis antes y después existen. En 2015, por fin controlé mi mundo emocional y tuve valor para renunciar al contrato de mi último empleador en España. Decidí apostar fuerte y mudarme a Miami. Solicité una visa de talento gracias a mi marca personal y preparé, siempre con pasión, un plan B: regresar a España y volverme a emplear.

Aprendí a dar pasos como estos de mi coach Ana Muñoz, quien, cada vez que estoy agobiada o estresada por algún proyecto, me pregunta: «Vilma, ¿qué es lo peor que puede pasar?».

A medida que respondo, me voy dando cuenta de que nada es tan grave que no tenga solución y, automáticamente, voy aliviando el peso que ejercen sobre mi espalda la preocupación y el estrés hasta erradicarlos de mi mente. Te recomiendo hacer este ejercicio porque, sin duda, es muy poderoso.

Como te puedes imaginar, cuando me convertí en la mayor inversora de mi proyecto de **marca personal** y le dediqué 100% de mi tiempo y toda mi capacidad para enfocarme, comenzó a crecer a una velocidad inexplicable.

Cuando trabajaba en España, solo gestionaba la marca por las noches y algunos fines de semana. Después de mi renuncia tuve tanto tiempo libre que todo lo pendiente lo resolví en pocas semanas. El hecho de emprender solo en mi tiempo libre era limitante; de haber seguido así, me hubiera sido imposible desarrollar mis habilidades y talentos en pro de la *ultraproductividad* que logré poco después de superar esa limitación.

Crea tu plan de negocios E^2 para tus marcas personales

Cada vez que me refiero a la utilidad de diversificar los ingresos a través de nuestros múltiples talentos, me acuerdo del día en que el gobierno de Estados Unidos me concedió la visa de talento (EB1) por méritos profesionales gracias a mi marca personal. La solicitud me exigía demostrar que tenía múltiples talentos; desde entonces, no he parado de enseñarles a otros la manera de diversificarlos sin muchas complicaciones.

A partir de aquí, te propongo que me acompañes en un viaje creativo y visionario, durante el cual te mostraré los métodos que pongo en práctica para crear y diversificar el plan de negocios de mi marca personal. Me referiré también a grandes referentes admirados por mí y por mis clientes.

Para apuntar ideas, según vayamos avanzando, puedes utilizar tanto los modelos que incluyo dentro del libro como cualquier libreta de notas que tengas a la mano.

Diversifica tu negocio

Aterriza los productos y servicios con los que podrías diversificar tu negocio, en función de los doce pilares de la metodología E².

Inversión	Servicios profesionales	Monetización de plataformas	E-commerce	Software	Alianzas	Consultorías, coaching, mentorías	Ingresos recurrentes	Productos digitales	Entrenamientos y conferencias	Experiencias y eventos	Editorial
Inversión de sabiduría a cambio de compensación económica	Servicios personalizados	Programas de partners de redes sociales	Tiendas online propias	Aplicaciones móviles	Afiliación	Coaching y mentorías grupales	Suscripciones	Ebooks	Conferencias virtuales	Seminarios	Libros
								Workshops	Conferencias presenciales	Congresos	Agendas
							Membresías digitales				
				Softwares	Cocreación	Consultoría, coaching o mentoría 1-1	Mastermind digitales	Kits o tool kits	Talleres virtuales	Retiros	Cuadernos de trabajo
								Cursos	Talleres presenciales	Eventos con viajes	Enciclopedias
Inversión económica en proyectos y marcas a cambio de compensación económica	Servicios preempacados	Patrocinadores para medios propios como blogs, canales de video y pódcasts	Ventas de productos físicos en plataformas como Etsy o Mercado Libre	Plugins	Comisiones	Programas de consultoría, coaching, mentoría individuales	Mastermind presenciales	Certificaciones	Formación in-house	Bootcamps o talleres presenciales	Manuales
								Programas ejecutivos	Participación en paneles o debates	Eventos híbridos (presencial con digital)	Cards

Al finalizar la explicación y las referencias de cada columna, te ayudaré a priorizar con cuál deberás comenzar: con una matriz sencilla y algunas preguntas reflexivas que yo misma utilizo para ejecutar, descartar o posponer nuevas iniciativas de negocio.

Diversifica como inversor/a

La diversificación me costó mucho trabajo, entre otras razones porque me criaron con la idea de que un inversor es el socio capitalista que invierte en una empresa o el que adquiere propiedades. No creía que fuera posible, a pesar de mis múltiples talentos y habilidades, invertir sin capital a cambio de un porcentaje de la facturación del proyecto o de la empresa donde lo hacía.

Antes de ser autora fui lectora. ¡Es lo natural! Lo mismo me ocurrió como inversora, pues antes de invertir laboré con colegas y mentores para que me ayudaran a crecer y destacar. En dos ocasiones trabajé con grandes referentes del marketing y las ventas; primero les pagaba un monto fijo mensual y, después, una variable de 10% por los ingresos adicionales que lograran generar para alguna de mis empresas.

Son fascinantes las oportunidades que ofrece esta economía empresarial en la que vivimos, porque las oportunidades de inversión son infinitas (aunque también pueden ser infinitas las excusas para rechazarlas). **¡Si lo crees, lo puedes hacer!** Un día pensé en invertir y, semanas después, se me presentó la primera oportunidad. Admito que lo hice con miedo, pero me atreví y fue un éxito. Lo volví a hacer una segunda vez, ahora con más experiencia, y de nuevo fue un éxito. A la tercera decidí ponerme una meta anual de facturación con este modelo de negocio.

Para ser un gran inversor, primero debes reconocer con humildad cuáles son tus talentos, qué es lo que haces mejor y qué amas hacer.

En mi caso, disfruto mucho diseñar productos y ofertas, y los resultados han demostrado que soy buena en ello. Si dudas de ti, revisa tus datos y resultados, porque ellos nunca te mienten. Amo diseñar productos, líneas de ingreso, ofertas y hablar en público, porque cada una de esas acciones es una fuente de creación, de nuevas oportunidades y desafíos. ¡Disfruto crecer, innovar y atreverme a crear de la nada!

Una de mis acciones habituales con emprendedores digitales consiste en invertir capital y diseñar un plan de negocio para el lanzamiento que nos proponemos. Invierto tiempo como consultora y arriesgo parte de mis ingresos personales en el proyecto. Disfruto tanto hacerlo que disminuí la cantidad de mis lanzamientos digitales para participar en más lanzamientos como inversora.

Admito que dos o tres lanzamientos como inversora muchas veces no suman lo que uno solo generado por mí; pero de igual manera me permiten ser flexible con la vida que me autodiseñé. ¡Ni tú ni yo debemos trabajar para sobrevivir, debemos hacerlo para vivir! La siguiente fórmula me funciona muy bien: menos lanzamientos propios y más lanzamientos como inversora detrás de cámara.

Para alcanzar mayor éxito en este pilar, me formé en inversiones y otros temas de juntas directivas. Primero, como deberíamos hacerlo siempre, comencé con videos, cursos digitales y libros para validar mi interés real, y luego, con la ayuda de mentores y programas profesionales.

Ahora es tu turno de generar ideas, para que te diversifiques como inversor. Antes de que comiences, me parece oportuno recordarte una sugerencia de Warren Buffett, empresario estadounidense considerado uno de los más grandes inversores del mundo: **no debemos querer ser más listos que el resto, sino más disciplinados.**

Todo lo que te he expuesto hasta aquí y lo que te propondré de ahora en adelante requiere conocimientos, constancia, iniciativas, optimismo y confianza en ti mismo, pero sobre todo disciplina y profesionalidad.

Puedes utilizar este ejemplo de tabla, tu libreta o la plantilla previa de diversificación oficial de la metodología E^2 para apuntar ideas.

Ideas para diversificar como inversor	Fecha límite para lanzar	Esfuerzo (del 1 al 10)	Valor para tu cliente (del 1 al 10)

Con este libro espero conocer proyectos fascinantes de emprendedores como tú. Hoy me lees, quizás mañana estaremos firmando un contrato para GANAR-GANAR-GANAR.

Diversifica con servicios profesionales

Yo era de las que creía que, si lo hacía todo yo sola, iba a ganar más. La ignorancia es peligrosa, porque este no es el tipo de mentalidad necesaria para el crecimiento. Es una mentalidad de escasez y, hasta me atrevería a asegurar, de egoísmo. Sin embargo, es un error que cometemos a menudo al emprender y diversificar.

¿Por qué dudamos de poder seguir produciendo ingresos en el futuro si tenemos múltiples talentos? ¿Por qué queremos hacerlo todo nosotros si pagamos con la moneda más cara, que es nuestro tiempo?

Como ya lo dije, le hacía logos a mis allegados cuando estaba en la universidad, pero cuando decidí apostar 100% por mi marca personal, tuve que volverme una especialista en WordPress para mejorar mi blog y llegar a más personas. WordPress es la manera más simple y popular de crear un sitio web o blog propio.

Pensé que era normal dominar la plataforma WordPress, pero resulta que en 2013 no era habitual; de ahí la idea de vender servicios relacionados con el montaje de sitios web y blogs a 300 y 500 euros, respectivamente. En dos fines de semana los diseñaba. También vendí miniservicios para potenciar plataformas digitales, por lo que me di de alta en la plataforma de *freelancing* Fiverr, vigente hoy en día y en la cual aún me apoyo cuando requiero de buenos talentos para pequeños servicios.

Es fascinante ver cómo ahora existen numerosas plataformas para ofrecer pequeños y grandes servicios de forma remota sin invertir en marketing. Tenemos infinitas posibilidades de generar ingresos y convertir nuestros múltiples talentos y habilidades en soluciones para otros.

Cuando renuncié a mi trabajo en la agencia de marketing, en 2015, por fin pude empezar a cobrar miles de dólares por distintos servicios. Desde la creación de propuestas y plantillas para agencias digitales hasta la digitalización de agencias tradicionales. Ofrecía auditorías digitales, planes de marketing, servicios de automatización y todo lo que mis clientes necesitaban teniendo en cuenta, por supuesto, todo lo que ya hacía para mi marca y proyectos personales. Esta vez no intenté hacerlo yo sola, me apoyaba en amigos de la universidad y en otros contactos. Yo mantenía comunicación con el cliente y les pedía a mis amigos que cotizaran el trabajo o les decía cuál era el presupuesto del cual disponía para pagarles, y siempre llegábamos a un acuerdo. Aunque el margen de ganancia era menor, la carga de trabajo estaba repartida y juntos ofrecíamos mejores resultados a mis clientes. Fue en ese momento que comenzaron a florecer algunas habilidades de liderazgo en mí y empecé a compartir los beneficios con otros.

Me recomendaban montar una agencia grande, pero en 2016 mi carrera como speaker y mentora, así como mi negocio digital de educación, crecían tan rápido que decidí dejar temporalmente los servicios. Los retomé en 2018, cuando volví de mi licencia por maternidad. Entonces, Jose (mi esposo) y yo decidimos volver a experimentar con varios servicios y abrimos la agencia Convierte Más, a modo *boutique*, para trabajar con pocos clientes, pero con buenos presupuestos y proyectos. En la actualidad, Jose y yo cobramos dividendos anuales de empresas del grupo que sirven a clientes que, constantemente, refiero desde mi marca personal.

Decidí no seguir el camino de los servicios como fuente principal de ingresos porque disfrutaba más otras cosas y se me daban mejor. Hoy reafirmo en este recuento que **nuestros inicios jamás condicionaron ni condicionarán nuestro presente y futuro.** Uno de los blogs que primero vendí fue por apenas 300 euros. Ahora tengo empresas de servicios en mi grupo corporativo que facturan siete cifras al año sin que yo tenga que estar presente en las operaciones del día a día. Hoy me siento orgullosa de haber tomado esa decisión, aunque te confieso que tuve que ser paciente y esperar años para poder llegar a este nivel.

La ventaja que tenemos hoy día con los servicios es que, gracias a todas las herramientas que hay a nuestro alcance y al gran auge de la inteligencia artificial, podemos reducir de manera considerable el tiempo de ejecución y obtener un mayor margen de ganancia en cada servicio que vendemos.

Si tuviera que volver a comenzar, lo haría vendiendo servicios o mentorías y consultorías, porque, después de tantos años, son las opciones más recomendables para generar ingresos en tiempo récord.

Dos preguntas que debes responder ahora son: ¿qué servicios puedo vender mañana mismo con una propuesta de una sola página? y ¿qué puedo vender como servicio?

¡Al responderlas, recuerda que tienes posibilidades infinitas gracias a tus talentos! Ten en cuenta que un creador de contenidos con millones de seguidores no genera ingresos solo por acuerdos publicitarios o por lo que le pagan las redes sociales, también los genera cuando ofrece servicios. Yo he contratado servicios de creadores para conceptos creativos y otros para la creación de contenidos en formato de marca blanca, una estrategia de negocios que consiste en revender los servicios o productos de otros (con los permisos necesarios, por supuesto).

Mi método para crear la propuesta de un servicio en una sola página consiste en tres columnas: una para los objetivos del servicio; la segunda para el plan estratégico que debemos llevar a cabo de cara a cumplir objetivos, y la tercera columna donde reflejamos los resultados esperados.

Plan estratégico

Objetivos	Estrategias y acciones qué llevaremos a cabo	Resultados que esperamos
Objetivo 1 Incrementar 10% las ventas	• Crear un nuevo plan de contenidos educativo para precalificar y atraer nuevos clientes. Un plan que prioriza los contenidos verticales. • Visibilidad infinita: invertir en campañas de publicidad donde promocionamos solo los contenidos que han obtenido buenos resultados de forma orgánica (sin inversión publicitaria)	• Nuevas ventas sin inversión publicitaria • Disminución en el coste de adquisición de cada cliente • Menos tiempo entre la primera toma de contacto y la compra al educar al cliente previamente
Objetivo 2	(Aterriza el plan)	(Aterriza posibles resultados)
Objetivo 3	(Aterriza el plan)	(Aterriza posibles resultados)

¡No pongas límites a lo que les puedes ofrecer a otros! Aunque hoy sientas que no tienes mucha experiencia, recuerda que tus clientes tienen menos que tú.

Ahora es tu turno para diversificar con servicios útiles que generan beneficios a tus clientes y a ti.

Ideas para diversificar con servicios	Fecha límite para lanzar	Esfuerzo (del 1 al 10)	Valor para tu cliente (del 1 al 10)

Diversifica monetizando la plataforma

La influencia digital de tu marca personal atraerá a compañías con el deseo de posicionarse en tus medios digitales para promocionar sus productos, campañas y servicios. Estos acercamientos serán otro indicador del éxito de tu **marca personal** a través de plataformas digitales.

A mí me llegan todas las semanas ofertas de empresas y declino 99% porque decidí priorizar mis propios proyectos y empresas mediante la promoción en mis redes sociales y plataformas digitales, como el sitio web y el pódcast. Aun así, colaboro con grandes marcas con presupuestos más relevantes, para que juntos cumplamos los indicadores preestablecidos. Por lo general, cuando colaboro con una marca, lo hago para traspasar mi influencia, para que usen mi imagen y así ayudarlos en sus objetivos de *leads* o ventas.

En mis inicios colaboraba con empresas digitales generando contenidos en mi blog por pocos cientos de euros, pero también hacía campañas de generación de *leads* por miles de euros con otras empresas de software. Quiero destacar que todo esto lo realizaba en mi tiempo libre, mientras era una empleada.

¡Cuando tienes una plataforma y audiencia, tienes muchas posibilidades de colaborar con empresas!

La pregunta ahora es: ¿con quién o con qué tipo de compañías te gustaría colaborar?

Luego te debes preguntar: ¿cómo quiero generar ingresos con ellos? Tienes la opción de cobrar por la colaboración o hacer intercambios que te ahorren cientos y hasta miles de dólares.

Puedes identificar los gastos asociados a tu marca personal para comenzar a trabajar en algunas colaboraciones. Yo comencé así con mi blog y paré por años mientras estuve traspasando mi influencia al grupo Convierte Más, y no fue sino hasta 2022 que volví a priorizar la monetización de mi marca personal **Vilma**.

Son tres los tipos de acuerdos de monetización para mis plataformas que suelo utilizar:

- Colaboraciones anuales como embajadora y *partner* de marcas con altos contratos que ofrecen la posibilidad de GANAR-GANAR-GANAR. Otras empresas en el pasado me han ofrecido grandes sumas de dinero, pero no veía ganancia para mi comunidad y por esa razón las rechacé sin dudarlo. La reputación se construye en años y se destruye en segundos.
- Colaboraciones parciales que me rebajan gastos a la hora de operar la marca Vilma Núñez. Amo estas colaboraciones porque en mis empresas y marca personal priorizo los márgenes de ganancia y mantengo los gastos justos para gozar de una buena salud financiera que me permita crecer y escalar.
- Colaboraciones puntuales con empresas que pueden usar mi imagen por un tiempo limitado mientras cocreamos contenidos en medios digitales que ayudan a mi comunidad y les genera potenciales clientes.

Hay patrocinios que cierro con responsabilidad y en exclusiva con empresas con las que comparto valores y que realmente son parte de mi vida personal o profesional. No me interesan las colaboraciones efímeras. De hecho, te voy a contar algo: solo colaboro con empresas de las cuales ya he sido cliente para que todo fluya desde la autenticidad y no por necesidad.

Estas mismas colaboraciones podrías trabajarlas tú con tu marca personal, sin importar el número de seguidores que acumulas hoy día. Estar en varias industrias y tener múltiples empresas puede provocar que tu perfil sea más atractivo y efectivo para algunas compañías.

Asimismo, podrías monetizar tu influencia digital recibiendo ingresos por publicidad de las principales redes sociales o de patrocinadores para tu blog, canal de YouTube y pódcast. Tengo colegas que viven de los patrocinadores de sus pódcasts y otros que facturan ocho cifras al año creando contenidos virales para recibir pagos de las principales redes sociales. Yo te sugiero colaborar con empresas y así tendrías patrocinadores para tus pódcasts sin dejar de activar la monetización en algunas plataformas.

¿Por qué elegir si puedes tenerlo todo? Eso sí, «tenerlo todo» a veces significa compartir beneficios con otros. Para tenerlo todo, yo delego y por eso me toca ceder entre 10 y 25% de comisiones a otros agentes que me ayudan a cerrar los acuerdos. Lo hago encantada y por eso cada día busco más aliados para seguir potenciando este y otros pilares.

Ahora es tu turno de monetizar tu influencia y presencia digital.

Ideas para diversificar con plataformas digitales	Fecha límite para lanzar	Esfuerzo (del 1 al 10)	Valor para tu cliente (del 1 al 10)

Diversifica gracias al e-commerce

Lanzar una tienda online es más económico que abrir una tienda física, pero no deja de requerir una inversión de tiempo, dinero y de un buen equipo para la gestión del día a día.

Me fascinan las oportunidades que tenemos actualmente para validar un modelo de negocio a raíz de una tienda online. El método más sencillo es utilizar una plataforma como Marketplace de Facebook, Mercado Libre o Etsy para anunciar nuestros productos y comprobar si generan atracción. Otro método, si tenemos audiencia, sería el de utilizar plataformas como Gumroad, que nos permiten crear una ficha de productos profesionales y de alta conversión en pocos minutos, los cuales podemos compartir después con nuestra comunidad.

Cuando tenemos una marca personal influyente, lo natural es que la comunidad pida que lancemos nuestros propios productos físicos. Podemos, por lo tanto, crear una tienda online sustentada en la marca personal y vender un sinnúmero de estos productos; algunas marcas crean productos promocionales como diarios, libretas o cuadernos. Fabrican, además, artículos de viaje y de moda, joyería o tecnología. Esos son los estándares; por ejemplo, si eres cocinero, puedes crear tu propia colección de sartenes y ollas, o si eres repostero, vender máquinas para mezclar.

Agendas, planificadores y diarios, junto con las típicas tazas, gorras y camisetas, son las producciones físicas más vendidas por las marcas personales. Mi recomendación es que, en vez de fabricar cosas que nadie va a utilizar (al menos por ahora), diseñes productos físicos que sean de impacto en el presente y útiles para el futuro.

Ahora, la pregunta para ti es: ¿prefieres una tienda online con una marca comercial nueva y productos que no necesariamente están asociados a tu marca o una tienda que venda productos relacionados 100% con tu marca personal?

Si prefieres evitar el esfuerzo y la inversión que conlleva montar tu propia tienda, una buena estrategia es colaborar con tiendas de e-commerce ya establecidas. Por ejemplo, tengo la opción de lanzar mi línea de ropa aprovechando el movimiento Vístete para el Éxito, que promuevo en mis plataformas, o bien puedo asociarme con una tienda de ropa existente para diseñar una o varias piezas en conjunto. Aquí es donde el método de Dan Sullivan, Quién, no Cómo, cobra especial relevancia.

¿Cómo te imaginas diversificando con esta línea de ingresos?

Ideas para diversificar con una tienda online	Fecha límite para lanzar	Esfuerzo (del 1 al 10)	Valor para tu cliente (del 1 al 10)

Diversifica con softwares

No necesitas ser un programador para lanzar tu propio software. Tampoco requieres de una aplicación móvil. Es más, te confieso que muchos de los softwares gratuitos y pagados de los que disponemos hoy en día en mi negocio los diseñé yo utilizando Microsoft Office. En mi cabeza no existe el «no puedo», porque inmediatamente lo cambio por «¿cómo puedo hacerlo?».

Aunque tengo un equipo de desarrollo muy profesional y contrato a empresas de tecnología para algunos softwares, te aseguro que tener uno es mucho más fácil de lo que parece. Al diversificar con un software, tienes que diferenciar la gestión y la comercialización de la creación del software, algo que puedes lograr a través de plataformas como Flippa. El verdadero desafío es mantener un buen software con el equipo necesario y el marketing más adecuado para seguir teniendo nuevos clientes.

Para vender una herramienta o software tenemos distintas estrategias. Una de ellas es lanzar una membresía vitalicia para financiar el crecimiento y recibir ingresos que permitan mantener las operaciones en los próximos meses. Una membresía vitalicia consiste en vender un producto digital, un servicio o un software por un único pago, permitiendo acceso ilimitado al comprador. Es probable que algunos de los softwares que hoy utilizas se hayan lanzado con esta estrategia de ventas y negocios.

Para diversificar con softwares, siempre comienza con una versión creada con programas de Microsoft Office o con aplicaciones para no programadores que te permiten tener una versión mínima viable para primero validar el concepto y, luego, convertirlo en una aplicación o software.

Los softwares, al igual que algunos productos físicos, nacen de la necesidad de sus fundadores, así nació mi software vilma.ai con el que comencé a clonar mis metodologías y conocimientos cuando la inteligencia artificial se volvió una parte esencial en tareas digitales. Estas preguntas sencillas te ayudarán con este tipo de diversificación.

1. ¿Qué tecnología extrañas en tu día a día?
2. ¿Qué herramienta, aplicación o software pudieran necesitar tus clientes actuales?
3. ¿Qué tecnología que ya utilizas podrías mejorar?

Ahora es tu turno de diversificar, expandiendo tu portafolio con soluciones tecnológicas. Recuerda que no siempre tienes que cobrar por el uso de tus softwares, también puedes lanzar algunos gratuitos, como hago yo desde hace años para aportar valor a mi comunidad y atraer una nueva audiencia cada día. Llevo años creando generadores, calculadoras y herramientas de alta utilidad que generan cientos de miles de visitas al mes. Estas son una fuente importante de potenciales clientes y ventas.

Ideas para diversificar con softwares de pago o gratuitos	Fecha límite para lanzar	Esfuerzo (del 1 al 10)	Valor para tu cliente (del 1 al 10)

Diversifica con alianzas estratégicas

Si analizas la evolución y el crecimiento de muchas marcas comerciales y personales que hoy día son de referencia, verás que muchas se han apalancado en las alianzas estratégicas para multiplicar su influencia, alcance y ventas.

Por esa razón vemos a autores que escriben con otros autores, músicos que lanzan *singles* con otros artistas o marcas que crean ediciones limitadas (como el caso de Nike, que lanzó unos tenis en coordinación con la marca de joyería Tiffany's, o el curioso caso del reloj lanzado por Hublot y Nespresso).

Siempre lo digo, **¡más compartir y menos competir!**

La cocreación llegó para quedarse, y más cuando se impone el GANAR-GANAR-GANAR. Prefiero este tipo de modelo de negocio porque me permite compartir ganancias, esfuerzos y la inversión inicial que exige un producto o servicio nuevo. Junto a uno de mis socios y mi esposo, suelo cocrear a tres partes: el socio con la suya, mi esposo con la de él y yo con la mía. Con un buen acuerdo operacional, definimos las responsabilidades de forma equitativa y, luego, repartimos las ganancias a partes iguales tras recuperar los gastos. Por experiencia, siempre prefiero las cocreaciones equitativas, porque, además de ser más justas, son más fáciles de manejar en el momento del reparto.

Cuando ayudo a otros emprendedores a cocrear, utilizo estas preguntas:

- ¿Qué te hace falta para lanzar alguna iniciativa pendiente?
- ¿Con quién podrías y quisieras cocrear?
- ¿Con qué empresa o persona podrías lanzar algo que te piden tus clientes?
- ¿Qué has dejado de lanzar porque sientes que podrías hacerlo mejor con alguien más?

Si queremos ingresos por alianzas, pero sin el esfuerzo que requiere una cocreación, podemos cobrar comisiones cuando conectamos a una persona o empresa con otra o simplemente siendo afiliados. Nunca me arrepiento de lo que hago, pero te digo con honestidad que lamento no haber hecho más lanzamientos con afiliados o *partners*, aliados que, gracias a sus múltiples talentos, son capaces de movilizar a su audiencia para que adquieran nuestras soluciones y así ganarse una comisión a cambio.

En mi caso, utilizo una agencia que maneja a todos los *partners*, lo que significa que 50% de cada venta generada a través de una afiliación se reparte entre la agencia y el *partner*. Muchos dirían que estamos cediendo demasiado, yo, por el contrario, me siento honrada y bendecida por el hecho de tener un negocio que nos permite ganar a todos. Mientras esta agencia maneja los *partners*, nosotros invertimos tiempo y recursos en otras acciones.

Perdóname si te hago preguntas demasiado directas, pero ¿cuánto dinero has dejado de ganar por miedo a compartir «mucho»? ¿Qué es mejor, 100% de nada o 50% de una buena facturación? Sé que cada empresa tiene márgenes distintos, pero todas podemos apoyarnos en afiliados para compartir nuestras ganancias y crecer.

Aunque la afiliación es tan habitual que hay un sinnúmero de plataformas que te permiten tener afiliados para comercializar y compartir tus ganancias, nosotros utilizamos felices a Hotmart en nuestros negocios digitales. Más que un software, lo vemos como un aliado estratégico para tener un modelo de negocio fructífero que me protege a mí como marca personal y comercial. Además, ofrece una experiencia 100% transparente para los afiliados, ya que ellos pueden ver en tiempo real los resultados y recibir de inmediato en su billetera virtual los ingresos de nuestra colaboración de afiliación.

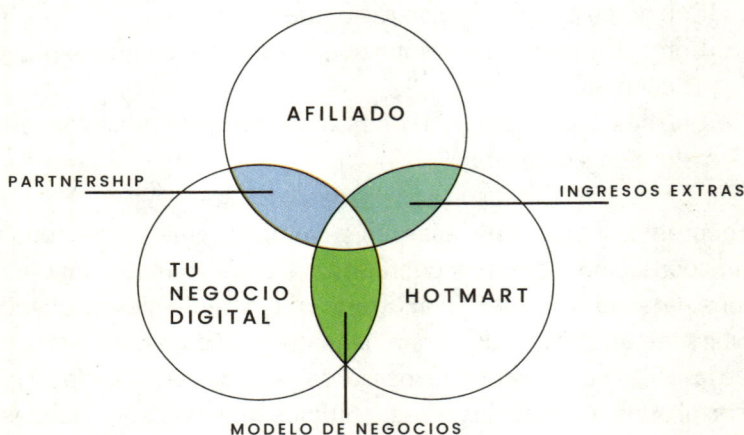

Ahora es tu turno: ¿cómo generar ingresos adicionales en los próximos 90 días gracias a las alianzas estratégicas?

Ideas para diversificar con buenas alianzas estratégicas	Fecha límite para lanzar	Esfuerzo (del 1 al 10)	Valor para tu cliente (del 1 al 10)

Diversifica con consultorías, coaching o mentorías

Cuando renuncié a mi último empleo, en abril de 2015, prioricé las mentorías a profesionales individuales y las consultorías a empresas corporativas. Sabía que era un excelente método para generar ingresos mientras seguía impulsando mi negocio digital de educación. En aquel momento, Convierte Más no existía y yo me dedicaba a vender productos digitales educativos o «formaciones», como me gusta llamarlos, a través de la marca Bloonder Academy, que yo misma configuré con una plantilla de WordPress. Y aunque facturaba lo suficiente para cobrar un sueldo y cubrir mis gastos en una ciudad tan costosa como Miami, intuía que el camino de servicios y asesoramiento, además de generarme buenos ingresos, me ayudaría a crear más y mejores formaciones en el futuro.

Decidí dejarme llevar por la intuición y, gracias a ella, mi equipo y yo hoy estamos muy capacitados para seguir sirviendo y educando a los clientes. Te cuento todo esto porque vivimos una época en la que casi todos anhelan ingresos pasivos con el mínimo esfuerzo sin valorar que los servicios de asesoramiento son el mejor entrenamiento profesional. Ahora eres tú quien asesora, pero en el futuro quizás sean decenas y hasta cientos de personas, capacitadas con tus metodologías, quienes lo hagan en tu nombre. Al enfocarte en construir tu legado y asegurar tu trascendencia, descubres la posibilidad de adoptar estrategias como las de John C. Maxwell, Robert Cialdini y la mía propia, que consiste en ofrecer certificaciones para compartir nuestras habilidades y metodologías con otros. Actualmente hay consultores de negocio y marketing que brindan su apoyo a otros, armados con certificaciones como mi BMS; líderes que imparten enseñanzas de liderazgo y ofrecen coaching a empresas, inspirados por John C. Maxwell, y otras agencias y especialistas que facilitan la persuasión, todo gracias a la certificación del Instituto Cialdini.

A los servicios de asesoramiento —coaching, consultoría o mentoría— me gusta clasificarlos en tres categorías:

1. Asesoramiento individual por sesión: te permiten vender sesiones sueltas a 50 dólares.
2. Programas de asesoramiento individual: vendemos varios encuentros o sesiones con el propósito de conseguir determinados objetivos. Por ejemplo, el programa Lanza tu certificación online ofrece ocho sesiones de coaching de nuestro equipo especializado a partir de 3 000 dólares.
3. Programa de asesoramiento grupal: reunimos perfiles con un objetivo común para acompañarlos a través de distintos encuentros en un período determinado. Un ejemplo son las mentorías grupales de nuestro programa para emprendedores, llamadas IAN (Incubadora y Aceleradora de Negocios de servicios y consultoría).

Si utilizamos la clasificación de soluciones *low-ticket*, *mid-ticket* y *high-ticket*, así quedarían clasificadas estas categorías de asesoramiento:

TIPOS DE ASESORAMIENTO		
LOW-TICKET	**MID-TICKET**	**HIGH-TICKET**
Sesión individual de asesoramiento	*Mentoría grupal* IAN	*Programa individual de asesoramiento*
$50 USD	**+ $1,100 USD**	**+ $3,000 USD**

Lanzar las tres opciones desde el comienzo no requiere más esfuerzo; solo haz una propuesta por cada servicio de asesoramiento para tener las tres opciones en el momento de sostener encuentros de venta con potenciales clientes.

Para ofrecer coaching, consultorías y mentorías tenemos que capacitarnos muy bien, porque nos convertimos en parte del futuro de nuestros clientes y, en consecuencia, asumimos una gran responsabilidad. Debes tomar muy en serio este trabajo, dar siempre lo mejor de ti y evitar el apego con los clientes, porque puede ser contraproducente.

El apego —involucrarse en un nivel emocional con un cliente— es contraproducente. Debes ser empático mientras ejerces, pero cuidado con algunas emociones que te hacen hasta dudar de tus capacidades y habilidades profesionales. Me refiero, por ejemplo, a las ocasiones en las que un cliente te culpa de sus malos resultados mientras que otros han tenido éxito.

En casos como estos, donde la mayoría de tus clientes consiguen resultados positivos, ¿de quién es la culpa: del coach, del mentor o consultor, o del asesorado? Yo estoy comprometida con el éxito de cada cliente, pero sin apego emocional. Me costó mucho llegar ahí y lo logré poniendo límites, documentando todos los pequeños y grandes logros de mis clientes y volviéndome cada vez mejor en mi trabajo de asesoramiento gracias a la práctica y el estudio. Tendrás asesorados que demanden más de ti mientras que otros asumen su compromiso y reconocen que son los únicos responsables de su éxito y que eres su compañero de viaje, no su piloto.

Si todavía no generas ingresos con este pilar o no facturas lo que te gustaría, estas preguntas quizás puedan ayudarte:

- ¿Sobre qué temas te piden consejos gratis?
- ¿De qué temas podrías hablar gratis por horas?
- ¿Qué resultados han conseguido tú o tus clientes que pudieras replicar con nuevos clientes?
- ¿Cuáles son las habilidades y talentos que definen tu experiencia profesional?
- ¿Qué amas hacer?
- ¿A qué tipo de asesorados quieres servir?
- ¿Qué necesitan esos asesorados?
- ¿Qué tipo de consultoría, mentoría o coaching te han pedido?

Si todavía dudas de que puedas ejercer como mentor, coach o consultor, te recomiendo invertir en certificaciones que te avalen, así podrás servir a los demás vendiendo tus servicios de asesoramiento con confianza y orgullo. Sería un honor certificarte en competencias y habilidades requeridas hoy en el mundo de los negocios, marketing y ventas a través de nuestras academias online. Escribe a mi equipo en hola@vilmanunez.com y con gusto te harán un plan de estudios a la medida o una recomendación acertada acerca de la certificación o el curso necesarios para tu papel como mentor, coach o consultor.

Te sugiero también hacer una lista de todo lo que has conseguido, es decir, de tus mayores logros y éxitos. Luego, haz otra con los logros e hitos de tus clientes del pasado.

Para cada línea de ingresos debes crear y sostener un nombre respetable, una propuesta eficiente de cada tipo de asesoramiento y un documento con los testimonios de clientes exitosos. Esto te ayudará a vender tus asesorías a un precio cómodo que luego puedas subir en el futuro. Yo comencé con la venta de mi primer programa de mentoría individual por 1000 euros y ahora vendo servicios de asesoramiento por mucho más y desde 2022 mi equipo asesora desde nuestra firma de consultoría Journi. Mi marca personal es lo que más me ayuda a subir mis precios, porque tengo cada vez más reconocimiento y demanda, pero mi tiempo (al igual que el tuyo) es limitado.

Por último, aunque no menos importante, te recuerdo que cada mentor, consultor o coach también recibe asesoramiento de otros. ¿Quiénes son tus coaches, mentores o consultores?

Ten en cuenta que mientras más creces, mejor puedes servir a tus asesorados, por eso no les cobro menos a mis clientes cuando me piden otro asesoramiento, al contrario, me pagan más porque estoy más capacitada para ayudarlos a cumplir sus objetivos.

Ahora te toca a ti servir a otros con asesoramientos de forma grupal o personalizada.

Ideas para diversificar como coach, consultor o mentor	Fecha límite para lanzar	Esfuerzo (del 1 al 10)	Valor para tu cliente (del 1 al 10)

Diversifica gracias a ingresos recurrentes

Lo confieso, al momento de escribir estas líneas todavía no me considero una experta en este pilar, pero pronto lo seré. Después de años de invertir en mentores, me he persuadido de lo importante que es tener ingresos recurrentes para disfrutar de mejores finanzas en los negocios. De la misma manera que un empleado tiene estabilidad porque recibe un sueldo mensual, un negocio también puede tenerla si hace mejores proyecciones y logra ingresos recurrentes.

Créeme cuando te digo que no es tarde para que tú y yo lo logremos, por el contrario, ahora es el mejor momento. Estoy segura que tú y yo incluimos en nuestros gastos mensuales fijos la membresía en Amazon, las suscripciones a productos que deseamos o necesitamos, a Netflix, para disfrutar un buen entretenimiento, o a alguna otra plataforma especializada en deportes, información o programación variada.

Con tu marca personal puedes tener una membresía de mayor valor, a la que nosotros, los emprendedores digitales, llamamos *mastermind*. Esta te permite, como líder, organizar encuentros anuales con profesionales afines; un *mastermind* les daría a los miembros la oportunidad de crecer y tener un mayor networking y sentido de pertenencia.

Asimismo, puedes disponer de membresías digitales integradas por cientos o miles de otros miembros. Estas membresías de menor costo pueden convertirse en tu fuente principal de ingresos y estabilidad.

Cuando comencé a crear membresías dentro de mi grupo corporativo de empresas, probamos el formato anual con un precio de preventa irresistible. Y funcionó muy bien. No obstante, enfrentamos un problema: el pico de facturación e ingresos solo se producía una vez al año; no generábamos ingresos recurrentes diarios como Netflix.

La parte menos atractiva de trabajar con una membresía es que, por lo general, un porcentaje representativo se da de baja cada mes, de forma voluntaria o involuntaria, por dificultades con sus métodos de pago. De ahí surge la importancia de nunca dejar de vender membresías para compensar la pérdida de miembros con la llegada de otros.

La forma de compensar las bajas es teniendo interacción constante con la audiencia, ofreciéndole valor y novedades de manera habitual. Adicionalmente, tendrás que destinar recursos de tiempo y dinero para pagar a un equipo interno o externo que te ayude a promocionar y gestionar tu membresía.

Para disfrutar de una buena membresía digital tienes que analizar las suscripciones existentes en tu industria y detectar, a través de las reseñas que encuentres, qué resaltan y qué echan en falta sus miembros. Esta investigación más cualitativa que cuantitativa puede convertirse en una base sólida para comenzar a construir tu membresía.

En mi caso, analicé durante un año qué les iba a ofrecer a los primeros miembros. Les preguntaba constantemente a mis mejores clientes cómo los podía impresionar y validaba por separado lo que me respondían para ver si en realidad era interesante y viable. Debo confesar que también evalué durante mucho tiempo la resistencia a pagar el precio mensual —tengo clientes en Estados Unidos, Europa y Latinoamérica— y finalmente descubrí algo curioso: la mayor resistencia al precio la tenía yo, ya que, por un lado, quería hacer rentable cada iniciativa que lanzo y, por otro, quería respetar mi misión de ofrecer educación y acompañamiento gratuito o asequible. Al final decidí, junto con mi equipo, tener distintos planes para satisfacer a nuestros clientes.

Además de estas conversaciones individuales con potenciales miembros de tu membresía, puedes hacer encuestas en tus canales digitales sobre qué esperan, qué elementos les gustaría que incluyera la membresía y cuánto pagarían sin resistirse.

Lo cierto es que el proyecto de una membresía requiere mucho tiempo de planificación, y aún más para la gestión una vez que la has lanzado. ¡La rentabilidad de una membresía solo es posible si vendemos muchas licencias a bajo costo o pocas a alto costo!

Quizás las preguntas más sencillas para generar ideas sobre una posible membresía alrededor de tu marca personal son estas: ¿cuánto quieres facturar al mes con los ingresos recurrentes? ¿Cuánto tiempo y recursos estás dispuesto a invertir en una membresía? ¡Tiene que existir un balance entre lo que quieres conseguir y lo que estás dispuesto a invertir!

Otras preguntas que me hice para crear varias membresías para mis empresas y clientes fueron:

- ¿Qué clientes la comprarían y por qué lo harían?
- ¿Cuánto tiempo estás dispuesto a invertir en este proyecto?
- ¿En realidad, a quién quieres ayudar con la membresía?

Tener diferentes avatares no es un problema, porque puedes diseñar distintos niveles o agrupar a los miembros por sus similitudes. Por ejemplo, puedes tener emprendedores que recién comienzan y otros que ya tienen años de experiencia. Aun así puedes agruparlos porque ambos conjuntos tienen un objetivo común: ser felices mientras gestionan negocios exitosos.

Por cada tipo de cliente que quieres servir con tu membresía, responde:

- ¿Qué problemas o desafíos tiene?
- ¿Qué sueños tiene?
- ¿Qué necesita lo más pronto posible?
- ¿Por qué lo compraría?
- ¿Por qué no lo compraría?
- ¿A cuánto quieres vender tu membresía?
- ¿Qué opciones de pagos tendrás?
  - Mensual
  - Bimestral
  - Trimestral
  - Anual
- ¿Qué elementos quieres incluir?
  - Sesiones en vivo para responder preguntas al estilo de una mentoría grupal
  - Clases en vivo
  - Talleres en vivo

- Recursos educativos pregrabados como cursos, retos o audiocursos, entre otros
- Comunidad tipo foro
- Recursos descargables: ebooks, plantillas, guías, PDF, etc.
- Club de libros
- Descuentos de plataformas, herramientas y softwares
- Descuentos para próximos eventos
- Eventos físicos
- Otros elementos que se adapten a tu personalidad, negocio y necesidades de clientes
- ¿Cómo quieres nombrar a tu membresía?

Yo suelo utilizar aplicaciones de notas digitales como Notion, Noteshelf, Notability o Craft, que me permiten escribir y dibujar para aterrizar mis ideas para mis membresías o las de mis clientes.

Ideas para diversificar con membresías	Fecha límite para lanzar	Esfuerzo (del 1 al 10)	Valor para tu cliente (del 1 al 10)

Diversifica con productos digitales

Mi marca personal se expandió sin fronteras gracias a la educación online. Primero, porque educo de forma gratuita a millones de personas cada semana a través de mis redes sociales y, segundo, porque tenemos una de las escuelas online de marketing y ventas digitales de más prestigio en el mercado en español.

Hay países, como Corea del Sur, donde la profesión de docente tiene mayor estatus que otras. Aunque no vivimos ahí, ser profesores o educadores digitales es una gran estrategia para distinguirnos mientras impulsamos y promocionamos nuestra marca personal. Con mis formaciones gratuitas y mi contenido en redes sociales, puedo llegar a nuevos emprendedores, gerentes, directivos, vicepresidentes y hasta a los CEO de grandes corporaciones.

El fondo de pantalla de mi móvil es el mismo desde hace años y dice: **«La educación es la solución».** Es mi gran recordatorio de que cualquier desafío, problema u obstáculo lo puedo afrontar con el conocimiento necesario.

Todos, sin excepción, podemos ser educadores online si lo deseamos, lo importante es definir con qué formato nos sentimos más cómodos. Existen autores que optan por la literatura para educar y utilizan recursos como este libro. Otros lo hacen por medio de clases bien estructuradas de forma presencial o en salas virtuales por Zoom desde la comodidad de su hogar. Pero también existimos otros educadores que nos adaptamos y utilizamos las opciones que sean necesarias para que el conocimiento llegue y motive a pasar a la acción.

¿Cuál prefieres tú? ¿A través de qué plataforma educarás? ¿Prefieres plataformas propias o poner tu talento a disposición de otras instituciones?

Si eliges trabajar con otras instituciones, tienes que aceptar sus condiciones y seguir sus lineamientos. Si, por el contrario, decides crear tu propia academia, instituto o escuela online, tú serás quien decida y todo estará más adaptado a tu personalidad. Ambos formatos son válidos porque te permiten generar ingresos al vender productos digitales.

El primer paso para vender soluciones educativas es definir a quién quieres vender tus productos digitales. ¿Lo harás **B2B** (*business to business*) o **B2C** (*business to consumer*)?

Me hace gracia el querer dividir drásticamente el B2B del B2C como si se trataran de polos opuestos cuando, al final, quien toma la última decisión en ambos es la misma persona. Toda relación comercial comienza con una relación personal, y el pago final lo hará esa persona del departamento de compras de una compañía con la que estableces la relación.

Cuando hablamos de productos digitales, tenemos que abrirnos a las posibilidades de vender con nuestra marca personal tanto B2B como B2C. Hoy jamás limitaría la venta de educación online al consumidor final, ese fue un error que cometí durante mis primeros años. Llevábamos años vendiendo cursos y un día decidimos exportar nuestra lista de clientes para migrar a una plataforma nueva de gestión de contactos. Nuestra sorpresa fue que, al exportar los contactos, encontramos un buen número de correos corporativos entre ellos y así nos percatamos de que nuestro negocio estaba obteniendo una gran tracción y de que las empresas también confiaban en nosotros para entrenar a sus equipos en temas digitales.

En la siguiente tabla podemos ver cómo a partir de una formación digital surgen tres modelos de negocio: el primero consiste en vender el curso a consumidores finales, una única licencia; en el segundo, nuestra área comercial puede vender varias licencias a corporaciones y agencias; en el tercero hacemos certificaciones para compañías con el aval de una universidad de Estados Unidos. En estos casos personalizamos la experiencia educativa, adaptándola a sus objetivos. Este último modelo se contempla en el pilar de formaciones, pero quise incluirlo aquí para que veas cómo se puede diversificar sin problemas a partir de cualquier producto o servicio. Siempre recalco que, si no diversificas tú, otro lo hará cuando exista una necesidad real.

EDUCATIONAL DIGITAL BUSINESS		
PRODUCTO DIGITAL A B2C	PRODUCTO DIGITAL A B2B	ENTRENAMIENTOS A B2B
Sesión individual de asesoramiento	10 licencias del curso de ventas digitales	Certificación equipo en ventas digitales
$347 USD	+ $3,00 USD	+ $15,000 USD

Mi recomendación es que hagas productos digitales para B2C que puedan convertirse en el futuro en soluciones corporativas, aunque requieran de otros nombres o de algunos cambios.

El segundo paso consiste en definir qué formato de producto digital queremos vender. Después de más de 10 años vendiendo productos digitales, te puedo decir que la clave está en adaptarse a las necesidades del mercado. Comencé en 2013 vendiendo plantillas y packs de recursos variados; en 2023 tuve que volver a utilizar esa estrategia, pero esta vez a un mayor costo y valor; en 2014 empecé a vender muchos más cursos pregrabados, y años después sigo vendiéndolos. También ofrecemos (aunque pocas veces al año) otras formaciones híbridas, gracias a las cuales los compradores tienen acceso inmediato a contenidos pregrabados y otras sesiones en vivo.

Antes de definir el formato del producto digital, te recomiendo valorar cuál prefieren tus clientes y cuál se adapta mejor a ti, que eres el educador digital. Los formatos para productos digitales pueden ser:

- Curso online
- Campamento online
- Taller práctico en vivo (mínimo 3-4 horas)
- Curso con varias sesiones en vivo
- Curso en audio
- Curso en PDF
- Certificaciones
- Plantilla
- Kit de plantillas
- Ebook
- Pack de ebooks
- Workbook (cuaderno de trabajo)
- Recurso en PDF
- Pack de documentos, referencias y ejemplos
- Generadores / calculadoras
- Masterclasses / webinarios de pago
- Reto de pago
- Grabaciones de eventos físicos
- Eventos online
- Congresos online
- Membresías

Los formatos que te recomiendo para productos digitales (teniendo en cuenta que tengo acceso no solo a mis datos de facturación, sino también a los de mercados latinos, europeos y americanos) son packs de plantillas, packs con cuadernos de trabajo, ebooks y plantillas, cursos online pregrabados y certificaciones.

En mi programa digital EDB (*Educational Digital Business*) incluyo una sencilla tabla para convertir tus conocimientos en productos digitales, y hoy la comparto aquí contigo. Puedes enlistar las áreas de conocimiento y luego marcar los productos digitales que podrías crear. Incluí hasta los precios en dólares actuales de referencia para ayudarte con la idea y la monetización.

Diversifica tus conocimientos en soluciones educativas			
Área de conocimiento			
Plantilla desde $7			
PDF (manuales/guías) desde $7-$47			
Ebook (libro digital) desde $30-$100			
Cuaderno de trabajo desde $7-$47			
Kit/bundle desde $27			
Curso online pregrabado desde $47			
Curso en vivo desde $100			
Curso en audio desde $27			
Reto en vivo desde $47			
Eventos gratis - VIP desde $37			
Reto pregrabado desde $47			
Certificación desde $300			

El tercer paso consiste en definir el valor de tus productos digitales. Cuando hablamos de negocios digitales, tal como enseño en mi libro *La brújula de los negocios digitales*, hay tres categorías para ponerles precio: *low-ticket*, *mid-ticket* y *high-ticket*.

La escala para negocios de educación online

Si las marcas de lujo venden perfumes y llaveros por 100 y 200 dólares, ¿por qué limitarnos a vender productos digitales de alto precio? Ser un negocio inclusivo permite servir y ayudar a más personas. Un autor vende libros a 20 dólares, pero esto no le impide vender conferencias por decenas de miles de dólares.

Al diversificar con productos digitales, piensa esto: ¿qué productos de menos de 100 dólares puedes vender hoy en día? Estos serían tus productos *low-ticket*, que utilizamos estratégicamente para vender otras soluciones de mayor valor en el futuro y para demostrar que realmente ofrecemos calidad educativa.

¿Qué productos digitales entre 100 y 500 dólares puedes vender? Estos serían los *mid-ticket*, los cuales sí dejan ganancias e incluso, sin tener demasiados clientes, pueden generarnos miles, decenas o hasta cientos de miles de dólares de ingreso al mes, y muchas veces sin necesidad de hacer lanzamientos.

¿Qué productos digitales a partir de 500 dólares puedes vender? Hablo de los *high-tickets*, es decir, las soluciones digitales de alto valor. Pueden ser una certificación o un gran programa digital que enseñen una o más habilidades. Aunque leas que algunos referentes y mentores dicen que un producto *high-ticket* es sinónimo de miles de dólares, recuerda que nuestro mercado hispanohablante tiene un poder adquisitivo menor. Por eso, en nuestros países, hablamos de soluciones de mayor valor a partir de 500 dólares.

El conjunto de estas clasificaciones es lo que llamamos, en negocios digitales, *la escalera de valor*.

El último paso, el más importante, es decidir *qué* vas a enseñar. En muchas ocasiones, aquí es donde el famoso y temido síndrome del impostor nos frena porque sentimos que nuestros conocimientos no son suficientes para vender productos digitales. Sin duda alguna, es un grave error. Por eso me hago cuatro preguntas para sentirme confiada y poder generar buenas ideas:

¿QUÉ LOGROS / HITOS HAS ACUMULADO HASTA HOY?	¿CUÁNTOS AÑOS DE EXPERIENCIA PROFESIONAL TIENES?	¿QUÉ PROGRAMAS, CURSOS Y CERTIFICACIONES AVALAN TU CONOCIMIENTO?	¿EN CUÁLES MENTORES HAS INVERTIDO PARA ACELERAR TU ÉXITO PROFESIONAL?

Quiero compartirte, además, las mismas preguntas que utilizo en mis consultorías o en mi planificación estratégica anual, en la que defino las nuevas formaciones o las que queremos a mejorar y evolucionar:

- ¿Qué habilidad que dominas puedes enseñar? Cuando hablo de *dominar*, me refiero a una habilidad que te haya dado en varias ocasiones resultados satisfactorios a ti o a tus clientes.
- ¿Qué conjunto de habilidades te han ayudado a estar donde estás hoy?
- ¿Qué necesitas enseñar a tu equipo de trabajo? Confieso que las mejores formaciones nacen de la necesidad de entrenar al propio equipo de trabajo para que esté siempre preparado para los nuevos retos.
- ¿Qué te hubiera gustado saber cuando comenzaste? Es decir, ¿qué le enseñarías a tú «yo» del pasado?
- ¿Sobre qué temas te piden consejos y recomendaciones?
- ¿Qué halagos recibes de otros?
- ¿Qué es lo que más te piden tus clientes o seguidores en redes sociales?

Ahora te toca a ti aterrizar algunas ideas para diversificar con productos digitales.

Ideas para diversificar con productos digitales	Fecha límite para lanzar	Esfuerzo (del 1 al 10)	Valor para tu cliente (del 1 al 10)

Diversifica con entrenamientos y conferencias

Los entrenamientos a medida y las conferencias son los pilares que más desean las marcas personales. Al igual que ser un educador da prestigio, el hecho de ser un profesional que de forma habitual se sube a tarimas o realiza entrenamientos a la medida también te posiciona por encima de la media.

Aunque algunos oradores solo se dedican a escribir libros e impartir conferencias, recomiendo siempre tener otros pilares de ingresos y otras fuentes de conocimiento. Diversificar no solo hace que aumenten tu patrimonio y tus ingresos, también amplía tus conocimientos. Hoy tengo una carrera exitosa como conferencista porque cada día aprendo cosas nuevas en mi grupo corporativo.

Hablo de distintos temas, no me limito a impartir conferencias sobre uno solo porque tengo múltiples habilidades y talentos al igual que tú. En mi *dossier* como conferencista comercializo distintas soluciones y temáticas:

- Conferencias online
- Conferencias presenciales
- Entrevistas
- Talleres presenciales
- Certificaciones presenciales
- Entrenamientos a la medida para compañías

Creo que cada conferencista debe tener un tema paraguas; el mío es las ventas digitales. La conferencia que más he vendido en los últimos años es «Vende Más», que hasta 2019 se llamaba «Convierte Más». Además de tener la conferencia en formatos de 20, 30, 45 o 60 minutos, también comercializo un taller de seis horas y la certificación de 12 horas en dos días. Cada una de estas soluciones tiene un precio distinto, lo que me permite estar en diferentes eventos y trabajar con distintas organizaciones.

Adicional a mi temática paraguas, controlo e imparto conferencias sobre **marca personal**, emprendimiento y negocios, marketing digital, inteligencia artificial, liderazgo femenino y *C-level marketing*. Esta última la diseñé después de 2020 porque estuve impartiendo charlas virtuales a grandes corporaciones, muchas de las cuales aprovecharon la pandemia para entrenar a sus equipos y clientes online. Ahora que imparto las conferencias de forma presencial, es fascinante ver cómo los directivos comienzan con brazos cruzados, pero terminan aprendiendo y hasta riéndose cuando me transformo en una comunicadora jovial que enseña de ventas y marketing con referencias reales y de una forma fácil y amena.

Todo esto lo tengo bien estructurado y explicado en mi dossier, algo que recomiendo a todo conferencista. No es lo mismo pasar una cotización que tener un dossier definido que puede enviarse antes de hacer una propuesta formal. Cada vez que un conocido me dice «quiero recomendarte para un evento» o «quiero yo mismo contratarte», de inmediato reciben dos archivos por WhatsApp: el primero es el PDF de mi dossier y el segundo el contacto de mi mánager.

Si tú también deseas posicionarte mejor como conferencista, construye tu dossier con una presentación en PowerPoint que puedes exportar luego a un PDF.

La estructura que debes utilizar para un dossier de conferencista es la siguiente:

- Portada con alguna imagen tuya sobre una tarima.
- Biografía en la que destacas los hitos que has conseguido en tu carrera como orador y profesional; esto justifica por qué deberían contratarte a ti y no a otro conferencista.
- Conferencias y talleres que impartes junto con sus precios.
- Prueba social, es decir, los testimonios de quienes te contratan y los comentarios de los asistentes a tus eventos. Esta parte es fundamental porque la persona que pide información sobre

tus conferencias no siempre es la misma que aprueba el presupuesto final. Puede que la primera ya sepa de tus talentos y esta última no, por eso le vamos a dar al menos esa referencia para facilitar la contratación.

- Condiciones para contratarte (gastos de hoteles, vuelos, alimentos, visas, etc.)
- Contraportada.

En 2021, cuando conseguí hacer mis primeros eventos con un *sold-out*, me percaté de que los oradores también podemos ser como los artistas y músicos, y hacer lo que denomino «conciertos de conocimiento» o «conciertos para la mente». Ya te hablé en el primer capítulo de este tema.

Desde ese momento comencé a fusionar el modelo de los artistas con el de los conferencistas y mi carrera creció de manera exponencial. Incluso déjame enseñarte cómo revolucioné la venta de mis servicios como conferencista al fusionar la industria del entretenimiento con la del entrenamiento y el conocimiento. Con mi equipo, creamos carteles al estilo de películas para cada conferencia y taller. La respuesta de los clientes al ver nuestro dossier informativo superó todas las expectativas. Admito que esta estrategia representó una mezcla innovadora de disrupción y persuasión. Tener millones de seguidores en redes sociales y años de experiencia no garantiza que los grandes productores de eventos o los decisores clave en importantes corporaciones estén familiarizados con mi marca. Así que, presentando un dossier que comercializa mis servicios de manera tan original, logro captar su interés y asegurar su atención.

Para ser conferencista, te puedo decir que ayuda mucho, aunque no es imprescindible, tener uno o más libros publicados.

Al activar mi plan para crecer como conferencista, tuve que activar también, de forma simultánea, mi plan como autora; así nació este libro. Una de cada cinco conferencias que me contrataban era acerca de influencia digital y marca personal, por lo que comprendí que era necesario crear un buen material escrito.

Ahora, analiza cuántas veces recibes una señal que te dice «haz crecer tu marca personal» y cuántas veces haces caso a esas señales. Con el tema de escribir un libro, ¡yo vi la señal y tomé acción inmediatamente!

Lo tradicional siempre ha sido que los autores escriban un libro y luego diseñen una conferencia con base en él. Hoy el orden se alterna. A mí me ha resultado más fácil impartir las conferencias y crear un buen libro después, es decir, al revés. Tú debes reflexionar cuál es el formato más adecuado para ti teniendo en cuenta tu personalidad y marca personal.

Hoy tengo un plan ambicioso como conferencista, alineado a la misión de transformar vidas desde las tarimas, pero debo confesarte que no siempre fue así. Antes recibía felicitaciones por mis presentaciones y contenido educativo, hoy recibo elogios y bendiciones de los asistentes porque he cambiado sus vidas y las de sus familias, educándolos. ¡Este es el resultado de tener una ambición alineada a una misión!

Aunque hoy cobro cada conferencia que imparto, en España empecé recorriendo tarimas gratis, y cuando comencé a cobrar, tan solo me pagaban 300 euros. Ahora bien, si tuviera que empezar otra vez haría lo mismo, porque siempre necesitas una primera oportunidad para practicar y documentarte, para después poder diseñar y vender tus conferencias.

A mis clientes y alumnos les recomiendo hacer un dossier con una tarifa inicial de 300 o 500 dólares, aunque luego las den gratis. ¿Para qué? Para que vayan construyendo material audiovisual como conferencistas y logren acumular mucha práctica. Quiero puntualizar algo que considero también muy importante: si eres un profesional con experiencia, no deberías comenzar cobrando menos de 1000 dólares por conferencia porque pones en duda tu prestigio. Esta es una estrategia que diseño para directivos que quieren construir su marca personal y su carrera como conferencistas.

¿Conoces el refrán «Si la montaña no va a Mahoma, Mahoma irá a la montaña»? ¡Pues si nadie te contrata, monta tu propio evento! ¿Qué te detiene? ¿Por qué no comenzar a construir tu carrera como conferencista hoy mismo? Mientras yo impartía conferencias gratis o de bajo costo en España, al mismo tiempo organizaba, junto con una socia, eventos en República Dominicana para subirme a tarimas y seguir practicando.

Dentro de este pilar también tenemos los entrenamientos personalizados, que pueden ser un método fantástico para practicar tus habilidades de oratoria a la vez que generas material para futuras conferencias y entrenamientos. Puedes comenzar con la formación de emprendedores como tú u organizar pequeños entrenamientos en compañías sobre los temas en los que te desenvuelves bien.

Mi recomendación es que definas una temática que domines gracias a tus habilidades y múltiples talentos para ofrecer entrenamientos largos, de meses, mientras tienes la opción de hacer otros más pequeños acerca de algunos subtemas.

SUBTEMA	SUBTEMA
SUBTEMA	SUBTEMA
SUBTEMA	SUBTEMA
SUBTEMA	SUBTEMA

TU TEMÁTICA PARAGUAS

¿Cuál sería tu tema paraguas? Yo, al momento de escribir este material, tengo varios, entre ellos las **ventas digitales** y la **marca personal**. El primero me permite abarcar decenas de subtemas, entre ellos el marketing, las redes sociales, la publicidad y las ventas. El segundo lo relaciono con el emprendimiento, los negocios, marketing para emprendedores, manejo del dinero y diversificación, entre otros.

Defino estos temas generales pensando en cómo servir al consumidor (B2C) y a las compañías (B2B). Gracias a Ismael Cala aprendí a vender formaciones anuales o de seis meses para compañías y proyectos corporativos. De esta manera, la transformación y los resultados se multiplican a la par de tus ingresos.

Cuando los clientes piden un único entrenamiento o conferencia, mi equipo evalúa cada prospecto para ver si es posible incluir una segunda propuesta de más valor, la cual, muchas veces, es la que terminan aprobando. Si puedes aportar más valor a tus clientes, nunca te limites a lo que piden en un inicio.

Una estrategia adicional para rentabilizar mi conocimiento es desarrollar contenidos exclusivos para instituciones educativas bajo licencias anuales renovables. Varias instituciones desean integrar tus conocimientos y presumir de tener a alguien con una marca personal como la tuya en su equipo docente. Como buena negociadora, en ocasiones logro firmar acuerdos dobles: uno por la licencia del contenido y otro por el uso de mi imagen para comercializar los programas educativos siempre y cuando lleve un sistema de seguimiento de ventas. En estas negociaciones llegamos a un acuerdo de compensación económica de entre 15 y 50% sobre las ventas atribuidas directamente a mi imagen. Una vez más, un claro ejemplo de GANAR-GANAR-GANAR. Gana la institución académica, gana mi marca personal y ganan los alumnos. Llegó tu turno de diversificar con formaciones, entrenamientos y conferencias. Mientras, te recuerdo que algunos profesionales solo viven de este pilar durante años y con mucho éxito.

Ideas para diversificar como conferencista y entrenador	Fecha límite para lanzar	Esfuerzo (del 1 al 10)	Valor para tu cliente (del 1 al 10)

Diversifica con experiencias y eventos

Las experiencias y los eventos tienen mucha demanda desde siempre, y más después de lo que vivimos en 2020 con la pandemia. Justo escribo estas líneas desde un hotel, en Ibiza, donde quiero montar una experiencia con 20 personas. Fíjate que no hablo de un evento, taller o entrenamiento, hablo de una «experiencia», o sea, de algo que las personas disfrutan, alardean y recuerdan siempre.

Te lo explico mejor: un evento es lo que se produce en una sala con cientos de personas; una experiencia puede ser un viaje con espacios para la relajación, el placer y los negocios para un grupo limitado de no más de 30 o 40 personas. Las experiencias están asociadas a precios *high-ticket* y se han puesto muy de moda en los últimos años.

Cuando comenzamos, es mucho más fácil vender una experiencia en miles de dólares que decenas de ellas a solo cientos de dólares. Es irónico, pero después de años de vender te puedo decir que el valor percibido pesa más que el precio. Si te dieran a elegir entre vivir una experiencia íntima o ser uno más en un evento, ¿qué elegirías? ¡Ahí tienes la respuesta y, quizás, hasta la motivación para ver qué tipo de experiencias puedes crear! Un coach, mentor o consultor puede vender un día de consultoría a un solo cliente VIP y luego convertirlo en una experiencia grupal para cinco o seis personas.

Como referencias a eventos de este tipo debemos fijarnos en la labor de Tony Robbins, John Maxwell y Joe Dispenza; llevo años estudiando sus modelos para poder escalar este pilar. Lo primero que hice desde 2015 fue experimentar en eventos junto a algunos socios. Luego, desde 2018, lo hice en solitario al realizar varios eventos con distintos precios. Ahora retomo con fuerza este pilar y lo hago con aliados estratégicos porque creo en el poder de la economía colaborativa sin abandonar los eventos en solitario.

Gracias a los años que llevo analizando los eventos de grandes marcas personales, he podido identificar algunas claves que quiero compartir contigo.

La primera y la más importante es la relación de la marca con el nombre del evento. No es lo mismo asistir a un evento organizado por una **marca personal** que ir a un evento como «El negocio de ser tú», con Vilma Núñez e Ismael Cala.

La segunda clave que quiero destacar es la necesidad de tener un gran evento estrella; es decir, uno masivo que, a la vez, utilizas como trampolín para vender otros eventos de más impacto y valor económico. El evento estrella de Tony Robbins es Unleash the Power, al que asisten muchas personas que después suelen ascender a su programa Platinum Partnership.

La tercera clave es diversificar las ganancias en tus eventos con otras soluciones. Aunque no lo creas, en muchos eventos la taquilla no es suficiente para generar beneficios y, en ocasiones, apenas cubre los gastos de producción. Por eso, cuando tenemos patrocinadores y vendemos otras soluciones a los asistentes, generamos ingresos adicionales que nos permiten obtener los beneficios adecuados.

Cuando fui por primera vez al evento Unleash the Power, de Tony Robbins, cada dos o tres conferencias había una propuesta de ventas y decenas de mesas con sus vendedores nos esperaban para ofrecernos un paquete de descuento para otros eventos de Robbins, así como materiales de coaching y hasta un programa reducido para empresarios.

Por eso digo que siempre hay que vender diferentes soluciones en los eventos, y lo hago con base en mi propia experiencia. Verás, cuando haces un buen evento, estás impactando la vida de otra persona y despertando un deseo en ella de seguir invirtiendo, y si tú no le ofreces algo más, otro lo hará. Si no tienes para hacerlo, asóciate con otros que tengan soluciones de valor a cambio de 40 o 50% de las ganancias de las ventas.

Lo mejor de la era digital en la que vivimos es que podemos crear eventos y experiencias virtuales a través de plataformas como Zoom, por ejemplo. En una ocasión, dos amigas y yo hicimos un evento virtual por Zoom para el que vendimos entradas regulares y otras VIP que contemplaban un mastermind al final. Fue un evento con poco esfuerzo que nos generó un mejor posicionamiento gracias a que colaboramos las unas con las otras. La virtualidad nos permite también experimentar y valorar un evento antes de llevarlo a lo presencial.

Otra gran ventaja de los avances tecnológicos es que podemos hacer eventos híbridos tanto con entradas presenciales como virtuales. El gran secreto para poder ofrecer una buena experiencia a las dos audiencias es tener un presentador virtual para que mantenga motivadas a las personas y otro presentador para los asistentes presenciales. No escatimes cuando se trate de la experiencia de tus clientes en eventos, las entradas virtuales son prácticamente ganancias íntegras, porque tienen muy pocos gastos.

Si te gusta viajar y aprender, ¿por qué no haces viajes temáticos que te permitan generar lo que yo llamo *happy revenue*, es decir, generar ingresos mientras haces lo que te hace feliz? Un formato fácil de vender y muy sencillo de montar son los eventos prácticos donde prometes ahorrarle al comprador semanas y meses de trabajo. Analiza qué quieren tus clientes y obtendrás varias ideas sobre posibles eventos. Luego necesitarás definir el gran proyecto para el evento estilo *bootcamp* y, posteriormente, podrás crear materiales prácticos como manuales, cuadernos de trabajo, referencias, plantillas, recursos digitales, plantillas en softwares, etcétera.

Uno de los eventos prácticos que he vendido ha sido el de crear y lanzar un servicio *high-ticket* de mentoría. Al tercer día ya contaban con un documento de venta y comenzaban, en el evento mismo, la convocatoria para atraer a sus primeros clientes. La venta era muy fluida porque estaba dirigida al cliente que estaba postergando recibir una mentoría, pero con la promesa de «tres días de taller práctico» las objeciones se esfumaban.

Para planificar los eventos anuales y crear nuevos, estas son las preguntas que respondemos mi equipo directivo y yo:

- ¿Qué otras líneas de ingresos que ya han tenido éxito podríamos convertir en eventos y experiencias?
- ¿Qué más necesitan nuestros mejores clientes?
- ¿Qué más necesita la mayoría de nuestros clientes?
- ¿Podemos aplicar la diversificación vertical en alguno de nuestros eventos existentes? Un ejemplo: cuando Tony Robbins, con una socia, hizo una adaptación online de su evento Unleash the Power solo para mujeres.
- ¿Qué eventos vamos a dejar de producir y por cuál vamos a sustituirlo?
- ¿Cómo podemos mejorar eventos existentes?
- ¿Cuáles son las tendencias actuales del mercado y cuáles dominamos nosotros para poder convertir en eventos?
- ¿Qué eventos nos permitirían atraer a nuevos clientes?
- ¿Con quién nos podríamos asociar para abrirnos a nuevos mercados?

Para innovar, crecer y escalar hay que saber preguntarse. Acostúmbrate, con cada línea de ingreso, a cuestionar siempre tu pasado, presente y futuro para, de esa forma, generar nuevas iniciativas. Convierte el cuestionar y el reflexionar en un hábito para tener éxito en la vida y en los negocios, y nunca les pongas horarios. Lleva siempre una libreta física contigo o aplicaciones de notas digitales para cuando te surjan las ideas.

Es tu turno de diversificar con eventos y experiencias en distintas franjas económicas:

Ideas para diversificar con eventos y experiencias	Fecha límite para lanzar	Esfuerzo (del 1 al 10)	Valor para tu cliente (del 1 al 10)

Diversifica con productos editoriales

Mi segundo producto digital fue *Community Managers*, un libro que al día de hoy, después de muchas ediciones, seguimos vendiendo. Los libros me ayudaron a posicionarme y a generar ingresos cuando todavía era una empleada. Con este libro, que ahora tienes en tus manos, espero que te ocurra lo mismo.

En 2020, en plena pandemia, mi equipo y yo escribimos *La brújula de los negocios digitales*, y en tiempo récord facturamos más de 100 000 dólares, una evidencia de que los productos editoriales pueden generar ingresos y ser rentables. En este libro tuve en cuenta dos estrategias: la primera, escribir un producto literario distinto, y me inspiré en la herramienta Business Model Canvas para crear un texto horizontal de más de 400 páginas que terminó por servir como base para cursos de negocios digitales. Nos atrevimos a compartir, sin miedo, todo lo que había ayudado a posicionar la **marca personal** Vilma y la marca comercial Convierte Más en el mercado hispano. La segunda estrategia fue la de lanzarlo con un precio de introducción irrepetible. Cuando juntas estas dos estrategias, logras lanzar un producto (en este caso un libro) que te permitirá vender nuevas soluciones a los clientes que ya tienes mientras atraes a nuevos.

Comencé a vender libros digitales en 2013 y no he parado desde entonces de ofrecer al público este tipo de recursos gratuitos, ya sea ediciones propias o a través de editoriales. Cada una de las opciones tiene su ventaja; la primera versión de este libro lo autoedité con el apoyo del equipo de mis empresas. Muchos creen que, cuando te autoeditas, te sale gratis escribir y publicar, pero no es así, hay un sinfín de gastos: escritores fantasma —si los utilizas—, correctores, diseñadores, trabajo de impresión, campañas de marketing y mucho más. Siendo brutalmente honesta, invertí más de 20 000 dólares en lanzar la primera edición de este libro. Aunque suene como una inversión costosa, realmente valió la pena; no solo recuperé mi inversión varias veces, sino que además logré un hito significativo en mi trayectoria como autora. Algunos piensan que la autoedición cierra puertas a futuras publicaciones con editoriales tradicionales. Este manuscrito que sostienes es el resultado de alcanzar un acuerdo con la editorial de mis sueños, parte del grupo Planeta. Gracias a este vínculo, mi libro ahora se encuentra en librerías de numerosos países, expandiendo su alcance más allá de Amazon, donde inicialmente lo había autoeditado.

De invisible a invencible nació porque el tema **marca personal** comenzó a tener mucha demanda. Aproveché entonces para preguntarles a quienes contrataban mis conferencias si estarían dispuestos a comprar un libro práctico que se pudieran llevar los asistentes. Todos, sin excepción, dijeron que sí. En ese momento supe que ese libro sería más que un proyecto editorial. Hoy quiero agradecerte por haberlo adquirido, entre otras razones porque me ayudaste en mi sueño de ir evolucionando mi marca personal al sector del desarrollo personal.

Ahora quiero compartir contigo el plan de negocio y mercadeo vinculado a la primera versión autoeditada de *De invisible a invencible*.

Comencemos con el **B2C** (*business to consumer*) versus el **B2B** (*business to business*). Semanas antes de lanzar el B2B contactamos a los clientes de las conferencias de **marca personal** para ofrecérselo a una tarifa especial. Por su parte, para el B2C hicimos el trabajo de marketing que siempre desarrollamos para este tipo de producto, que comienza con la expectativa en medios digitales. Agitamos el mercado semanas antes para crear interés y obtener, inclusive, ideas para el libro.

De forma simultánea, trabajamos en una página de ventas, destacando lo beneficioso que sería leerlo, los resultados que lograrías, mi historia profesional y algunas otras técnicas de persuasión con el fin de vender el libro a la mayor cantidad de clientes, tanto existentes como nuevos. El libro autoeditado nunca existió en versión digital, solo comercialicé la versión impresa a través de Amazon.

Al igual que sucede con los eventos, las verdaderas ganancias de un libro están en lo que puede generar además de su venta. Aun así, cuando haces una buena labor de marketing y te apoyas en los primeros testimonios, te garantizo que esto generará ganancias económicas tanto en lo digital como en lo físico.

B2C VENTA A CONSUMIDOR FINAL	B2B VENTA A EMPRESAS
Un libro	*Cientos de libros*
Un pack del libro	*Edición especial de la marca con capítulo a medida*

No limitamos el plan al lanzamiento del libro, al contrario, tan solo es el inicio de la rentabilidad del proyecto. En algunos países donde tengo una gran comunidad lanzamos ediciones limitadas, con una portada exclusiva para aumentar su valor y generar más ventas. Este tipo de iniciativas repercute tanto en medios digitales como tradicionales.

Y hablando de repercusión en medios tradicionales, el libro me proporcionó la posibilidad de hacer giras de medios en España, Florida (Estados Unidos) y en países estratégicos de Centro y Sudamérica.

Para mantener las ventas del libro implementamos cada semana distintas estrategias de promoción:

1. Lo utilizamos en nuestros eventos como gancho para vender las entradas más exclusivas, pues ofrecimos una copia firmada.
2. Publicamos contenidos semanales con extractos del libro y promociones directas que incentivaron la compra.
3. En algunos eventos negocié para que estuviera exhibido junto a los otros libros del resto de los conferencistas.
4. Invertimos en campañas de publicidad diarias que promocionaban extractos del libro. Aunque esas campañas no generan un beneficio económico en sí, son parte de lo que llamo *relaciones públicas digitales*, de lo cual te hablaré en el próximo capítulo.

Si escribir un libro te parece un proyecto muy grande, te recuerdo que hay muchos formatos editoriales con los que puedes comenzar, como una agenda, un planificador, un diario, un recetario o un manual de alto valor. Pero también quiero que tengas presente que muchos proyectos nunca ven la luz porque nos frena el *cómo* en vez de simplemente sustituirlo por un *quién*. Hay grandes escritores fantasma y casas editoriales que pueden ser tus aliados al momento de escribir. Asimismo, recuerda que existen herramientas que transcriben tu voz y de este modo puedes crear una obra literaria solo con tus audios y un buen editor.

Muchos grandes autores trabajan con escritores fantasma y buenos editores. Como autora, mi referencia es John Maxwell, y por eso contraté a Charlie Wetzel, el excepcional profesional con el que John ha creado más de 100 productos editoriales, para que me enseñara a escribir buenos libros.

Es una de las mejores inversiones que he hecho en mi vida porque no solo me ayudó a ser mejor autora, sino que me dio la confianza que necesitaba para que naciera este libro y un sinnúmero de herramientas que incluso me hicieron mejor oradora.

Y como viene siendo costumbre, ahora te toca a ti: ¿cuál fue el último libro que leíste que te ayudó o cambió para bien tu forma de pensar? ¿No sería increíble que tú también pudieras generar ese efecto en los demás? Esa es mi mayor motivación para escribir y por eso invierto horas, durante meses, para crear este tipo de recursos.

Solo quiero pedirte algo: no escribas un libro para alimentar tu ego y perseguir un *best seller* en las listas de Amazon. Escribe para ayudar a otros, es decir, hazlo como un acto de generosidad.

Ideas para diversificar con productos editoriales	Fecha límite para lanzar	Esfuerzo (del 1 al 10)	Valor para tu cliente (del 1 al 10)

Olvidé una cosa. Ya que hablamos de libros, ¿te importaría dejarme una reseña en Amazon sobre este y recomendarlo con otros emprendedores? Este pequeño gesto de tu parte me permitirá ayudar a más emprendedores como tú y como yo. Gracias adelantadas, mi estimado lector.

Cómo priorizar las nuevas líneas de ingresos que quieres impulsar con tu marca personal

Es normal querer lanzar todo a la vez, con la esperanza de tener un golpe de suerte y cambiar tu vida de manera positiva de la noche a la mañana; pero, seamos honestos, esto no funciona así.

Considero que debemos ser ambiciosos cuando tenemos una misión para lograr lo que deseamos. Ahora bien, también creo que debemos comenzar con un paso seguro, probar y estabilizarnos para luego escalar. Yo, como máximo, lanzo tres líneas de ingresos a la vez (siempre y cuando estén totalmente relacionadas).

Recuerdo cuando lancé dos líneas diferentes a la vez con Ismael Cala: un curso online para mentores y un evento presencial, y en este caso fue muy válida la iniciativa. En otra ocasión, cuando lancé mi firma de consultoría Journi, trabajé tres líneas de ingreso distintas al mismo tiempo: mis conferencias, un servicio de *content lead generation* y consultorías. Lo hice porque en ese momento podía vender a mi audiencia tres líneas de ingresos. Ahora bien, jamás se me hubiera ocurrido abrir mi firma de consultoría al mismo tiempo que un lanzamiento de una formación online.

Después de años de crear, visionar y convertir ideas y sueños en proyectos y empresas, he recopilado las preguntas decisivas para descartar, ejecutar o simplemente posponer nuevas líneas de ingresos. Son las mismas que utilizo en mis consultorías para ayudar a emprendedores y fundadores.

Las preguntas reflexivas y decisivas para priorizar y saber hacia dónde enfocar la monetización de tu marca personal son las siguientes:

- ¿Por qué quieres lanzar esta línea?
- ¿Para qué la quieres lanzar?

- ¿Cuánta ilusión provoca en ti esta iniciativa?
- ¿Por qué no la lanzaste antes?
- ¿Estás decidido a dar lo mejor de ti para conseguir lo máximo en esta línea de ingresos?
- ¿Tienes fe en ti y en esta idea?
- ¿En el futuro podrías convertir esta línea en otras líneas de ingresos sin mucha dificultad ?
- ¿Te calificarías como *all-in* con esta idea?
- ¿Serías tu propio inversor y utilizarías una parte de tus ahorros?
- ¿Serías tu propio inversor, dedicándole parte de tu tiempo libre?
- ¿Estás dispuesto a esforzarte para llevar a cabo esta idea?
- ¿Algunos antiguos o potenciales clientes te han pedido esta línea de ingresos?
- ¿Te visualizas generando ingresos con esta línea en los próximos 12 meses?

Por último, te recomiendo trabajar esta sencilla matriz, con la cual podrás ubicar las ideas de diversificación generadas en este capítulo según el valor que aportan a tus clientes y el esfuerzo requerido de tu parte.

Cómo priorizar líneas de ingresos

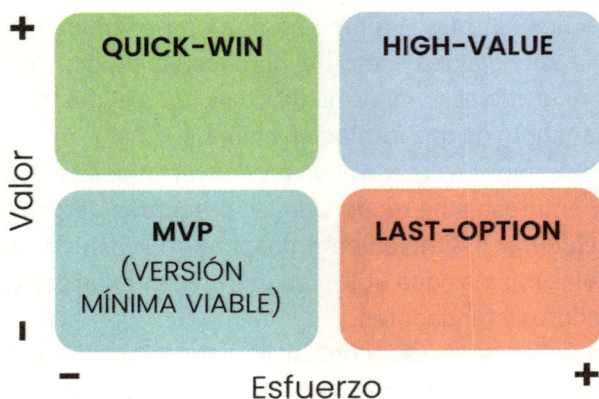

Aunque *last-option* (última opción) esté en rojo, no significa que debas descartar esas líneas de ingresos. Estar en rojo es, probablemente, un indicador de que requiere una mayor apuesta de tu parte, y los grandes visionarios, a veces, nos decidimos por apostar aun cuando las condiciones están en nuestra contra. En algunas ocasiones acertamos y en otras fracasamos, es parte del proceso. Algunas ideas que he tenido en esa última opción se han convertido en mis principales fuentes de ingreso durante años. Solo recuerda que la paciencia estratégica también es crucial para tu marca personal.

Te muestro un ejemplo de un cliente que tuve en consultoría que te puede servir para tus marcas personales. Para la construcción de nuestro patrimonio recomiendo invertir tiempo en líneas de ingresos que produzcan una ganancia rápida, tanto para nosotros como para nuestros clientes.

Ejemplo de cómo priorizar líneas de ingresos

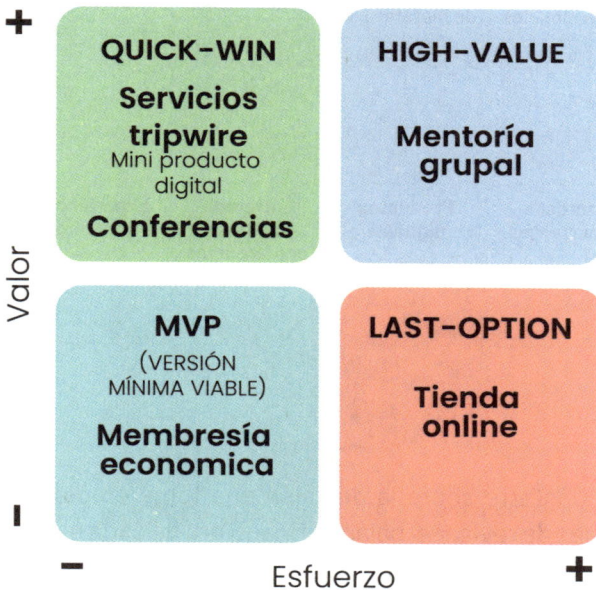

QUICK-WIN	HIGH-VALUE
Servicios tripwire Mini producto digital **Conferencias**	**Mentoría grupal**
MVP (VERSIÓN MÍNIMA VIABLE) **Membresía economica**	**LAST-OPTION** **Tienda online**

Eje vertical: Valor (+ / −). Eje horizontal: Esfuerzo (− / +).

Con este libro, me has elegido como tu mentora y, como tal, debo recordarte que tú tienes el control de tu futuro en este momento que tomas acción sin excusas. Ojalá reúnas muchas buenas ideas para que comiences de una vez con las mejores. Tú tienes el control, tú puedes elegir si vas despacio pero con paso firme, o seguro y rápido como un Tesla.

Proyecciones de tu nuevo plan de negocios E²

Tras hablar de las líneas de ingresos, ha llegado el momento de hacer las proyecciones financieras. La siguiente tabla la utilizamos en consultorías con fundadores y emprendedores. Hacemos estimaciones de facturación, según cada pilar, definimos el monto que estimamos invertir, así como el porcentaje que ese monto representa dentro del total de facturación. Con esta herramienta podemos visualizar dónde tenemos que poner el foco, cuáles son las primeras acciones en las que debemos trabajar y dónde necesitaremos apoyo, mentoría o un equipo de trabajo interno o externo (o ambos).

Inversión	Servicios profesionales	Monetización de plataformas	E-commerce	Software	Alianzas
$	$	$	$	$	$
%	%	%	%	%	%
Consultorías, coaching, mentorías	Ingresos recurrentes	Productos digitales	Entretenimientos y conferencias	Experiencias y eventos	Editorial
$	$	$	$	$	$
%	%	%	%	%	%

Permíteme contarte sobre la decisión que tomé en diciembre de 2023, después de revisar el balance financiero de cada empresa que he fundado junto a mi equipo de finanzas. Una vez más, nos felicitaron por los ingresos, en particular por la rentabilidad de las fuentes de ingresos vinculadas a mi marca personal. Como cada año, me tomé unas vacaciones de Navidad para desconectarme y visualizar. Aún no terminaba el año y ya le había dicho a mi esposo que en 2024 abriría una empresa exclusivamente dedicada a mi marca personal, con la visión de que en el futuro podría gestionar otras marcas, funcionando como una agencia de talentos.

Al regresar de mis vacaciones, revisé mi lista de pasos para abrir una nueva empresa en Estados Unidos y procedí a registrar oficialmente Jump Studio, definiéndola como un estudio que fusiona la creatividad con la estrategia para crear experiencias comunicacionales. Tras obtener el registro de la empresa, abrí una cuenta bancaria y el primer ingreso fue por una conferencia. Luego vinieron contratos, acuerdos y más ingresos de otras líneas.

Para los primeros 18 meses de Jump Studio, mis proyecciones incluyen ingresos por venta de productos digitales relacionados con el desarrollo personal, conferencias, patrocinios, contratos mensuales y anuales por el uso de mi imagen, servicios académicos, consultorías a cambio de una comisión por ventas, cocreaciones, una aplicación móvil de motivación y acción, y comisiones por referir clientes a mis empresas.

Para hacerlo más realista, hice las proyecciones tomando de referencia estados financieros de años previos.

La fórmula infalible para diversificar con éxito tiene un nombre

¡Y no es *pasión*! Ya hemos recalcado que esta, por sí sola, no es suficiente para emprender con éxito. Tampoco es *disciplina*. Entonces, ¿qué es?

La fórmula infalible es **diseñar buenas ofertas**, sin importar la solución que vas a ofrecer. Si ofreces una oportunidad o una transformación, venderás mejor que nadie. ¡Hoy en día, el que más vende es el que mejor sabe vender! Parece un trabalenguas, pero es muy real.

Invertir en el diseño de productos y en el diseño de ofertas es clave para que tus soluciones se vendan fácilmente.

A mi metodología para crear buenas ofertas la llamo, desde hace años, **Oferta Arcoíris**, porque así como el arcoíris fusiona colores, mi oferta fusiona elementos (añadidos, beneficios, características, resultados, etcétera). ¡Una oferta infalible e irresistible! Este es el gran secreto por el que algunas empresas venden más y mejor que otras.

La metodología Oferta Arcoíris

Cómo mezclar de forma estratégica elementos
para crear una oferta irresistible a tu cliente.
Por Vilma Núñez, Ph.D.

Bonus y añadidos

Prueba social
Testimonios, valoraciones y premios

Características

Beneficios

Resultados

CORE

Cuando tenemos que comercializar soluciones a través de nuestra **marca personal,** no basta con tener un nombre. Debemos destacar los resultados y beneficios tangibles e intangibles, así como las características, la prueba social (recursos de credibilidad como testimonios y reseñas) y los añadidos y bonus que vamos a ofrecer. Esto permite que la persona sienta que la solución que está adquiriendo es la mejor y no solo una más en el mercado.

Los añadidos y bonus, junto con los resultados, son los elementos importantes. ¿Cuántas veces has comprado algo solo porque te incluía un regalo? Lo triste es que, en ocasiones, ese regalo es algo promocional que no necesitas, pero como consumidor siempre quieres sentir que estás ganando y obteniendo la mejor oferta posible, es decir, que recibes más por menos o por el precio justo.

Si quieres crear ofertas llamativas dedícale tiempo a los añadidos y a los bonus. Por cada objeción que pudieran tener tus clientes, incluye un elemento de regalo, verás cómo te será más fácil venderles.

Tú no vendes productos de consumo masivo como el arroz o la leche, tú vendes soluciones que ayudan a resolver problemas, a cumplir sueños y hasta a transformar vidas y familias. Por eso debes invertir en el diseño del producto y en crear ofertas irresistibles.

Si no sabes destacar tus ventajas competitivas, tus clientes les comprarán a otros. Muchas de las ventajas competitivas que tengo hoy las disfruto desde que apliqué mi estrategia infalible de negocios, a través de la cual evaluamos a todos los competidores para identificar sus debilidades y convertirlas en nuestras fortalezas. Recuerdo que, cuando vendía formaciones de publicidad online, otros competidores no profundizaban sobre los pixeles, una parte técnica imprescindible para campañas de publicidad: los códigos de seguimiento; yo le dediqué dos módulos y, de forma automática, conseguí ganarme la confianza de extraños. En otra ocasión descubrimos que como mis formaciones eran más asequibles que las de otras academias, las personas desconfiaban. ¿Qué hicimos? Convertimos esta debilidad en la misión de democratizar la educación de calidad para que fuera asequible o gratuita. Justificábamos con una nueva misión nuestros bajos costos y las personas automáticamente compraban.

¡Analiza las debilidades de tus competidores y conviértelas en tus nuevas fortalezas y ventajas! Esta ha sido, desde mis inicios, la estrategia de negocios y marketing que nunca me ha fallado.

El diseño de producto y la oferta son la antesala de toda propuesta o página de venta. Con una buena oferta serás capaz de aterrizar una propuesta de alto impacto.

La estructura para vender soluciones que realizo desde hace años para enseñar a emprendedores como tú consta de siete partes. ¡Aquí la tienes!

One Page Proposal

Una propuesta predeterminada y persuasiva
para vender una de tus soluciones

PORTADA	OPORTUNIDAD

DATOS QUE AVALAN LA OPORTUNIDAD
(INTERNOS Y EXTERNOS)

SOBRE TU SOLUCIÓN Y EL POR QUÉ EXISTE

PROPUESTA

OBJETIVOS	RESULTADOS	BENEFICIOS

INVERSIÓN	CONDICIONES

CONTRAPORTADA

Invierte en cada una de las ofertas y propuestas que lances en el plan de negocio E^2 de tu **marca personal** y verás como tu número de compradores aumenta y tu facturación crece exponencialmente. Si estás apurado y tienes un potencial cliente contactándote por correo o WhatsApp, elabora rápidamente una nota digital con tu propuesta. En ella, resalta los resultados y entregables que recibirá tu cliente, además de incluir la fecha de entrega, el costo y las condiciones. Esto lo puedes hacer en menos de 15 minutos y te permitirá ganar clientes gracias a tu rapidez, claridad y profesionalismo.

¡No puedes vender lo que no existe o lo que no tienes claro!

Ser ultraproductivos es una gran y necesaria habilidad para líderes con una marca personal multitalentosa

Si estás pensando que priorizar tu plan de negocios es complicado, voy a ayudarte a desarrollarlo para que te crees el hábito de ser una persona altamente productiva con solo hacer pequeños cambios.

Lo primero que harás será diseñar tu agenda de lunes a domingo. Tu agenda es tu jefe, es el piloto del vuelo de tu vida, y en tu agenda tienes la obligación de incluir tus compromisos tanto profesionales como personales.

Hay algo en lo que quiero hacer hincapié: no se trata de que seas esclavo de tu agenda, sino de que la respetes, y verás que, cuando planificas bien el tiempo, te sobra para hacer lo que te place y fluir. La verdadera riqueza cuando hablamos de tiempo y dinero radica en tener libertad de elección. Un buen calendario semanal te permite elegir qué quieres hacer cada día de tu vida sin descuidar tus obligaciones personales y profesionales.

Deberás también agendar las pausas; es decir, los *stops* necesarios para reflexionar, descansar y disfrutar sin tener que operar en piloto automático.

- ¿Cuántas vacaciones o pequeños *breaks* te tomarás en los próximos 365 días y cuándo?
- *Créeme, siempre habrá algo más importante que hacer que descansar, sobre todo cuando estamos construyendo nuestro imperio.*

Te sugiero que manejes tu tiempo a través del time-blocking, la técnica de productividad que ya te expliqué en el primer capítulo y que te enfoca en una sola tarea durante un período determinado. Por ejemplo, en los momentos en que escribo estas palabras estoy practicando el time-blocking durante un vuelo de avión de vuelta a Miami. El hecho de regresar a casa me motiva a escribir, porque lo considero como un momento ganador, ya que estuve fuera de casa haciendo algo que amo: impartir mis conocimientos desde una tarima. Te confieso que mis «mayores obras», metodologías, textos, presentaciones, ebooks y cursos los he ideado, comenzado o terminado en los aviones.

Hay cuatro pasos que puedes llevar a cabo para comenzar a experimentar con la técnica de productividad time-blocking. Si eres un emprendedor, puedes delegar esta técnica en proveedores o utilizar un software con o sin inteligencia artificial.

Los cuatro pasos para
hacer correctamente time-blocking

1. Lista tus tareas

3. Delega (herramientas / personas)

2. Prioriza tus tareas

4. Aplica time-blocking y crea espacios de trabajo

2 horas		2 horas
	3 horas	
30 minutos		30 minutos
30 minutos		30 minutos
	Una hora	
3 horas		2 horas
	Una hora	
	Una hora	

Listar todas tus tareas es clave, y nuevamente cito a mi coach. Una vez le dije:

—Ana, tengo muchísimas cosas y no sé por cuál comenzar.

Con la empatía y seguridad que la caracteriza, respondió:

—A ver, Vilma, dímelas una a una y hagamos una lista.

Resulta que, después de crear la lista, no eran tantas las tareas ni tan grandes como yo pensaba. En cada sesión de coaching aprendí el poder de delegar mientras sigo trabajando en otras iniciativas y responsabilidades. Por ejemplo, mientras escribo este libro, mi equipo está cotizando con los ilustradores el diseño del primer capítulo, el cual sadrá en el tiempo estimado porque trabajamos para ello. Y hablo en plural porque somos varios los que estamos detrás de este gran proyecto, todos enfocados en la metodología de la ultra-productividad.

En ocasiones realizamos acciones que no provocarán los cambios ni los resultados que deseamos, o peor aún, priorizamos tareas que no lo ameritan. Yo siempre me pregunto: ¿cuál es la tarea más importante del día?

Esa pregunta me ayuda a priorizar. Muchos especialistas recomiendan hacer primero las tareas más grandes y desafiantes, pero en realidad yo fluyo para no sufrir, como diría mi amigo y mentor Ismael Cala. ¿Qué quiero decir con esto? Que aunque a veces hago las tareas más difíciles a primera hora, en la mayoría de los casos comienzo con las pequeñas.

Cuando digo *a primera hora*, debo confesarte que no soy del *Club de las cinco de la mañana*, libro del abogado y escritor canadiense Robin Sharma y autor de otro famoso libro, *El monje que vendió su Ferrari*. Según Sharma, una forma de aprovechar las mañanas para conseguir resultados extraordinarios es levantarse a esa hora, a las cinco de la mañana. Te repito, no pertenezco a ese grupo, aunque no me considero una dormilona.

Mi primera hora de trabajo suele ser a partir de las 10:30 a. m., después de mi tiempo a solas. Primero hago lo que es importante para mi ser —siempre después de las 7 a. m.— y luego me pongo al servicio de los demás. Durante años me sentí un tanto improductiva por no madrugar, pero quiero recordarte que en esta vida tenemos el tiempo contado, por lo que, al igual que la agenda, debemos manejarlo a nuestro antojo y conveniencia.

La razón por la que hago tareas pequeñas cuando comienzo el día es porque la considero una técnica de autoengaño efectiva. Cuando empiezo respondiendo a un correo importante, delegando tareas o aprobando alguna acción de mi equipo en menos de 30 minutos, me siento victoriosa y capaz de enfrentar cualquier otro reto. No obstante, lo mejor es que fluyas y pruebes lo que mejor te funciona a ti.

Delegar, como acabo de decirte, es parte de mi rutina, aunque no siempre fue así. Yo creía que tardaba más tiempo al dar instrucciones para una determinada tarea que ejecutándola yo misma. ¡Un grave error de liderazgo! El líder crea, apoya y entrena a otros líderes. Ahora mismo, mi equipo de trabajo es mi principal soporte, son los que me permiten involucrarme en proyectos fascinantes, como escribir este libro.

Te cuento una historia real. Como no conseguía delegar lo suficiente, un día se me ocurrió tomar unas esposas que utilizábamos para grabar videos de policías para publicidad online. Me las puse y me dije: «Vilma, ahora que no puedes hacer nada con tu computadora ni con tu móvil, ¿qué harás?».

Déjame decirte que ese ejercicio fue liberador y que, durante meses, en secreto, guardé las esposas en un cajón de mi escritorio. Ya no las tengo, pero me las pongo de forma imaginaria; ahora es mi mente la que me ata las manos y me recuerda que soy una líder que confía en su equipo y sabe delegar.

¿si tuvieras unas esposas

CUÁLES SERÍAN LAS ÚNICAS TAREAS QUE PODRÍAS HACER?

PENSAR	CREAR
DELEGAR	ANALIZAR

Para delegar como debe ser —acción imprescindible para el éxito de tu marca personal—, te comparto estas recomendaciones:

1. Si tienes que delegar tareas, pregúntate:
   - ¿Quién lo haría mejor, mi equipo o yo?
   - ¿Quién lo haría en menos tiempo?
   - Si alguien lo hace, ¿qué podría hacer yo mientras tanto?
2. Aprende a dar instrucciones claras y específicas.

En ocasiones, tardo horas y hasta días —utilizando pequeños bloques de tiempo— para elaborar un correo donde delego una tarea a todo mi equipo.

Menciono en negrita a cada responsable/líder y dejo instrucciones claras de lo que quiero. Incluso utilizo referencias, bocetos que hago en papel o en mi tableta; es decir, hago todo lo necesario para que entiendan lo que espero y necesito de ellos. Utilizamos la técnica **10–80–10**: mis instrucciones sobre la tarea ocupan **10%** del tiempo, el trabajo de mi equipo el **80%,** y el 10% restante corrijo y apruebo. Mientras más claras sean tus instrucciones, menos errores encontrarás. Si tardo más de tres horas en repasar, editar, eliminar y agregar, he cometido un error en el proceso de delegar.

Te muestro un ejemplo de cómo preparamos presentaciones cuando me contratan como speaker.

Ejemplo de time-blocking para crear conferencias

	Definir contenido y estructura	Vilma
	Sesión de time-blocking | 30 minutos	
	Varias sesiones de time-blocking Entre 9 y 20 horas	Equipo académico
Creación de una presentación para una conferencia	Repaso general para eliminar o agregar nuevos contenidos	Vilma
	Sesión de time-blocking | 3 horas	
	Practicar la presentación desde iPad como si fuera en vivo	Vilma
	Sesión de time-blocking | 1 hora	

Esta misma estrategia del 10-80-10 la aplico también con la inteligencia artificial. Doy instrucciones claras, dejo que la IA trabaje y reviso o mejoro. Confieso que la inteligencia artificial actúa como mi copiloto tanto en mi vida personal como profesional. En esos días en que me invade la pereza por decidir qué cocinar, tomo una foto de mi refrigerador y despensa y la envío a herramientas de IA, junto con mis preferencias alimentarias, para inspirarme con nuevas ideas. Creo conceptos visuales inicialmente con la ayuda de la IA y después los paso a mi equipo para su desarrollo, utilizo la IA para realizar búsquedas precisas, acelerar mi trabajo, redactar correos electrónicos, elaborar propuestas y ordenar mis ideas.

No comparto la tendencia de algunos autores que publican libros escritos por inteligencia artificial, ya que contradice mis principios y valores. Sin embargo, no quiero renunciar al extraordinario potencial de incorporar la IA en mi proceso creativo.

Aspiro a tener mi propio programa de IA para autores en el futuro, pero, por ahora, deseo compartir contigo mis técnicas favoritas para potenciar mi eficiencia sin sacrificar mi autenticidad mediante el uso de la inteligencia artificial.

En mi mente fluyen ideas sin parar, por lo que grabo notas de voz que luego convierto en texto con la ayuda de la IA.

En las entrevistas suelo sentirme tan a gusto que expreso muchas ideas, opiniones y reflexiones por primera vez, al igual que en mis conferencias. Por eso, utilizo un dispositivo que, gracias a la IA, transcribe y resume en tiempo real mis argumentos. Este material se convierte en la base para nuevos cursos, contenido para redes sociales y escritos preliminares para futuras obras. Ya no necesito depender de mi memoria, que a menudo me fallaba justo cuando más la necesitaba.

Me perfecciono en ortografía y redacción con la IA. El español es mi segundo idioma; yo originalmente me alfabeticé en italiano, por eso tengo alguna que otra laguna con el idioma. Antes dependía exclusivamente de correctores ortográficos, pero ahora cuento con la IA, que no solo corrige mis textos, sino que también me proporciona aprendizajes con cada corrección.

Aunque tengo un sólido conocimiento de numerosos conceptos técnicos en negocios, marketing y ventas, mi labor como comunicadora, ya sea escribiendo libros o impartiendo conferencias y talleres, es actuar como una intérprete. Ahora lo hago fácilmente con la IA de copiloto y a veces con preguntas tan sencillas como: *¿Esto lo entendería un niño de 10 años o una persona que nunca ha estudiado sobre* marketing?

Aquí tienes algo en qué pensar: hay una gran diferencia entre pedirle a la inteligencia artificial retroalimentación y mejoras sobre algo que tú has originado, y pedirle que genere algo en tu nombre.

3. Deja que tu creatividad y visión sean siempre los protagonistas de las tareas y acciones que delegas.
4. Hoy utilizo herramientas como Noted para grabar notas de audio con transcripción. Cuando finalizo, genero un enlace que comparto con los miembros de mi equipo. Ellos son capaces, con un solo audio de 20 minutos, de redactar y maquetar un libro digital de 40 páginas.
5. Mantente disponible para tu equipo por si necesitan tu apoyo, consejos o ayuda durante su 80% de tiempo de trabajo.
6. Aprende a dar seguimiento.
7. A las tareas que lo requieren les pongo una fecha límite de entrega, dando un buen margen a mi equipo y, por supuesto, las anoto en mi calendario para no olvidarlas. Acostúmbrate a hacerlo si eres el responsable final de la tarea, así te evitarás disgustos.

A estas alturas te habrás percatado de que, cuando te dije que «mi pasión es mi plan de acción», hablaba en serio. Tomo acción ideando, delegando y ejecutando cada día de mi vida. Piénsalo, ¡hasta con tu pareja puedes hacerlo!

Cuando vamos de vacaciones, yo me encargo del itinerario de viaje y lo que quiero para la familia, y mi esposo se ocupa del transporte y del *travel-hacking* para convertir los puntos de las tarjetas corporativas en puntos para viajar y elevar así nuestra experiencia de viaje. Luego, nuestra asistente ejecutiva se encarga de hacer realidad todas las reservas, experiencias y demás trámites requeridos.

Con tus tareas semanales puedes hacer dos listas: *1)* lo que tú harás y *2)* lo que harán los demás:

¿Qué haré yo esta semana?   ¿Qué harán otros esta semana?

-
-
-
-
-
-
-
-

-
-
-
-
-
-
-
-

Ahora me gustaría ahondar en la semana laboral y personal. Ya que conoces la técnica de time-blocking, te quiero invitar a diseñar tu nueva semana *ultraproductiva*. Tendrás que tomar decisiones hoy para tener un futuro mejor.

La primera decisión importante es agrupar en uno o dos días las reuniones similares. Es decir, si con tu **marca personal** ofreces consultorías, no las hagas todos los días. ¡Eso no es productivo! Mejor fija días específicos, tanto por las mañanas como por las tardes, pero ofrécelas solo en los días señalados.

Si tuviera que volver atrás y comenzara de nuevo a vender asesorías para generar ingresos, lo haría en las tardes, nunca en las mañanas. Trabajaría tres horas en todo lo demás con mucho enfoque, utilizando técnicas como la del time-blocking, después me tomaría un buen receso de medio día y luego haría las asesorías. De esta forma, respeto mi tiempo y agenda mientras hago mi trabajo y sigo invirtiendo en mi futuro. En mi caso, desde hace tiempo solo hago consultorías los miércoles. A veces, en épocas de mucho volumen, abro los jueves en la mañana.

Quizás tus clientes tarden semanas en acostumbrarse a los nuevos horarios que provoca el hecho de agrupar reuniones de un mismo tipo en un solo día. Pero, créeme, esto te enfoca, multiplica tu productividad y te permite tener más espacio para reflexionar, pensar, analizar, crear y solucionar tus asuntos pendientes, en vez de trabajar para las prioridades de otros.

Al momento de escribir este libro, mi semana es muy fluida, porque viajo bastante, pero, cuando estoy en Miami, tomo los lunes para reuniones e incluso contrato a una chef en casa para tener almuerzos ejecutivos con mi equipo directivo. Los miércoles hago consultorías y los viernes son mis días flexibles, muchas veces me los dedico a mí. Desde que tomé esta decisión, en 2020, reduje de forma drástica mi ansiedad y estrés porque, por lo general, terminaba siempre mi semana trabajando para mí. Cuando aún nadie sabía que estábamos metidos en los trámites de crear nuestra propia universidad en Estados Unidos, los viernes me entrenaba para ser rectora y aprender acerca del sistema universitario.

Ahora, de nuevo, es tu turno. Diseña una semana *ultraproductiva* donde tengas un día o medio día flexible. Te aseguro que no pasará nada si dejas de trabajar tres horas a la semana; al contrario, ganarás tiempo para ti y descubrirás que los más exitosos no trabajan más horas, sino que trabajan las horas requeridas.

Una semana ultraproductiva para mí

Lunes	Martes	Miércoles	Jueves	Viernes	
ME TIME	ME TIME	ME TIME	ME TIME	ME TIME	Estudiar Correr
Reuniones con líderes		Consultoría			Coaching ejecutivo durante 2 horas Coaching/terapia personal
ALMUERZO	ALMUERZO	ALMUERZO	ALMUERZO	ALMUERZO	Almuerzo sola o con mi esposo/ socio
		Consultoría			Masaje Tarde libre Compras Diligencias Jugar con mi hija

Me complacería mucho que incluyeras tiempo en tu semana para promocionar tu marca personal, es decir, para hacer marketing y ventas, algo de lo que hablaremos en el próximo capítulo. No hay nada más importante que venderte todo el tiempo y presumir (pero con humildad) tu trabajo y tus hitos en los medios digitales. ¡Con 30 minutos al día es suficiente!

¡Pruébalo!

Diseña tu semana ultraproductiva

Lunes	Martes	Miércoles	Jueves	Viernes
ALMUERZO	ALMUERZO	ALMUERZO	ALMUERZO	ALMUERZO

Antes de cerrar el capítulo, quiero que hagamos una breve reflexión: venimos a este mundo a transformar —para bien— la realidad que nos rodea, no para dejar que esta nos tome de la mano y haga lo que se le antoje. Dios nos crea y nos pone por delante el camino de la vida, el llamado *destino*. Ahora bien, lo tenemos que caminar nosotros solos, con pasión, amor, talentos y habilidades. ¡No es una tarea cómoda, pero sí es —indiscutiblemente— posible!

Toco este tema porque una marca personal exitosa y respetada, con objetivos bien definidos, tiene suficiente poder para ejercer una significativa influencia transformadora en su entorno, capaz de inspirar a otros a seguir sus huellas.

No pasemos por alto que el éxito es contagioso, pues guarda una estrecha relación con la alegría y la felicidad; así, cuando una marca exhibe sus logros profesionales, se convierte de inmediato en una fuente de inspiración.

Ahora, haciéndome cómplice de esta capacidad de contagio, te confieso que mi mayor deseo es que, con tus propios objetivos y tu misión, pongas a prueba tus talentos y habilidades y crees tu marca personal. De conseguir este propósito, te aseguro que no solo tú disfrutarás del gozo espiritual que proporciona el éxito, sino que contribuirás a que otros también lo hagan. ¡No hay mayor satisfacción que esa!

Para ti será mucho menos difícil (no digo *más fácil* porque nunca lo es), pues ya tienes buena parte del camino avanzado. No se puede comparar el desarrollo de las marcas personales hoy día con el de hace diez años. Puedes tomar como referente las experiencias de otros, tanto las buenas como las malas, entre ellas las mías. Para eso, precisamente, escribo este libro.

Ya te hablé de la visión y la misión que requieren una marca personal, así como de los talentos y las habilidades que te verás obligado a desarrollar para que sea exitosa. Te puse al tanto de cómo confeccionar un plan de negocio efectivo y, en el próximo capítulo, a menos de una página de distancia, conocerás la importancia de la influencia online y la relevancia de un buen plan de marketing.

¡Con todos estos elementos a tu favor, no alimento dudas! Vivo convencida de que serás capaz de echar a andar tu **marca personal magnética y ultraproductiva** gracias a tu pasión, acción, talentos y habilidades. Te recomiendo, además, que ejecutes cada uno de estos ejercicios, porque son un recurso práctico importante.

3

INFLUENCIA DIGITAL. IMPORTANCIA

> Mírate a ti mismo y acéptate por lo que eres. Una vez que lo haces, te conviertes en una mejor persona. Ciertamente no tenía idea de que ser tú mismo podría hacerte tan rico como me he vuelto yo. Si lo hubiera sabido, lo habría hecho mucho antes.
> OPRAH WINFREY

Me encanta esta manera de pensar de Oprah Winfrey. Me recuerda la importancia de reconocer que cada uno de nosotros es una edición limitada, el resultado de una combinación genético-ambiental que nos diferencia de los demás seres humanos.

Yo siempre me he aceptado a mí misma, me miraba por dentro, como dice Oprah, y me reconocía como ser humano. Sabía quién era y hasta dónde podía llegar, pero la falsa humildad que me dominaba me provocaba un exceso de timidez y eso evitaba que actuara de manera auténtica. No era yo, porque todo o casi todo lo que hacía, en vez de responder a mis propios intereses, respondía a los ajenos a causa de mi enorme timidez. ¡No tenía ni idea de la tremenda importancia de ser auténtica!

Ese sentimiento me pasó factura incluso en el momento en que empecé a trabajar mi **marca personal**. En un principio me sentía invisible, lo que quiere decir que me sentía inferior a las demás marcas (y eran muchas). Me preguntaba: ¿qué hago metida en este mundo?

A medida que mi marca se abría paso en medio de un universo tan competitivo y comencé a saborear los primeros éxitos, creció mi autoconfianza y la Vilma real fue tomando alas. La timidez —al menos la que me fastidiaba— fue desapareciendo.

Al tener en cuenta esta experiencia personal, sostengo con toda seguridad que la influencia y el éxito de una marca digital se multiplican por dos, por tres, por cinco y hasta por diez en la medida en que somos más fieles a nosotros mismos, es decir, más auténticos y reales.

Te pongo como ejemplo el oro. Cada metal precioso posee una serie de peculiaridades que lo diferencian del resto, y de esa tipicidad depende que sea más o menos preciado. Entonces, ¿por qué el oro es el más valioso? Porque, además de no abundar como los otros metales, su brillo, belleza y ductilidad lo hacen único, lo que le otorga su envidiable valor. ¡El oro puro es auténtico!

Por lo tanto, ser únicos y auténticos, como el oro, es lo que nos hace diferentes e incomparables con respecto a otras marcas. Cuando gestionamos una marca personal apoyada en los valores propios y la autenticidad, crece nuestra capacidad de liderazgo y, por supuesto, el nivel de influencia que ejercemos. No es un misterio para nadie que mientras más respetemos la condición de exclusivos e inigualables que Dios nos concedió, más exitosos seremos y más profunda será la huella que dejamos.

Un error muy común es creer que, para diferenciarnos del resto, es bueno ocultarnos detrás de una máscara de perfección. Yo misma, durante años, estuve atrapada por un falso concepto: creía que, para conseguir determinada imagen, debía actuar de la manera en que otros esperaban que lo hiciera. Pensaba, por ejemplo, que debía vestirme como toda una «profesional» para encajar. ¡Pero no era yo misma, no era auténtica! Ahora que lo analizo bien, era víctima del síndrome del impostor.

No fue sino durante la pandemia, en 2020, que comencé a ser *más yo*. Recuerdo haberle dicho a mi equipo de trabajo que no publicara nada en relación con la marca en las redes sociales porque quería demostrarme a mí misma, a empresarios y emprendedores, la importancia de publicar contenido propio y único.

Cada día, desde casa, en medio del aislamiento en el que se nos obligó a estar, me dedicaba a preparar contenido original para publicarlo en las diferentes plataformas. Gracias a este trabajo mi crecimiento fue exponencial, porque estaba siendo auténtica y compartía ideas con las que me sentía a gusto y de la forma en la que quería hacerlo. ¡Me sentí muy cómoda conmigo misma!

Marca personal: ¿cómo dejar huella?

¡La huella es el cuño, el legado que dejamos en este mundo! Ya puntualicé que puede ser física, como consecuencia de obras y acciones tangibles, o intangible, como cuando se sustenta en doctrinas y pensamientos. Las huellas pueden ser positivas o negativas, dependiendo de las intenciones y las acciones que las provocaron.

No importa quiénes somos o el nivel de relevancia que logramos en la vida, todos influimos de una u otra manera en el mundo que nos rodea. ¡Una vida corta puede tener un impacto eterno! Me viene a la mente el *Diario* de Ana Frank, la niña judía que dejó constancia escrita de los casi dos años y medio que pasó oculta de los nazis en Ámsterdam, junto a su familia.

Su vida fue corta, apenas 16 años, pero el impacto de su obra es imperecedero. Es cierto que ella vivió circunstancias excepcionales, no obstante, hasta en las más comunes de las circunstancias, es posible legar una huella que inspire y motive a otros.

A veces pensamos que necesitamos hacer grandes gestos o donaciones millonarias para cambiar el mundo, pero la verdad es que cada pequeña acción cuenta. Una sonrisa, un abrazo, una palabra de aliento o una ayuda desinteresada pueden tener un impacto enorme en la vida de alguien y dejar sembrada una semilla de amor y esperanza en su corazón.

Recordemos que estamos de paso, que nuestra vida es un regalo precioso que debemos valorar y disfrutar al máximo, pero también una oportunidad que nos brinda Dios para diferenciarnos y dejar una huella única y positiva en este mundo.

En el caso que nos ocupa, el de la influencia digital, todo lo que plantamos se convierte en una huella, por lo que es fácil rastrearnos: desde los textos que publicamos hasta las imágenes, infografías, gráficas, metodologías o videos que usamos.

Algo muy importante: no es posible hablar de una marca personal magnética si no te precede un historial digital que te posicione y con el que se te asocie. Recuerda que yo, en mi país, antes de crear mi marca, trabajé la publicidad online y fui tuitera. Y después, en España, me relacioné estrechamente con el mundo del marketing digital; o sea, yo tenía un precedente. Ahora bien, no es imprescindible un doctorado en Publicidad y Relaciones Públicas, como el que yo tengo, para crear metodologías o contenidos capaces de inspirar o enseñar a los demás, siempre y cuando lo hagamos desde nuestra propia experiencia.

Explotar los diferentes medios digitales enriquece mucho la huella que necesitas para posicionarte y lograr una influencia poderosa en el competitivo universo de las redes sociales. Una de mis frases desde hace años es «Un cliente educado es un cliente con la chequera abierta». Pero ¿cómo *educamos* a los clientes? ¿Qué hacemos para que siempre estén dispuestos a echar mano de su chequera? La única forma de lograrlo es estampar en ellos una huella profunda, es decir, influyéndolos de forma eficaz con un mensaje positivo, algo que solo logramos si les aportamos un contenido audiovisual original, auténtico y de calidad.

Las plataformas como YouTube, Instagram o Facebook son una potente herramienta para interactuar en tiempo real con una audiencia y generar más influencia. Los seguidores se sienten más conectados con la marca personal cuando nos pueden preguntar o compartir sus puntos de vista. En mi caso, para hacer más efectivo este contacto, no acostumbro a hablar mucho del posicionamiento que tengo hoy, o sea, el que ya he alcanzado; me interesa más hablar desde una posición a la que aspiro a llegar a futuro, porque eleva el vuelo de la conversación y la motivación.

Cuando me propuse llegar a más corporativos con mi marca personal, me inspiré en empresas como Tesla o Apple, porque basarme en la estrategia de empresas exitosas me afianza como estratega corporativa de manera más rápida y segura. No obstante, detrás de todo ese crecimiento exponencial yacen dos virtudes imprescindibles: la **constancia**, o perseverancia, y la **resiliencia**. Muchos no le otorgan el valor necesario, sin embargo, ambas son clave para cualquier propósito en la vida.

Cuentan que, durante una entrevista, un periodista le preguntó a Thomas Alva Edison si en realidad había fracasado más de mil veces antes de lograr que la bombilla alumbrara. Edison le respondió: «No fracasé nunca, solo aprendí más de mil veces cómo no fabricar una bombilla».

¡Eso es constancia y resiliencia a la hora de conseguir un propósito! En el caso de tu marca personal, aunque no tenga la trascendencia de la bombilla de Edison, ambas virtudes son imprescindibles para lograr la influencia requerida para su éxito.

Cómo definir la influencia digital

Es importante conocer la diferencia entre **poder** e **influencia** de la marca. ¿A qué nos referimos exactamente cuando hablamos de influencia digital?

La *influencia digital* es la cualidad que tiene una marca de influir en las opiniones, decisiones y comportamientos de la audiencia para persuadirla a tomar acción. ¡La influencia se manifiesta en el cambio de comportamiento de esa audiencia!

El *poder* es la capacidad de la cual goza la marca para ejercer su influencia. Por tanto, para que haya influencia es necesario algún tipo de poder que le confiera fuerza.

No pocos especialistas definen el *poder* de una marca como *el escaño más alto de su nivel de influencia*. Esto no es otra cosa que la capacidad que tiene una marca personal o empresarial para crear un producto o servicio que valga mucho más que el de la competencia.

Y aquí viene lo más interesante: **la autenticidad genera poder e influencia.** A veces, en el mercado (tanto digital como físico) se impone y vale más un producto por el nombre de su marca que por su calidad, aunque, por supuesto, este no es nuestro propósito, solo lo expongo como ejemplo.

Una de las principales ventajas de la influencia digital es su capacidad para llegar a audiencias específicas. A diferencia de la publicidad tradicional, cuyo propósito es influenciar a un público amplio y más abierto, la influencia digital se ejerce en grupos de personas altamente enfocadas y comprometidas.

En la actualidad están muy de moda los llamados influencers, personas que cuentan, por lo general, con cierto nivel de credibilidad en un determinado tema. Su presencia e influencia en las redes sociales convierten a algunos de ellos en promotores importantes de una marca. Un producto destinado al cuidado del cabello, por poner un ejemplo, se vincula a un influencer especializado en el tema de la belleza: sus seguidores se enteran de la existencia de este producto y él logra así que esto resulte en más ventas del producto.

La influencia digital tiene la virtud de construir relaciones auténticas y de confianza con la audiencia a través de un contenido informativo, útil y entretenido. Los influencers pueden construir una comunidad de seguidores leales, y hasta comprometidos, que confían en sus recomendaciones y valoran su opinión. Esta relación de confianza es muy valiosa para las marcas porque buscan construir una reputación positiva, aumentar la lealtad de sus clientes y, claro, vender más.

La autenticidad y transparencia en el enfoque es también un elemento importante debido a que las audiencias modernas son muy sofisticadas y pueden detectar con facilidad cuando una marca trata de manipularlas. Por lo tanto, es esencial que las marcas estén genuinamente interesadas en su producto o servicio y que estén dispuestas a hablar de manera honesta sobre él cuando lo promueven. Al respecto, resulta significativo que estemos conscientes de la responsabilidad que esto pone sobre nuestros hombros.

Por eso es crucial que nos aseguremos de usar la influencia de nuestra marca personal para mejorar la vida de las personas y no para lo contrario. Si nos dedicamos a quejarnos de la situación actual, a girar la atención hacia experiencias negativas o a promocionar productos o servicios de dudosa eficacia, no aportamos valor alguno. Estaríamos contaminando las redes con un mensaje tóxico, haciendo más difícil la vida de los demás.

¡Utiliza tu marca personal para transmitir siempre un mensaje positivo! Uno de mis lemas favoritos es «Yo no me preocupo, yo me ocupo». Y ese mensaje, el de ser **proactivo,** es el que intento irradiar con cada contenido que creo.

La influencia es una forma de transmitir energía a otros. Tú decides si transmites energía positiva o negativa. Piensa en esto: invertimos la misma cantidad de energía en criticar y quejarnos que la que podríamos usar para admirar, elogiar o incluso crear algo nuevo. Ahora bien, la gran pregunta es: ¿qué es lo que nos impulsa a escoger la negatividad cuando podríamos elegir la positividad? Tal vez se deba a que quejarse es más fácil, más inmediato, o incluso socialmente más contagioso. Sin embargo, debemos reconocer que cada palabra que decimos y cada sentimiento que expresamos son un reflejo de quiénes somos y, a su vez, moldea nuestro presente y futuro.

Lo cierto es que estamos a una sola decisión de transformar nuestra energía en una fuerza positiva para así convertirnos en un catalizador de cambio y progreso. Cada día nos ofrece una nueva oportunidad para elegir ser el imán de lo positivo, para influenciar desde un lugar de inspiración y no de desesperación o victimización. Porque, al final, la influencia que ejercemos en el mundo es la huella que dejaremos en él; asegúrate de que tu influencia de hoy te enorgullezca en el futuro y que sea parte del legado que aspiras a construir.

Asimismo debemos ser conscientes de la obligación moral que conlleva influir sobre la decisión de los demás. No podemos recomendar un servicio o producto que acabamos de conocer sin haber comprobado en persona su eficiencia y calidad, porque nuestra influencia digital movilizará a las personas a hacer inversiones confiando en nuestro criterio.

De ahí que debamos ser muy cuidadosos a la hora de definir qué dejaremos como huella en internet. Tengamos en cuenta que, hasta cuando eliminamos contenidos, de una forma u otra, estos pueden continuar apareciendo asociados a nuestra marca personal y determinar esa huella que dejamos en los demás.

Cómo aumentar
la influencia digital

Para lograr este objetivo se requieren algunas precisiones: definir los propósitos de la marca, su estrategia de marketing, un contenido de calidad y la presencia activa en las redes sociales, así como mucho prestigio y control.

A continuación ampliaré algunos de estos elementos, consciente de que, gracias a ellos, una marca puede establecer una conexión profunda con sus clientes y seguidores, y generar un impacto aún más positivo en el mundo digital.

1. Propósitos de la marca personal
Es fundamental definir con precisión qué representa la marca, cuáles son sus valores y propósitos. Entiéndase como valores y propósitos su razón de ser, la causa principal por la que existe (más allá de las posibilidades de hacer dinero). En el primer capítulo hablamos de la misión, un elemento totalmente vinculado al propósito por el que existe la marca, que sobrepasa el hecho de solo satisfacer al cliente con un producto que requiere.

Más que necesario, estoy segura de que tener bien delimitados los propósitos de la marca es imprescindible para su influencia positiva en las redes. Hace poco más de veinte años, la comunicación cliente-marca era unidireccional, porque las marcas se anunciaban y uno las aceptaba o no.

El desarrollo de las redes sociales y de las marcas online, tanto personales como comerciales, democratizó ese poder, por lo que la comunicación ya es bidireccional, pues los clientes exponen criterios, deseos e intereses, muchos de ellos basados en sus costumbres, hábitos y sistemas de creencias.

Los clientes y seguidores ya tienen voz y voto en el proceso de compra-venta, lo que trae como resultado que una marca que se respete tenga conciencia de las necesidades reales de sus usuarios y vaya más allá del mero hecho de vender para ganar. La complacencia espiritual, la relación mutua y hasta la empatía con aquellos a quienes sirve forman parte de sus propósitos.

Te contaré sobre mi famosa tacita greca* de café. Durante unas vacaciones en Barcelona me topé con unas tacitas coloridas que me recordaron a la greca con la que mi abuela hace el café. Me encantaron, así que compré varias: un set para mi abuela y mi tía abuela, y otro para mí. Años más tarde, esa tacita sigue en uso y, cada vez que aparece en mis publicaciones digitales, la gente de inmediato me comenta y pregunta dónde la adquirí. Estoy segura de que, si hoy produjera 1000 de estas tazas, las vendería todas, gracias a la influencia que he cultivado.

Estos anzuelos son clave para iniciar conversaciones, pero también para encontrar puntos en común con mi comunidad. No se trata solo de la taza, es el tema del café que crea un vínculo instantáneo con otros amantes del café, generando una conexión más profunda. A partir de ahí, la influencia se extiende. Cuando viajo por el mundo, mis clientes y seguidores me regalan café o accesorios relacionados gracias a mis anzuelos de influencia relacionados con este tema. Eso sí, cuando viajo a Uruguay o Argentina, me traen mate para contagiarme de su cultura y tradiciones, y esto también es influencia.

¿En qué otras circunstancias podrías aplicar estos anzuelos de influencia? Por ejemplo, al compartir fotos mientras escribo con algún elemento que genere curiosidad, me posiciono como autora y provoco interacciones. Al mostrar imágenes de mí en escenarios dando charlas y vestida para el éxito, fortalezco mi perfil como conferencista mientras reafirmo mi movimiento de empoderamiento a través del vestuario. Es fundamental aprovechar tus gustos, aficiones, hábitos, rutinas y creencias para que esta técnica de anzuelos de influencia la apliques siempre desde la integridad y autenticidad.

2. Un contenido relevante y de calidad

Este es un punto que se debe tener muy en cuenta a la hora de consolidar una marca personal, porque implica crear un contenido de calidad, original y auténtico, completamente con base en los intereses de los clientes.

---

* *Greca* es lo que en México conocemos como cafetera italiana. *(N. de la e.)*

Cuando lo logras, disfrutas (entre otras) de las siguientes ventajas:

- Se diferencia de la competencia, porque los productos son auténticos y maximizan la marca.
- Genera confianza en el público, en especial en clientes y seguidores.
- Aumenta el valor de sus accionistas y asociados.

Los seguidores también valoran la **transparencia**, la **humildad** y la **honestidad** con que la marca dota a sus mensajes. Estos tres elementos son imposibles de obviar para establecer una conexión positiva y profunda con la audiencia.

Por su importancia, voy a dedicarle un espacio más amplio al marketing en la segunda parte del capítulo, por ser una estrategia indispensable para sostener un contenido relevante y con la calidad requerida.

3. Presencia activa en las redes sociales

Las redes sociales desempeñan un papel fundamental en la influencia digital de una marca personal. ¡No puede ser de otra manera! Por lo tanto, es importante seleccionar las plataformas adecuadas según el público elegido y mantener una presencia activa en ellas. Esto implica compartir contenidos e interactuar con seguidores de forma constante.

Una fuerte presencia en línea atrae visitantes a los sitios web o blogs relacionados con la marca, lo que funciona como fuente de clientes y como espacio para el networking.

4. Reputación en línea

Como en cualquier negocio —digital o no—, la percepción de una marca personal por parte de sus consumidores es, sin duda, uno de sus activos más importantes. Sucede así porque, para construir una marca influyente, es estrictamente necesario mantener una buena reputación en línea.

Ten en cuenta que no puedes valorar el prestigio de tu marca solo por los ingresos que genera o por sus ganancias; debes atender igualmente otros aspectos de importancia, como el nivel de interacción con tus seguidores y clientes (networking) o las mediciones constantes del aumento del número de seguidores y el compromiso del público, así como el nivel de empatía y la agilidad para responder a críticas o comentarios negativos.

Súmales también las estrategias concebidas para prevenir o contrarrestar cualquier situación incómoda que pueda surgir, incluso hasta una crisis. Esto es relevante porque genera confianza en los consumidores e inversores.

Para proteger mi reputación en línea (algo que cuido desde hace años), utilizo mi metodología de «la muralla digital». Con esta construyo una muralla tan robusta que, aun en los casos más desafortunados en los que mis opiniones o promociones podrían generar polémica, nadie ni nada podría destruir mi reputación.

Gracias a la muralla digital diversificas tu alcance, impacto y posicionamiento a través de distintos canales y estrategias. No pretendo que construyas esta muralla en pocos días ni en semanas, es un trabajo de meses y hasta de años. Solo quiero que entiendas que una muralla digital permite que tu impacto positivo siempre sea mayor que tus debilidades. Su fin es proteger y defender un sitio, en este caso, tu reputación y tu marca personal o comercial.

En la imagen te muestro cómo deben diversificarse el posicionamiento y los recursos de credibilidad en distintos canales para construir una sólida muralla digital.

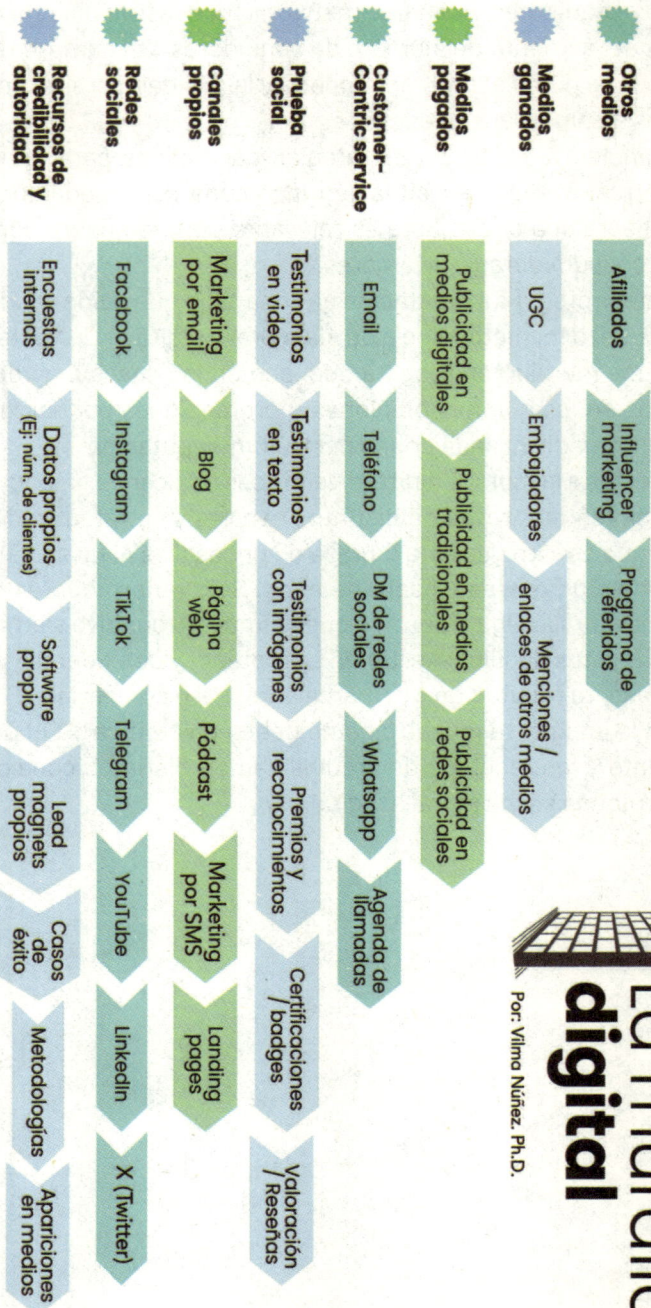

La muralla digital

Por: Vilma Núñez, Ph.D.

Leyenda:

- Otros medios
- Medios ganados
- Medios pagados
- Customer-Centric service
- Prueba social
- Canales propios
- Redes sociales
- Recursos de credibilidad y autoridad

Otros medios: Afiliados → Influencer marketing → Programa de referidos

Medios ganados: UGC → Embajadores → Menciones / enlaces de otros medios

Medios pagados: Publicidad en medios digitales → Publicidad en medios tradicionales → Publicidad en redes sociales

Customer-Centric service: Email → Teléfono → DM de redes sociales → Whatsapp → Agenda de llamadas

Prueba social: Testimonios en video → Testimonios en texto → Testimonios con imágenes → Premios y reconocimientos → Certificaciones / badges → Valoración / Reseñas

Canales propios: Marketing por email → Blog → Página web → Pódcast → Marketing por SMS → Landing pages

Redes sociales: Facebook → Instagram → TikTok → Telegram → YouTube → LinkedIn → X (Twitter)

Recursos de credibilidad y autoridad: Encuestas internas → Datos propios (Ej: núm. de clientes) → Software propio → Lead magnets propios → Casos de éxito → Metodologías → Apariciones en medios

¿Qué marca personal genera más confianza, la que solo tiene presencia en una red social y apenas publica contenido de valor o la que diversifica sus contenidos y esfuerzos de marketing para aportar valor al mayor número de personas? Otra pregunta: ¿qué marca personal genera más credibilidad, la que solo reproduce testimonios en texto o la que dispone de múltiples testimonios en distintos formatos, además de tener premios, reconocimientos y certificaciones?

Mira hacia adentro, busca tu verdadero ser

Ya dijimos que nada le aporta más valor al contenido ni beneficia más el posicionamiento y la influencia digital que el **ser auténticos**. Sin embargo, esta no es una condición genética, pues para ser auténticos es necesario invertir tiempo, energía e incluso recursos económicos con el fin de ayudarnos a descubrir, cultivar y desplegar el extraordinario potencial que existe dentro de nosotros.

Para esto es necesario voltear el foco hacia adentro, comenzar un proceso de autodescubrimiento y llegar a conocernos realmente. Porque, ¿cómo podríamos ser auténticos si desconocemos quiénes somos en realiad?

¡Para tener, antes hay que ser y después hacer!

El autodescubrimiento es un proceso hermoso que ayuda a ensalzar la autoestima, el umbral de merecimiento y, por ende, aporta satisfacción y felicidad. Para conseguirlo, es necesario elevar la conciencia y romper con creencias y esquemas que no nos sirven. Estamos obligados a cambiar la mentalidad obsoleta por otra que expanda nuestro potencial al máximo y nos permita fluir en medio de los desafíos que impone el ritmo de estos tiempos.

Nunca olvides que, para transformar el universo exterior, primero debes transformar el interior. ¡Primero cambia tú! Las respuestas que buscas afuera, por lo general, están dentro de ti. Si las descubres, te guiarán hasta tus metas, te lo aseguro, porque serás un ser auténtico capaz de proyectar tu verdadera esencia.

Solo si miras hacia tu interior y te conoces, llevarás a otro nivel tu autoestima y umbral de merecimiento. Estarás, entonces, en disposición de impregnarle **optimismo** y **confianza** a tu influencia digital. ¡Son dos cualidades que motivarán al público al que quieres llegar!

Lamentablemente, por falsos conceptos enraizados desde hace siglos, muchos confunden la *autoestima* —sobre todo la *alta autoestima*— con el orgullo, el egoísmo, la prepotencia, la autosuficiencia y con no sé cuántas cosas más, ninguna buena. ¡Nada más erróneo!

La autoestima no hace más que reconocer y elevar el umbral de merecimiento. La autoestima te dice: «¡Tú te mereces esto!». Y si me lo merezco, nada tiene de malo poseerlo, porque es lo que conscientemente consideramos que debemos recibir a cambio de nuestras acciones y actitudes. Es sentirnos merecedores de algo. Muchas veces, lo que requerimos es un elogio, un reconocimiento verbal o un estímulo espiritual. ¡Nada material!

El psicólogo y profesor universitario estadounidense Christopher Mruk, autor del libro *La autoestima y la psicología positiva*, hace una interesante definición de la autoestima:

> «Es la convicción, basada en la experiencia, de que soy merecedor y competente. Es decir, que tengo derecho a merecer, a satisfacer mis necesidades vitales y ser feliz y, a la vez, saber que soy apto para afrontar adecuadamente los desafíos básicos de la vida».

Este punto de vista de Christopher Mruk es muy cierto. Nadie con baja autoestima o sin ella es capaz de sentirse merecedor de algo, y mucho menos de actuar para lograrlo, porque considera que no lo merece. Por lo general, la gente con poca o nula autoestima alimenta criterios como ¿para qué voy a intentar algo si no lo voy a lograr, si no me lo merezco?

Las personas con baja autoestima son derrotistas. ¿Cómo solucionarlo? Hay que analizarse y conocerse (¿quiénes somos?), e invertir tiempo y energía en descubrir, cultivar y desplegar los talentos y las habilidades que existen dentro de nosotros. Cuando lo hacemos, nos preparamos para enfrentar las exigencias de un mundo muy competitivo que requiere de líderes capaces que se autovaloran y que son auténticos, dominados por un pensamiento exponencial.

Todos los estudios sociales y científicos relacionados con la baja autoestima coinciden en que las personas que la padecen tienden a criticar, a alimentar prejuicios y a expresar opiniones adversas de los demás, es decir, son dañinas, aunque no intenten serlo.

Hablar de otros de forma negativa dice más de ti que de la otra persona, por lo que es recomendable invertir ese tiempo en pensar cómo puedes mejorar en vez de criticar. Confieso que amistades muy cercanas no están hoy en mi círculo no solo porque repelo las críticas, sino también porque no deseo rodearme de energía negativa que me impida crear experiencias positivas memorables y me dificulte reír y ser feliz. En un evento de negocios al que asistí, alguien dijo: «Rodéate de personas que te sumen y que sean una buena influencia para ti y para tus hijos». Siempre me había cuidado, pero nunca había pensado en el efecto negativo que podría tener en mi hija. Desde entonces, mi esposo y yo cuidamos mucho nuestras relaciones, tanto por nosotros como por nuestra Emma. Por ejemplo, en presencia de nuestra hija, evitamos comentarios del tipo «no hay dinero», «estoy pasado de peso» o «necesito bajar de peso». Cualquier comentario negativo que pueda influir en nuestra vida lo frenamos. Por eso, quizá, mi hija, cuando crezca y siga desarrollando sus propias opiniones, lo hará desde un umbral positivo y no uno negativo, y sobre todo con una alta autoestima.

La huella de una marca personal dominada por una baja autoestima nada tiene de encomiable, porque, además del daño que le hace a quien la genera, su imagen afecta también las maneras de estar, de ser y de actuar de los demás. Por esta razón me he querido extender en este tema.

Sin lugar a dudas, una de las formas en que tu marca personal puede dejar una huella o influencia digital capaz de motivar e influir de forma positiva en su público es trabajar a conciencia en tu **autoestima** y tu **umbral de merecimiento**.

Todos queremos acumular riquezas, en especial dinero, y nada tiene de negativo si lo logramos con nuestro esfuerzo. Todo ser humano tiene aspiraciones económicas, desea guardar dinero en su cuenta del banco, calcula cuánto quiere ganar, cuánto puede invertir y hasta cuánto es capaz de compartir a través de acciones de filantropía. Pero, seamos honestos, ¿cómo nos sentimos cuando la vida nos bendice cuando otros, para agradarnos, nos invitan a cenar o simplemente nos regalan algún bien material? Durante años me sentía incómoda cuando recibía grandes regalos, me sentía como si no los mereciera. Por suerte, ya no es así. Hay que valorar el dinero que te ahorras por lo que recibes. Trabajar en mi automerecimiento me ayudó a mejorar mi autoestima.

El hecho de no autoestimarnos entra en franca contradicción con la capacidad del ser humano de ser únicos, irrepetibles y auténticos.

El valor del posicionamiento en la influencia digital

El posicionamiento no es más que la manera en que una persona se presenta y destaca en un campo específico. Se relaciona con el establecimiento de una imagen, con la reputación y el valor que la distingue, y con la intención de diferenciarse y descollar en su área de influencia.

Específicamente, en una marca personal, el posicionamiento implica identificar los valores, las fortalezas, las pasiones y las metas de su creador para, después, comunicarlos de manera efectiva a su audiencia. Esto trae como consecuencia la necesidad de desarrollar una propuesta de valor clara y coherente, que destaque sus habilidades y experiencias para alinearlas con los intereses y las demandas de su público. El posicionamiento de una marca personal busca crear una imagen sólida y favorable, así como una percepción positiva y distintiva en la mente de las personas.

Por eso te sugiero que, cuando vayas a crear tu marca personal, establezcas las estrategias correctas para conseguir tu posicionamiento, porque es un aspecto de extrema importancia. La manera más simple de hacerlo es preguntarles a las personas que integran tu círculo más cercano qué imagen tienen de ti. Pregúntales: **¿para qué y por qué me contratarías?, ¿cómo crees que te puedo ayudar?, ¿cómo me describirías en una palabra?**

Las respuestas pueden sorprenderte, y quizás hasta te des cuenta de que algunos no tienen ni idea de lo que haces ni para qué sirves; pero las respuestas siempre te van a ayudar a determinar qué tipo de influencia debes ejercer sobre tus potenciales clientes y qué estrategias deberías implementar para alcanzar tus objetivos.

Si las respuestas no están en línea con donde estás ahora, con lo que eres, lo que haces o anhelas hacer, lo natural es que desde ya comiences a cambiar la forma en que transmites tu mensaje: trata de armonizar tu vocabulario con tu posicionamiento. En mi caso, siempre hablo de ventas digitales, sin importar el contexto, y, por consiguiente, he logrado vender muchos productos y servicios relacionados con las ventas digitales.

Si te parece abrumador tratar de conseguir el éxito desde donde estás, recuerda que personalidades como Tony Robbins o Robert Kiyosaki comenzaron con cero influencia y la fueron desarrollando poco a poco. Para ellos fue mucho más difícil, ya que en el pasado dependían exclusivamente de los medios de comunicación y de la venta de sus libros. Ahora, sin embargo, son personas de alto poder que con solo publicar un video llegan a millones de usuarios.

Trabajar en el posicionamiento de tu marca digital te abre el camino a nuevas líneas de ingresos y modelos de negocios. Una de estas líneas de ingresos pueden ser los acuerdos que firmes con otras marcas importantes, los cuales podrán generar un número significativo de nuevos clientes.

Un ejemplo es Chiara Ferragni, una gran influencer italiana que ha hecho dos exitosas campañas con Nespresso, una compañía productora de cápsulas, máquinas y otros accesorios vinculados al café.

Durante la primera campaña vimos a una Chiara más joven y jovial; en la segunda, ya podemos apreciarla como una empresaria exitosa, segura y posicionada, cuya imagen y forma de vestir denota profesionalidad y gran poder de influencia.

Esta seguridad que demostramos tener a medida que crece nuestra influencia digital y que, a su vez, retroalimenta la autoestima y el umbral de merecimiento aumenta exponencialmente nuestra credibilidad. Y cuando eres capaz de generar credibilidad y conseguir que las personas confíen en ti, de inmediato aumentan las ventas y las posibilidades para tu marca.

Pero para conseguirlo es necesario demostrar autenticidad, haber dejado una huella que nos identifique y nos haga diferentes del resto, así como mantener congruencia entre lo que decimos y lo que hacemos. Y, sobre todo, es imprescindible ser constantes.

Si logramos proyectar esta imagen a nuestros clientes o seguidores, estaremos en el camino correcto, porque son actitudes que no solo gustan, sino que les encantan a los humanos. Una persona auténtica, entusiasta, optimista, constante y creíble posee un halo de magnetismo al que es difícil resistirse.

Entre más trabajes en tu poder de influencia a través de tus contenidos y más presumas (con humildad) tus hitos, mayor alcance tendrás al lanzar una nueva campaña o un nuevo producto o servicio, y también mayores serán las posibilidades de que alguna marca o empresa se interese en ti.

Y recuerda que la cantidad de personas a las que vas a llegar no es lo verdaderamente importante; lo trascendente, en realidad, es el impacto que puedas lograr en las vidas de esas personas y la manera en que tu influencia puede ayudarlas a mejorar o cambiar. Nunca sabes hasta dónde podría llegar tu mensaje y el efecto positivo que pueda tener.

Por lo tanto, al plantar nuestra huella o influencia digital, debemos dejar a un lado cualquier rastro de egoísmo. Es necesario dejar de pensar en nosotros mismos para pensar en aquellos a quienes va dirigido nuestro mensaje. Es normal, al principio, sentir el síndrome del impostor y preocuparnos en exceso por cómo nos vemos, creer que no tenemos la suficiente capacidad para hacer lo que estamos haciendo y, de alguna manera, pensar solo en nosotros.

Sin embargo, las personas influyentes saben que no se trata de ellas, sino de los demás y de cómo su mensaje impactará en las vidas de quienes lo reciban. Por supuesto, hay que preocuparse por hacer las cosas bien, dar lo mejor que podamos e imprimir la máxima calidad a nuestros contenidos, sin olvidar —repito— que no se trata de nosotros, sino de aquellos a quienes van dirigidos.

Detenernos en pensamientos derrotistas como «es que no soy un experto» o «no soy bueno en comunicación» solo nos congelará en el tiempo, impidiéndonos actuar.

Si además del deseo de alcanzar el éxito con tu marca personal también te mueve el de ayudar a cambiar las vidas de los demás, asesórate, inscríbete en cursos o busca mentores. Trabaja en la comunicación, entrénate con referentes como Ismael Cala —dicho sea de paso, él fue mi mentor en comunicación— hasta que te sientas cómodo a la hora de hacerlo.

Relaciones Públicas Digitales para marcas personales

Ahora que comprendemos los beneficios de la autenticidad, el merecimiento y la influencia digital, quiero compartirte planes, estrategias y tácticas de marketing y ventas para marcas personales. Comienzo con lo que yo denomino *Relaciones Públicas Digitales*.

Las relaciones públicas tradicionales se definen como «la actividad profesional que se ocupa de promover o prestigiar la imagen pública de una empresa o de una persona, a través de la relación con otras personas o entidades». Con las Relaciones Públicas Digitales (RPD) hacemos lo mismo, pero a través de los medios digitales, con estrategias y acciones sin costo o con pequeñas inversiones.

¿Qué pasaría con tu marca personal si de repente los mayores medios de comunicación de tu país te entrevistasen? Estoy segura de que te sentirías reconocido y valorado, y eso mismo es lo que puedes lograr con medios digitales como YouTube, Facebook o Instagram.

¿Qué crees que pasaría con tu marca personal si de pronto te ve un millón de personas por el medio de comunicación de mayor alcance de tu país?

Estoy segura de que comenzarías a recibir decenas y hasta centenares de llamadas de tus seres queridos y conocidos y te sentirías valorado y motivado para seguir trabajando en tu propósito de vida. ¿Estás de acuerdo? Pues tengo que decirte que puedes llegarle a un millón de personas en tan solo unas horas con un video que se haga viral en las redes sociales.

En los canales donde tengo presencia con mi marca personal acumulamos millones de impresiones cada mes. Esto significa que nuestros contenidos son visualizados millones de veces por distintos usuarios. Imagina que estás caminando por la calle y llevas una camiseta con el logo de tu marca personal; cada vez que alguien mira tu camiseta, eso cuenta como una impresión. Las impresiones son la cantidad de veces que el contenido que publicas en tus medios digitales se muestra en la pantalla de alguien. Cada año mantengo firme mi compromiso de aumentar mis impresiones para que mis mensajes lleguen y transformen aún a más personas y empresas.

Quiero confesarte algo: aunque pueda parecer injusto medir tu reputación, influencia e impacto con una métrica tan vanidosa como lo son las impresiones, la verdad es que, a mayor cantidad de impresiones con tu marca personal, mayores oportunidades y ventajas económicas tendrás. Es una triste y cruda realidad, y es mi responsabilidad ser honesta contigo. En este momento, para cerrar mis mejores acuerdos con mi marca personal, debo demostrar con fuentes oficiales mis resultados, y las impresiones influyen más que la cantidad de seguidores. Otra gran verdad que quiero compartir contigo es que las empresas ya no se fijan únicamente en el total de seguidores a la hora de firmar un acuerdo contigo; su métrica determinante es el número de impresiones, es decir, quieren saber a cuántas personas eres capaz de impactar con tu marca personal.

> ¿Cuántas impresiones acumulas entre todas tus redes sociales y plataformas? En las analíticas de cada plataforma podrás ver este número; apúntalo, porque si después de leer este libro aplicas la ley de la acción, te garantizo que tus números subirán y tu marca personal será más conocida.

La razón por la que llamo a esto Relaciones Públicas Digitales es porque venderse cada día del año debería ser una tarea prioritaria de cada **marca personal**. Esto no es un plan puntual para intentar generar ingresos vendiendo soluciones, es un plan permanente que implica presumir (con humildad) nuestra marca para posicionarnos como una autoridad.

Es más fácil documentar nuestro día a día y celebrar nuestros hitos que intentar vender nuestra marca personal con tácticas poco creíbles y de poca efectividad.

Las próximas páginas están cargadas de referencias reales y ejercicios de marketing y ventas para marcas personales. Son estrategias y tácticas que yo misma he implementado con éxito para pasar **de invisible a invencible**.

Comencemos a armar este plan de Relaciones Públicas Digitales para marcas personales creando, juntos, los cimientos.

Tu marca, un pilar fundamental

Aunque una marca personal nace de y por nosotros, no deja de tener similitudes con otra marca comercial. Ambas son marcas o, como la llaman en inglés, *brands*. Creo tanto en el poder de una marca que una de las agencias que integra el grupo Convierte Más se llama Syngular. Esa agencia es única, y a través de ella prometemos a cada cliente una experiencia memorable y una marca que los represente. Una de las especialidades de Syngular es la de rediseñar marcas personales que no transmiten ni representan a la persona que les dio vida.

Como seres humanos evolucionamos, y en esta época lo hacemos más rápido que en el pasado. Mi anterior marca era colorida porque yo me definía como una mujer multitalentosa, multicolores, única, refrescante y atrevida. Sin embargo, cuando comencé a recorrer el mundo enseñando y codiseñando estrategias para empresas, me di cuenta de que mi misión y legado eran mucho más grandes. Supe que necesitaba una nueva marca única y más envolvente que me permitiera combinar mi misión de educar a millones de personas en mis academias y redes sociales con la labor de conferencista, autora y consultora estratégica de grandes empresas.

La imagen de una marca es mucho más que un logotipo, también la representan los colores, las fuentes que utiliza para comunicarse y, sobre todo, el nombre que la define. Después de años, tomé la osada decisión de quitarle a la mía mi apellido y limitarla a **Vilma**. Al fin y al cabo, mi marca y mis alianzas son plurilingües, y en el mercado anglosajón no recuerdan mi apellido ni saben cómo pronunciarlo. Así que ahora soy, simplemente, Vilma, y, con mucho cariño, algunos de mis seguidores me llaman *la tía Vilma* o *mentora Vilma*.

El impacto de mi marca personal me permite ser mentora de mentores y consultora estratégica de empresas. Cuando ejerzo como mentora, asesora o formo alianzas, acompaño a otros en algún propósito y lo hago gracias a mi experiencia. Cuando soy consultora o codiseño planes y campañas para empresas, utilizo las metodologías de marketing y ventas preexistentes y propias.

Hago hincapié en las múltiples labores porque no es cierto que una marca personal deba ceñirse a un único nicho o segmento de mercado. Somos multitalentos y es un acto de generosidad ponerlos a disposición de otros.

Para concluir el tema relacionado con la marca, quiero que te detengas por un instante y analices qué materiales promocionales podrías comenzar a fabricar hoy mismo. Yo, por ejemplo, desde el momento que cambiamos el *branding* y logotipo de alguna de nuestras marcas, mando a personalizar prendas de vestir (como playeras) y otros materiales promocionales como libretas o estampas con mi nuevo logo, con mis frases y, por supuesto, con el nuevo nombre e imagen de la marca.

A continuación te enseñaré cuáles son las mejores estrategias y metodologías que te permitirán posicionarte, con humildad, como una autoridad en el universo de las marcas personales.

Comienzo con lo que denomino *cimientos de una marca personal*. Sin estos elementos estaríamos construyendo un edificio sin una buena base que, en cualquier momento, puede colapsar. Además, quiero confesarte algo: estos elementos son esenciales a la hora de crear una marca auténtica y rentable. También me he trazado el propósito de que aprendas a diferenciarte, incluso antes de comercializarte.

Tus fotografías y kit de prensa

Seguimos construyendo tu plan de Relaciones Públicas Digitales con tus fotografías profesionales que necesitarás para la biografía en tus redes sociales y tu página web, y, en especial, para promocionarte constantemente como marca personal.

Debes realizar —como mínimo— una sesión de fotos al año. Yo suelo hacer dos, una al comenzar el año y otra a mediados o antes de comenzar el último cuatrimestre, etapa en la que habitualmente tengo más campañas, conferencias y lanzamientos.

El éxito de una sesión de fotos radica en la planificación, es decir, en saber determinar los objetivos de la sesión, qué tipo de fotografías necesitamos y qué poses y atuendos queremos utilizar.

¿En qué objetivos deberías enfocar tus fotografías? El primero y más importante es que transamitan la versión más real de cómo nos vemos en persona. ¡Nada de tratar de impresionar aparentando ser alguien que no somos! El segundo, disponer de los recursos visuales necesarios para promocionar la marca personal, así como el apoyo visual de tus proyectos: un pódcast, un nuevo libro o simplemente un nuevo servicio o producto.

Después de años de trabajar con fotógrafos, artistas detrás de un lente, te diré algo: no es fácil que ellos lo acepten, pero intenta que te entreguen en un disco duro todas las fotografías sin editar. Si queremos ser auténticos, debemos minimizar o suprimir las ediciones profesionales de fotografías. En mi caso, como mujer, si ya estoy maquillada, ese maquillaje se convierte en la mejor edición y filtro, no hace falta alterar los rostros de nuestras marcas personales.

De cada sesión de fotos necesitamos como mínimo 10 fotografías buenas y el resto las podemos utilizar para piezas promocionales. En cada sesión tomamos entre 1000 y 3000 fotografías durante tres horas de trabajo. Te confieso que tardo entre seis y ocho horas para filtrarlas, para que mi equipo pueda trabajar con mis preferidas. No necesitas tantas fotografías como yo, con unas 75 a 100 imágenes digitales es suficiente para un año de promoción.

Con respecto a los atuendos por elegir, te recomiendo —siempre que puedas— contratar los servicios de asesores de imagen; estos son talentos importantes para que logremos plasmar nuestra personalidad en las fotografías personales. Aunque tienes toda la libertad de hacer compras para presumir prendas nuevas, te diría que tengas cuidado con esta práctica. Se supone que vas a transmitir tu personalidad, lo que significa que deberías poder lograrlo con la ropa que tienes en tu armario. La idea no es impresionar a otros, sino mostrarte tal como eres.

Las poses son importantes. Te recomiendo que comiences con fotos al natural, es decir, improvisa y luego sigue las indicaciones de los fotógrafos y atrévete a probar nuevas poses. Previo a la sesión de fotos también puedes preparar un álbum con poses que hayas encontrado como referencia en internet. Si no somos modelos, nos costará un tiempo soltarnos y sentirnos cómodos al posar, así como cambiar de pose con cada clic de la cámara. Yo siempre recomiendo trabajar con fotógrafos con los que se tiene química y poner música de fondo para desinhibirse.

Si quieres planificar una sesión de fotos auténtica, te comparto algunos *tips* que me ayudan a definir qué fotografías son imprescindibles para determinar que mi sesión fue un éxito rotundo.

Las fotografías de perfil son las que más priorizo, y con cada cambio de atuendo siempre hacemos varias tomas para elegir la adecuada. Un primer plano debe transmitir cercanía y a la vez autoridad. Otras fotos importantes son las que utilizaremos para conferencias y entrevistas: deben mostrar realmente quién soy. También aprovechamos para hacer fotos que simulen mi trabajo profesional y alguna que otra para utilizarlas en campañas de promoción. Asimismo, hacemos fotos para los proyectos de productos, servicios, pódcasts y libros. ¡Siempre es importante tener una buena foto de cuerpo completo!

Fotografías para marcas personales

Foto de perfil cercana

Fotos de perfil para conferencias y entrevistas

Foto simulando labor profesional

Foto simulando labor profesional

Foto cuerpo completo

Foto de perfil autoridad

Foto de perfil para conferencias y entrevistas

Foto para proyectos

Foto señalando

Las fotografías formarán parte de tu *kit de prensa*. Este es un recurso imprescindible en la promoción de una marca personal y, por lo general, incluye (en versión reducida o extendida) tu biografía, tus fuentes oficiales, tu logotipo en todas las versiones, los hitos que has acumulado, las distinciones o los premios que has recibido, las reseñas y los testimonios que otros han expresado sobre tu marca, los enlaces principales de tus canales digitales y, por último, tus datos de contacto.

En mi caso, para esta última parte tengo varios contactos que varían según las líneas de negocio de mi marca personal. Si quieres una consultoría o contratarme como conferencista, te atenderá la misma persona, pero si buscas una alianza comercial como embajador o embajadora de marca, lo hará otra persona de mi equipo.

Puedes fácilmente crear tu kit de prensa con herramientas como Canva, Notion y Craft o —si prefieres no complicarte— un PDF en carpetas de Dropbox o Google Drive.

Tener un kit de prensa listo para ser enviado te posicionará como una autoridad y una marca personal con experiencia. Una vez que estamos preparados y sabemos vendernos mejor que la mayoría de las personas y empresas, debemos aplicar una de mis estrategias infalibles de marketing, la *ilusión óptica*, que consiste en presumir sin mentir.

Esto lo enseño sobre todo a los conferencistas, porque es imprescindible tener, además del kit de prensa que sirve para vendernos bien resaltando nuestros hitos y resultados, un dossier: un documento con toda la información relacionada con las soluciones que comercializamos, como consultorías, patrocinios o conferencias con sus respectivas condiciones, tarifas y testimonios.

Tener un kit de prensa es importante porque demuestra el gran profesional que eres y que te tomas muy en serio tu marca personal. ¡No lo sigas postergando, créalo hoy mismo!

ILUSIÓN ÓPTICA

El arte de presumir sin mentir

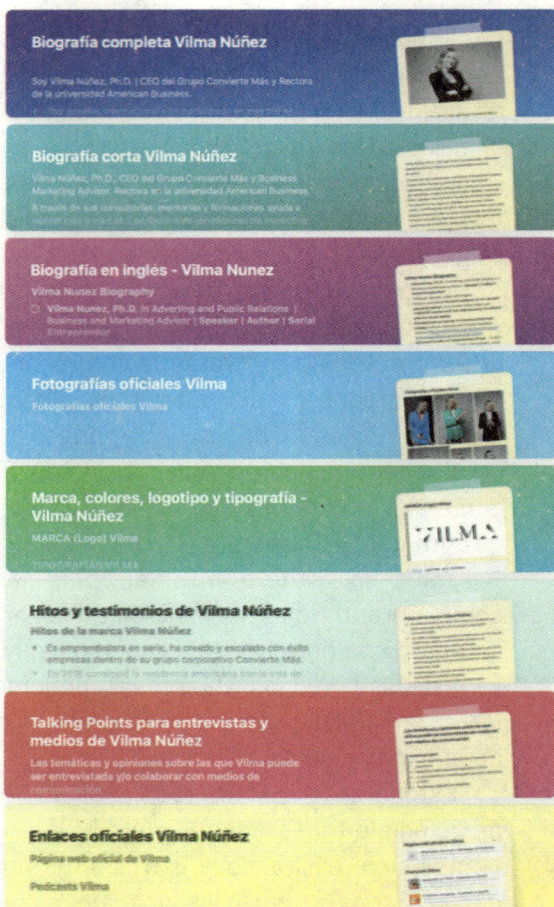

Tu historia: ¿de dónde vienes y qué has conseguido?

Al finalizar el primer capítulo te hice algunas preguntas sobre quién eres y qué has conseguido hasta el momento. Estas preguntas, seguro, te habrán hecho reconocer tu valía y lo que podrías aportar a otros con una buena marca personal.

Todos, sin excepción, tenemos una historia que contar: ¿cuál es la tuya? No te imaginas lo importante que es escribir, comunicar y compartir nuestra historia de vida. Habrá personas que gracias a ello conectarán con nosotros de una forma más íntima y real.

Cuesta muchísimo. Durante años no fui capaz de escribir mi propia historia y le pedí ayuda a mi equipo de *copywriters*; como buenos especialistas en persuasión y conocedores de mi marca, hicieron un gran trabajo.

En otra ocasión, para mejorar mi historia y mi posicionamiento de marca, contraté a mi amiga Maïder Tomasena, quien es, desde mi punto de vista, la experta número uno en escritura persuasiva en español. Te confieso que lloré cuando leí lo que ella y su equipo hicieron para mí.

Si te animas a escribir tu historia —aunque sea el primer borrador—, permíteme facilitarte el trabajo con algunos elementos que utilizo para actualizar cada año la mía, con los nuevos hitos y aprendizajes que voy acumulando.

Elementos para escribir la historia de tu marca personal

De dónde vengo	Mi misión	Experiencias que marcaron un antes y un después en mi vida personal	Hitos inolvidables
Qué me motivó	Mi visión	Experiencias que marcaron un antes y un después en mi vida profesional	Hitos recientes
Qué me diferencia de otros	Mis valores	Medios de comunicación que me han citado	Reconocimientos que he recibido
Lecciones de vida	Mi propósito	Empresas y profesionales con los que he trabajado o colaborado	Sueños/objetivos que he conseguido
Sacrificios que he tenido que hacer	Mentores/ libros que me han marcado	En qué ando trabajando actualmente	Los sueños que me faltan por cumplir
Lo que más orgullo me genera	Qué halagos suelo recibir	A qué me dedico ahora mismo	Cómo podría demostrar que soy buena en mi profesión

Por último, lo más importante: **¿qué me hace feliz?**

Tu biografía: ¿quién eres?

Tu biografía es un extracto bien redactado de tu historia; por experiencia, recomiendo tener cinco versiones:

- Tu biografía en una línea para redes sociales
- Tu biografía en un párrafo para presentarte fácilmente
- Tu biografía redactada en varios párrafos para no dejar fuera ningún mensaje o hito
- Tu biografía con elogios de otros grandes líderes de opinión. *Este tipo de biografía comenzaría así: "Así describen a Vilma los mayores referentes de liderazgo..."*
- Tu biografía ejecutiva, resumida en viñetas con los mensajes, hitos clave y datos curiosos

Mi preferida es la última, porque tiene como objetivo recopilar, de la manera más persuasiva, buena parte de tu historia, sin ser necesariamente una cronología de todos tus hitos. Te explicaré la diferencia con algunos ejemplos.

Ser speaker (es decir, conferencista) te da prestigio, pero fíjate que resalto los eventos en los que he participado y los grandes líderes con los que he compartido escenario.

❌	✅
Speaker	Soy speaker internacional y he participado en eventos en Europa, Estados Unidos, Centro y Latinoamérica, compartiendo escenarios presenciales y virtuales con líderes como Deepak Chopra, John Maxwell, Sara Blakely, Jesse Itzler, Floyd Mayweather, Grant Cardone, Robert y Kim Kiyosaki.
Soy creadora de cursos online.	En nuestras escuelas online hemos tenido el placer de entrenar y certificar a equipos de empresas tan reconocidas como Hilton, IAB, Pfizer, Shopify, Zoho, Televisa o Capgemini.

Ser creadora de cursos online es un gran honor para mí; los educadores tenemos la responsabilidad de influir, a través de la educación, en el futuro de las personas y compañías. Es algo que me tomo muy en serio, pero lamentablemente también reconozco que tienen mala fama, porque algunos «compañeros de la industria» han aplicado prácticas egoístas para generar ingresos.

Como este libro es una mezcla de mi historia, mi profesión, mis conocimientos y muchas confesiones, te quiero revelar algo más: por esa mala fama que te comento he perdido licitaciones y contratos como creadora de cursos online y, a pesar de que tengo muchos seguidores en redes sociales, eso me ha afectado, claro que sí. Pero hoy, muchas terapias después y otros tantos episodios de frustración y llanto, trabajo con compañías increíbles porque decidí que mi carrera como educadora online no me iba a detener a la hora de diversificar.

Invertí en crear una universidad online en Estados Unidos, potencié mi carrera como conferencista, volví a escribir libros y abrí mi firma de consultoría y entrenamientos Journi. Es decir, aposté por más recursos, soluciones y hasta nuevas empresas para elevar mi posicionamiento, mientras seguí educando con mis cursos y certificaciones.

De nuevo convertí mi debilidad en fortaleza. Antes de que los clientes cuestionen mis otros negocios y mi *expertise*, me adelanto a decirles: «Reconozco que no somos grandes como otras agencias y firmas de consultoría, pero les puedo garantizar que hablamos desde la experiencia; nuestras empresas del grupo Convierte Más son el primer caso de éxito. Sabemos de lo que hablamos porque cada día del año aplicamos el marketing y las ventas digitales para crecer. Si nos dan una oportunidad, no los vamos a defraudar».

Quiero ayudarte a escribir una gran biografía con base en dos preguntas. Lo bueno es que no tienes que elegir un solo cargo, profesión o especialidad, en tu biografía debes resaltar cada faceta, experiencia o habilidad que te distinga. La clave está en nunca mentir, porque hoy día es muy fácil validar información en cuestión de minutos.

1. ¿Cuáles serían las profesiones, cargos, palabras y especialidades que podemos utilizar para definir tu marca personal y crear una biografía que impresione?

Speaker / conferencista	Autor	Consultor	Fundador
Experto en [_____]	Youtuber	Mentor	CEO
Especialista en [_____]	Pódcaster	Coach	Emprendedor
Líder	Blogger	Asesor	Emprendedor en serie
Líder de opinión	Creador	Advisor	Empresario
Facilitador	Educador	Influencer	Director general
Apasionado	Creativo	Motivador	Estratega

2. ¿Cuáles serían los cinco hitos o argumentos de credibilidad que incluirías en tu biografía? Escríbelos todas las veces necesarias hasta que tengas un texto donde presumas con humildad tu gran labor profesional.

1

2

3

4

5

Al responder estas dos preguntas tendrás el inicio de tu biografía que, al igual que un currículum, deberás actualizar constantemente. Yo lo hago cada trimestre; tengo un recordatorio en mi calendario para tener una reunión conmigo misma, de 30 o 60 minutos, para mejorar mi biografía y mi *press kit*. Mi calendario es mi jefe, y las tareas que no están en mi calendario corren el riesgo de nunca llevarse a cabo.

Véndete mejor que nadie con un *pitch* único y persuasivo

El *pitch* es una de las herramientas imprescindibles para marcas personales y comerciales de cara a comunicar, de manera efectiva, el valor de quiénes somos y qué hacemos. En algunas ocasiones incluso podemos ahondar en qué nos diferencia y por qué hacemos lo que hacemos, dependiendo del tiempo que tengamos y la audiencia a la que lo estemos presentando.

Te compartiré los tres tipos de *pitch* que encuentro más efectivos en la época en la que vivimos, cuando la atención de nuestros clientes es cada vez más escasa.

1. Pitch conversacional

Mi *pitch* preferido consiste en comenzar con una pregunta, que alterno en función de a quién tengo en frente. Cuando me tengo que presentar con empresarios tradicionales, usualmente les pregunto:

> **¿Has visto cómo los anuncios de publicidad están cada vez más personalizados, como si predijeran lo que quieres?**
> *Aquí es cuando hacen el chiste de que nos están escuchando. Y yo, riéndome, les digo que, sin tomar en cuenta las teorías de conspiración, mi especialidad son las ventas digitales con y sin publicidad, y que por eso viajo por el mundo enseñando y diseñando estrategias de ventas digitales para emprendedores y corporaciones.*

Me olvido de mis empresas y me enfoco en mi especialidad. No digo expresamente que soy consultora ni conferencista, pero dejo claro que lo soy. Esto es un clásico ejemplo de vender sin vender y de posicionarte con el poder de una pregunta y una buena historia.

Mientras más natural sea la conversación, de mayor impacto será y menos posibilidades tendrás de que te olviden. La clave para este tipo de *pitch conversacional* consiste en utilizar metáforas, símiles y analogías de la vida cotidiana.

Ahora bien, cuando me dirijo a emprendedores y quiero aplicar el *pitch conversacional*, suelo comenzar con esta pregunta:

¿Cuántas líneas de ingresos tienes activas hoy en día? *Soy del tipo de mentora que cree que la estabilidad de un negocio depende de su plan de diversificación, tal y como lo hacen compañías como Apple, que vende nuevos productos a sus clientes ya existentes y a los potenciales cada día del año. (Nombre del emprendedor), te confieso que tengo una misión muy grande de ayudar a emprendedores como tú para que puedan aumentar sus ingresos sin trabajar más horas, a través de la diversificación y de un buen marketing. Y por eso me la paso viajando por el mundo mientras educo a millones de personas cada mes en mis canales digitales.*

Todo lo hago con entusiasmo, ilusión y mucha humildad. Y como se trata de un *pitch conversacional*, me tomo mi tiempo para resaltar los aspectos más relevantes y todo lo necesario para que no me olviden y quieran saber más sobre mi persona y mi negocio.

Como la palabra *diversificar* se asocia lamentablemente a mucho trabajo, destaco que mi misión no es que ellos trabajen más horas, sino lo justo para obtener el mayor retorno diversificado. Hago hincapié en lo de Apple porque hasta los que no son clientes de la marca reconocen su modelo de negocio y la mayoría de los productos que tienen.

Antes de proseguir con la forma en que te vendes, me gustaría que habláramos del entusiasmo que, al igual que el éxito, es contagioso. Si en el momento de hablar de ti lo haces con nervios y cometes errores, vas a transmitir inseguridad y es probable que nadie confíe en ti. Por eso el entusiasmo es clave. La emoción que transmites al momento de venderte te asegura una mejor conexión (siempre y cuando evites hablar desde el ego y la arrogancia).

Si las personas te sonríen mientras hablas o te felicitan por tu energía o emoción, sabrás que estás contagiando con tu entusiasmo.

Prueba crear tu *pitch* conversacional.

¿_____?

_____

_____

_____

2. Pitch pregunta

Este *pitch* es el más directo. A los empresarios suelo hacerles preguntas reflexivas sin llegar a ser invasiva o agresiva.

> **¿Del 1 al 10, cuán contento estás con el marketing digital de tu organización?**
> *Por lo general, responden que entre 4 y 7 de puntuación, y lo primero que hago es mostrar empatía. Les digo que es normal, que es un problema común en muchas organizaciones y no tan malo porque significa que pueden mejorar para vender más.*
> *Prosigo diciéndoles que mi trabajo consiste en ayudar a las marcas a multiplicar sus ventas gracias al* growth marketing: *es decir, el marketing que sí da resultados y que utilizan empresas como Google, Dropbox y Tesla.*

En mi caso, reconozco que, gracias a mis esfuerzos de mercadeo con mi marca personal y miles de horas de comunicación, hoy en día se me hace muy fácil transmitir entusiasmo y seguridad en mis *pitchs*. Cuando en mis programas de negocio enseño a emprendedores a venderse mejor, les recomiendo hablar de sus métodos y metodologías en cada uno de sus *pitches*, ya sea que se trate del *pitch pregunta* o del *pitch persuasivo*. Tener un método o una metodología propia es una técnica persuasiva para transmitir más valor y posicionarnos mejor.

Incluso cuando tengo tiempo —y veo interés por parte de ellos— profundizo acerca del porqué tuve que crear este método. Les cuento la historia de cómo mi propio equipo se acomodó con lanzamientos sin priorizar las campañas diarias, hasta que dejé de lanzar mensualmente para obligarlos a volver a priorizar las campañas *evergreen* (es decir, las campañas para generar ventas perpetuas). Nada supera a una buena historia real.

> **¿Cansado de hacer lanzamientos digitales y depender de ellos para facturar?**
> *Ayudo a emprendedores como tú a generar ventas diarias con y sin publicidad con mi método GoEvergreen.*

Prueba a crear tu *pitch* pregunta.

¿_____?

_____

_____

_____

3. Pitch persuasivo

Este es el más básico, aunque no por ello deja de ser muy efectivo. Es el típico *pitch* que pondrías en tus redes sociales hasta de biografía. Para este ejemplo, me convertiré en una coach de negocios y liderazgo.

Ayudo a +	emprendedores +	a transformar su liderazgo para multiplicar su influencia y ventas
Verbo Ayudo Sirvo Impulso Mentoreo	**Segmento /** **Buyer Persona**	**Verbo + resultados**

Si quieres hacer tu *pitch* todavía más persuasivo, puedes agregar al final algo del estilo «sin trabajar más horas».

Fíjate cómo quedaría ahora el *pitch*.

> *Ayudo a emprendedores a transformar su liderazgo para multiplicar su influencia y ventas sin trabajar más horas.*

Inténtalo tú ahora con la fórmula de *pitch* persuasivo.

Las palabras y los verbos que deberías utilizar ya los vimos en el primer capítulo; en esta ocasión, quiero que actualices o mejores tu lista porque ya deberías tener tu nuevo plan de negocios aterrizado.

Palabras	Verbos

Tus temas y *talking points*: ¿de qué podrías hablar durante horas?

Antes de ahondar en qué son los *talking points*, me gustaría retomar el método paraguas. Pero en esta ocasión te ayudaré a definir cuál es tu tema principal —que engloba todos tus mensajes de comunicación—, cuáles son los subtemas y qué otros temas relacionados y complementarios podrías utilizar para posicionar tu marca personal y todas las soluciones que vendes.

Si hablamos de Oprah Winfrey, ¿cuál crees que sea su tema paraguas? Cuando pensamos en Michelle Obama, ¿qué tema te viene a la mente? Si analizas la trayectoria de estas grandes mujeres y líderes, entenderás muy rápido que tienen un tema paraguas desde hace años o que lo han ido cambiando con base en su propia evolución.

Gracias a este sencillo ejercicio de definir tu tema paraguas tendrás claridad al momento de crear nuevas soluciones para tu marca personal, o ya sabrás de qué hablar en una entrevista con un medio de comunicación o qué publicar en tus medios digitales.

	Subtema	Tema relacionado	Tema complementario
	Subtema	Tema relacionado	Tema complementario
	Subtema	Tema relacionado	Tema complementario
	Subtema	Tema relacionado	Tema complementario

TEMA PARAGUAS

Ventas digitales

TEMA PARAGUAS

Vender en WhatsApp

SUBTEMA

Growth Marketing

TEMA RELACIONADO

Finanzas

TEMA COMPLEMENTARIO

Actualmente, mi marca personal está dividida en el contenido de marketing y ventas que comparto y en los temas de desarrollo personal y negocios que, con ilusión, también enseño. Para mi faceta de *marketer* y vendedora, quise mostrarte un ejemplo de cómo yo lo estructuro para nunca quedarme sin ideas y hablar desde la experiencia y no desde la tendencia.

Como vendedora y *marketer*, tuve que aprender a utilizar herramientas como Microsoft Excel para hacer mejores proyecciones y reportes de ventas. Cuando hablo del tema financiero, me limito a mi experiencia real en vez de hablar con la profundidad que lo haría un asesor de finanzas que se dedica de tiempo completo a este tema. Aun así, me doy permiso para tocar este tema de forma complementaria en mis mensajes de comunicación. Nos hemos criado con el refrán «El que mucho abarca, poco aprieta», y eso nos ha condicionado y hasta limitado. Hoy te invito a reflexionar, a fluir y a no guardarte nada cuando se trate de comunicar. Eso que para ti es inicial o básico, para otra persona puede ser avanzado y justo lo que necesita. No pretendo motivarte para que seas un impostor que habla de todo, solo quiero que recuerdes que las marcas personales debemos hablar siempre desde la experiencia y nunca por una tendencia.

Tienes el derecho de hablar sobre todo lo que has experimentado, desde tu punto de vista, con honestidad, humildad y entusiasmo. No enseño sobre inversiones, sin embargo, hablo sobre la importancia de adoptar una mentalidad inversora y cómo otros pueden desarrollarla.

Aprovecho que me dedicas atención para proponerte algo muy interesante. ¿Qué tal si te adueñas de tu temática paraguas aplicando de nuevo mi estrategia de **ilusión óptica** para *presumir sin mentir*?

No requiere mucho esfuerzo, tan solo debes definir cuáles son los activos e instrumentos que forman parte de tu temática paraguas. Con la mía, con el fin de «adueñarme» y posicionarme como una de las principales figuras en mi sector, utilizo formaciones propias: metodologías, conferencias, servicios, pódcasts y algunos hitos importantes.

Ventas digitales

TEMA PARAGUAS

ILUSIÓN ÓPTICA
El arte de presumir sin mentir

METODOLOGÍA
- Ilusión óptica, muralla digital, Docuselling, etc.

FORMACIONES
- Curso, certificaciones, taller presencial, etc.

CONFERENCIAS
- Conferencia de ventas digitales
- Conferencia de inteligencia artificial para ventas digitales

SERVICIOS
- Consultorías varias de ventas digitales a través de firma de consultoría
- Servicios de ventas digitales a través de agencias

HITOS CUANTIFICABLES
- +5 millones de escuchas del pódcast de ventas digitales en el mundo
- +5 millones de personas capacitadas con webinarios y cursos gratuitos de ventas y marketing
- +4 millones de impresiones al mes de contenidos de ventas en sus redes sociales

Cuando hagas este ejercicio, te sentirás más confiado y seguro en tu posicionamiento y, por supuesto, estarás mejor preparado para definir tus *talking points*. Con estos me refiero a una serie de ideas, temas o mensajes que podemos utilizar para comunicar, argumentar, transmitir información y posicionarnos mejor. Todas las marcas personales deben tener sus *talking points* vinculados a su experiencia profesional.

Por ejemplo, si tomo uno de los temas relacionados con las ventas digitales a través de *growth marketing*, mis *talking points* serían:

- *Growth marketing:* el único marketing que garantiza resultados en esta época.
- *Growth marketing:* el marketing de las grandes compañías sin tener sus presupuestos ni equipo de expertos.
- *Growth marketing:* el marketing que es tendencia y que más crecimiento ha tenido en los últimos años.
- Las empresas cada vez buscan más perfiles de *growth marketing*. Asegúrate, en estos casos, de aprenderte de memoria los datos estadísticos y las fuentes que reafirman tus afirmaciones y declaraciones. En general, te recomiendo memorizar siempre datos estadísticos o personas que puedas citar para cada tema que abordes.

Cada uno de estos *talking points* podría ser el inicio de una conversación, una entrevista, una exposición o servir para dar con una idea más a la hora de crear contenidos en las redes sociales.

El éxito de los *talking points* depende de que generen curiosidad, tal como ocurre con algunos titulares que atrapan nuestra atención.

¿Qué talking points *quieres utilizar con tu marca personal?*

_____

_____

_____

Cómo deberías comunicarte a partir de hoy

Espero que lo hagas desde la autenticidad y la humildad, siempre pensando en aportar valor mientras generas rentabilidad. Es una fórmula compleja, lo sé, pero nunca falla. Si haces lo que quieres para ayudar a otros, te ayudas a ti también.

¿Has analizado cuáles son las frases, palabras y verbos que más utilizas en tu comunicación actual? ¿Qué dices cuando estás con amistades y familiares, y qué en el ámbito profesional? ¿Te has detenido a analizarlo?

Cuando me percaté de que la **autenticidad** aceleraría mi **rentabilidad**, comencé a utilizar más que nunca ambas palabras. En este libro las he utilizado en reiteradas ocasiones. Lo justo y positivo es ser lo que se dice, así lo creo, por eso hago énfasis en que tus palabras y tus frases influyen y tienen consecuencias positivas o negativas en tus resultados. Lo que dices y cómo lo dices influye en tu economía y, por supuesto, en tu éxito.

Las personas triunfadoras comunican de manera efectiva y hablan de éxito constantemente. Siempre están hablando de su visión, de sus reflexiones y aprendizajes sin temor a ser copiados, porque son visionarios y *doers*, virtudes que los distinguen como personas decididas que pasan a la acción y hacen lo necesario para lograr sus metas y sueños. ¿Te sientes un *doer* en este momento de tu vida? Si es así, ¡felicidades! Si no, cuestiónate: «¿Por qué todavía no lo soy?».

¿Sabes por qué no temo compartir mis ideas y proyectos (algo que tú tampoco deberías hacer)?

1. Porque expresar tus ideas y proyectos a alguien hace que te percates, de inmediato, de que realmente quieres perseguir ese objetivo. Es más, a medida que más cuentas tu idea y tus proyectos, mejor los aterrizas en tu mente. Por tanto, entreno mi capacidad creadora al contar mis ideas y vendérselas a otros.

2. No temo hacerlo porque puedo valorar si existe interés o no en mis ideas y proyectos antes de lanzarme al 100%. Y aunque muchos emprendedores en serie como yo a veces asumimos riesgos sin contar con el apoyo de otros, en mu-

chas ocasiones, créeme, ayuda tener el respaldo de otras personas.

Ahora bien, ¡cuidado con las personas a las que recurres buscando apoyo! No pidas opiniones a personas sin experiencia en la materia, a quienes no forman parte de tu audiencia o que no son tus clientes. Tengo una familia que manifiesta estar orgullosa de mí y me apoya incondicionalmente; aun así, mis proyectos más ambiciosos y desafiantes no los comparto con ellos hasta que no los hago realidad. Amo que se preocupen por mí, pero asumir riesgos es parte de mi trabajo. De igual manera, disfruto celebrar con ellos los éxitos y me resulta muy importante saber que, en caso de fracasar, me apoyarán sin condiciones.

Aunque me apena haberlo descubierto hace apenas pocos años, quiero compartir hoy contigo algo que te puede ayudar a tomar mejores decisiones. Cuando pides consejo, en realidad ya has tomado la decisión, solo quieres compartir la carga de esa decisión con otros. Es la cruda realidad. Pedir consejo te reconforta y te quita presión.

Nunca olvidaré una ocasión en la que me asusté cuando vi que la facturación de uno de mis negocios no crecía como siempre. Soy una empresaria visionaria y planificadora, no espero a estar en reservas para activarme. Quizás otros no hubieran hecho nada, porque, en definitiva, teníamos una buena caja y tampoco estábamos en descenso, pero yo —como la persona previsora que soy— me asusté bastante. Hoy agradezco mucho esta experiencia, porque me hizo más fuerte y mejor CEO.

De hecho, si soy honesta, no solo me asusté, sino que creé los peores escenarios en mi cabeza y me costó semanas superar esas inseguridades y anteponer el éxito a todos esos pensamientos y al miedo que sentía.

Como es de sabios pedir ayuda, eso hice. Les pregunté a dos mentores a los que recurría de forma habitual qué debía hacer. El primero, del cual me he fiado en muchas ocasiones, me dijo que recortara gastos, que despidiera empleados y que bajara mi estilo de vida. Es decir, que me recogiera. Un consejo muy alineado con cómo me sentía, pero lejano a cómo soy. A mí no me gusta tomar el camino fácil, no temo esforzarme, temo quedarme de brazos cruzados y arrepentirme en el futuro.

El segundo mentor me dijo que hiciera lo que creyera oportuno para optimizar mis costos y gastos de operaciones, pero que bajo ninguna circunstancia me bajara el sueldo. Ambos coincidían en algo: en la optimización de costos, por eso soy tan insistente con el tema de los márgenes: no me impresiona un emprendedor o compañía que genere millones, me impresiona saber qué margen y cuántos dividendos obtuvo al final de año. Lo que ninguno de mis mentores me dijo fue lo que yo hubiera querido escuchar: «Vilma, ¿cómo puedes aumentar tus ingresos con los recursos que tienes disponibles?». O lo que es lo mismo: ¿cómo podrías emplear la misma energía requerida para la reducción para aumentar tu facturación?

En realidad, eso es lo que yo quería hacer, pero tenía miedo, y las dos personas en las que confiaba para estos temas no me lo plantearon. Por fortuna, y gracias a todos los conocimientos que he adquirido y a mi cambio de visión y mentalidad, comencé a cuestionarme qué hacer sin bajar mi sueldo ni despedir a nadie, y fue increíble ver cómo comenzamos a romper hitos.

Apliqué una fórmula sencilla: 20% del tiempo lo destiné a la optimización de costos y a aumentar los márgenes de lo que seguíamos vendiendo, y el 80% restante a generar más ingresos con nuevas soluciones para los clientes existentes. Fue una de las experiencias más desafiantes y estresantes de mi carrera como CEO, y al mismo tiempo una de las mejores. Así fue como descubrí que, cuando pedimos consejo, ya sabemos lo que queremos.

Quise compartir esta experiencia para ahora recomendarte que, cuando tomes una decisión, tengas en cuenta lo que quieres y sientes, así como los conocimientos y las recomendaciones que has obtenido. Yo no ignoré a mis mentores, al contrario, apliqué sus técnicas, pero lo hice junto a otras que yo creía oportunas porque tenía fe en mi éxito. No puedes vivir tu vida solo haciendo lo que te dicen otras personas, por mucha confianza que les tengas y por muy calificadas que estén. ¡Tu vida es tu mayor obra, y tú eres su único guionista y protagonista!

La fe en ti mismo significa tener confianza en tus talentos y habilidades, es tener la convicción de que eres capaz de intentar y conseguir lo que te propongas, a pesar de los desafíos. Por eso yo nunca invierto capital en una iniciativa en la que no tengo fe. ¡Incorpora esto a tus mensajes de posicionamiento!

Como líder que eres, debes compartir (sin reservas ni miedo) tus opiniones, reflexiones, aprendizajes, frases y mantras; esto ayudará a que tu mensaje no se limite solo a la audiencia que hoy tienes. ¿Cuántas veces no has citado a otra persona con una de sus frases, opiniones o reflexiones? Estas personas influyeron en ti, ahora es tu turno de influir en otros.

Para comenzar con estos mensajes de posicionamiento hoy mismo en tus canales digitales puedes responder las siguientes preguntas. Son cortas, pero profundas:

- ¿Qué opinión tienes sobre el presente y futuro de tu industria?
  En mi caso, *creo que está en el mejor momento. No temo a los algoritmos porque ellos me ayudan a crecer y a generar mejores contenidos.*
- ¿Qué frase repites una y otra vez?
  Me encanta hablar de high-margin *en vez de* high-ticket. *Me da igual vender caro o barato, lo que priorizo son los márgenes.*
- ¿Qué te ha marcado en la vida? ¿Qué experiencia reciente te ha hecho mejor?
  Nos han enseñado que un desafío es un aprendizaje, pero yo siento que el aprendizaje se duplica cuando lo comparto de forma honesta con otros, tal y como ha sucedido, sin «maquillaje», sin pretender disfrazarlo.

No quisiera que practiques este método solo hoy o en los próximos días, lo que deseo es que te acostumbres a utilizarlo siempre, que asumas el rol de un líder que influye día tras día en el mundo digital. Otra cosa: no necesitas tener un éxito estruendoso para comenzar con los mensajes de posicionamiento, es suficiente con el que has acumulado.

Este hábito de comunicar a través de los medios digitales te convertirá en un gran pensador y comunicador, que son las bases para convertirte en un líder de opinión.

Yo no invento frases célebres porque sí, pero, como paso cada vez más tiempo pensando, analizando y visionando, se me ocurren muchas ideas nuevas que luego convierto en mensajes de comunicación.

Por eso siempre tengo a la mano la aplicación de notas del móvil y un lapicero para escribir donde sea.

Opiniones de Vilma	Frases célebres de Vilma
• Lo puedo tener todo, amor, éxito, plenitud, felicidad, dinero y relaciones. • La educación es la solución. • Mi prosperidad depende de mi mentalidad. • Cuando digo adiós a creencias y refranes limitantes, le digo hola al éxito. • Los algoritmos no son mis enemigos, son mis maestros para crear mejores activos de comunicación. • La inteligencia artificial puede sustituir una de mis habilidades, pero no el conjunto de ellas ni mi ADN profesional. • *High-margin* mejor que *high-ticket*. • El éxito es contagioso, por eso sigo aprendiendo y me rodeo de personas exitosas.	• Mi pasión es mi plan de acción. • Mi talento es tener múltiples talentos. • Ser constante es mi superpoder. • No es lo que sabes, es qué haces con lo que sabes. • Conocimiento sin acción genera frustración. • Querer sin hacer es perder. • Gasto sin arrepentimiento el dinero que genero con mi talento. • Trabajo en silencio mientras mi éxito hace eco. • Presume con humildad y posiciónate como una autoridad.

Ahora te toca a ti elevar tu comunicación, compartir tus reflexiones, opiniones y frases célebres. Como Paulo Coelho, que inspira a otros con sus frases de motivación. ¡Nunca falla!

Reflexiones	Opiniones	Frases célebres

Una cosa más sobre las frases célebres: las buenas frases se convierten en afirmaciones y declaraciones tanto en tu vida como en la de otras personas. Tus mejores frases son el motivo por el cual te entrevistan en grandes pódcasts y medios de comunicación, y pueden incluso ser el título de tus próximos libros y conferencias. Pero lo más importante es que cada frase célebre que firmas deja una huella; es parte de quién eres, del legado que dejarás y de tus ideas y opiniones.

Tus instrumentos para posicionarte: ¿qué recursos respaldan tu labor profesional?

Mi padre decía que no hay mejor improvisación que aquella que se prepara. Cuando me elogian por alguna entrevista, es porque casi todo lo que dije lo practiqué antes para fluir mejor. Mi preparación consiste en hacerme algunas preguntas del estilo: «¿Cómo estás, Vilma?», «¿Qué estás leyendo?», «¿A quién admiras y por qué?», «¿En qué andas, Vilma?», «¿Qué te tiene ilusionada, Vilma?» y «¿Qué depara tu futuro, Vilma?». También aprovecho para repasar mis documentos con hitos acumulados y mis notas con mis frases célebres. Es un viaje de reflexión personal que realizo antes de comenzar las entrevistas, que me sirve como un calentamiento.

¿Cuántas veces no te impresionas a ti mismo cuando de tus labios salen mensajes y palabras de impacto? Es como si la energía y el espíritu de una persona sabia se apoderara de ti. Esos momentos son increíbles, pero no ocurren por arte de magia... En realidad, es fruto de todo lo que has leído, estudiado y experimentado. Aspirar a ser más sabios cada día es un gran objetivo, y todos amamos tener como conocidos a mentores y amigos cultos. ¿Qué tal si para atraer a estas personas tú también te conviertes en una de ellas?

Los emprendedores recurren a mí porque quieren crecer y a veces no se percatan de que sus hábitos y estilos de trabajo y de vida son totalmente opuestos. ¡No puedes tener lo que todavía no eres!

Una persona abundante que desborda éxito ya se siente exitosa antes de lograrlo, por tanto, actúa y toma decisiones basadas en ese sentimiento de éxito que le domina. Mis mejores momentos para escribir son en los que me siento una autora de éxito, preparada emocional y mentalmente.

Antes de tener, primero tienes que ser. Así lo dictamina lo que muchos llaman la *ley de la atracción*. Todos atraemos lo que creemos, y persuadida de eso vivo todos los días.

- Creo cursos que nunca nadie me ha comprado.
- Escribo libros que nadie va a leer porque aún no existen.
- Hago propuestas de servicios que nunca he vendido.
- Diseño conferencias que nunca nadie antes me ha contratado.

¡Siempre pienso y anhelo lo que deseo que se me haga realidad!

Si algo he aprendido después de muchos años como emprendedora, es que no podemos esperar a que llegue el momento perfecto para diseñar una nueva solución comercial. Lo sé, todos tenemos prioridades, y crear estos recursos nunca suele estar en el *top* de tareas importantes, pero te aseguro que cada propuesta o recurso de prestigio y credibilidad me ha ayudado a cerrar negocios increíbles. Comienzo en modo borrador siempre, olvidándome de la perfección, y con una herramienta de notas o una libreta física aterrizo cada solución. ¡Haz lo mismo y verás cómo venderás más que nunca!

No esperes a que alguien te pida una cotización, ten siempre una propuesta por cada uno de tus servicios con un precio base, para poderla enviar de inmediato a los clientes interesados. Si vas a hacer un evento, haz tu propuesta de patrocinios antes de comenzar a vender entradas por internet. Luego, si hace falta, personaliza tus propuestas teniendo en cuenta a cada gran patrocinador.

Evita que alguien tenga que pedirte evidencias y referencias para validar tu experiencia: siempre ten una página con testimonios en tu web, sube habitualmente a tus redes sociales los elogios que recibes y los hitos de tus clientes y, por supuesto, crea un documento digital que recopile lo que otros resaltan de tu profesión y persona. Esto último es importante, porque, por bueno que seas en tu trabajo, muchos también quieren saber qué clase de ser humano eres.

Tampoco esperes a que te soliciten algún material o contenido para demostrar tu experiencia profesional y tus habilidades de comunicación. Toda marca personal debe tener una página web con un blog, aunque tengas tan solo cinco o seis artículos importantes. Cuando busquen tu nombre, es decisivo que vean un contenido que te valide como maestro y referente en tu industria. Los artículos son un buen formato para transmitir los conocimientos.

¿No te gusta escribir? No pasa nada, siempre puedes crear un pódcast o utilizar un canal en YouTube. Aunque hoy en día recomiendo tener evidencia digital en texto, audio y video, entiendo que quieras comenzar despacio, por eso te recomiendo empezar con el formato que más disfrutas como consumidor y seguidor de otras marcas y empresas.

- Si no escuchas pódcasts, no lances uno.
- Si no te gusta ver videos, no grabes ninguno.
- Si no te gusta leer, no escribas.

Utiliza un método que comunique lo que disfrutas, porque así será más fácil atinar desde el comienzo. Yo lancé mi pódcast hasta que comencé a consumir de forma habitual otros pódcasts. Me percaté de que disfrutaba los que eran breves, me sentía estimulada en las mañanas cuando escuchaba varios capítulos cortos sin tener que esperar una semana para terminar un episodio (como a veces me pasa con los pódcasts largos).

Por esta razón, uno de mis pódcasts, llamado «Vende más con Vilma», contiene cápsulas de entre cuatro y siete minutos, y en otro, «El éxito es contagioso», el episodio de entrevista más largo que tengo es de 30 minutos. Me gusta ser directa y no dar rodeos, y por ello prefiero hacer más episodios cortos que menos largos. Mi pódcast es un reflejo de mis gustos, y ya acumulo millones de escuchas. Aunque existen muchas plataformas para crearlos, yo utilizo la oficial de Spotify.

Abandoné mi canal de YouTube, dejé de crear contenido original para esa plataforma. Me limité, entonces, solo a entrenamientos gratuitos, lo que me permite adiestrar gratis, en tan solo siete días, a cientos de miles de personas gracias a la comunidad que tengo y la gran inversión de publicidad que suelo hacer. Una vez al mes hacía un gran entrenamiento a la vez que mantenía mi canal activo, porque semanas después mi equipo extraía videos cortos de cada uno de esos entrenamientos y esto, aunque lentamente, hizo que aumentaran mis suscriptores.

Para volver a enamorarme de la creación de contenidos para YouTube, estudié durante 18 meses videos de otros canales, en especial los relacionados con el desarrollo personal. Me percaté de dos cosas: 1) nunca elijo videos que duren más de 20 minutos y 2) en la mayoría de las ocasiones los escucho a velocidad 1.5. Esto me persuadió de que tendría que hablar con mucha claridad por si alguien también me escucha a mí en 1.5 de velocidad y de que mis videos tampoco deben superar esa duración.

Así fue como volví a mi estudio a grabar videos para YouTube, esperando ver un crecimiento más acelerado. Te diré un secreto: crear contenido exclusivo para cada red social de forma constante nunca falla. Te lo garantizo, llevo muchos años en esto. Reciclar es una necesidad y ayuda muchísimo, pero cada red social tiene sus propios algoritmos y diferentes preferencias de los internautas.

Tendré paciencia, cambiaré formatos, técnicas y mensajes hasta que atine y comience a ver un mayor crecimiento. La paciencia es una virtud escasa, más cuando se trata de temas digitales, ya que seguro tú, igual que yo, esperamos inmediatez. Solo te pido que recuerdes que los youtubers que hoy gozan de millones de suscriptores comenzaron con cero, como tú y como yo.

Tener un blog, un pódcast y un canal de YouTube es la trilogía de comunicación perfecta para una **marca personal**. Aun así, nunca olvides que tu página web es el gran epicentro de tu marca. Podrás tener muchos seguidores en una de las redes sociales, pero tu web es el recurso digital que te permite controlar lo que dicen de ti; es tu Wikipedia, una fuente oficial para comunicar y resaltar lo que te posicione mejor. Siempre recomiendo comenzar con una página que incluya los elementos esenciales, como tu historia y biografía, las soluciones que vendes, tus canales digitales, las pruebas de credibilidad y prestigio como testimonios o menciones, los logos de las empresas con las que has colaborado o de los medios de comunicación donde te han mencionado.

Para concluir con este tema, te invito a crear una carpeta digital con estos recursos importantes; te aseguro que le darás uso antes de lo que te imaginas. Crea tu documento de testimonios y actualízalo, como mínimo, una vez al mes. Desarrolla una propuesta estándar para las principales cinco soluciones que vendes, sin personalizarla. Asimismo, crea un dossier bien estructurado, que solo se enfoque en una de tus profesiones. Si eres conferencista, profesor académico, autor y consultor como yo, necesitarás cuatro distintos.

Ahora mismo me encuentro haciendo un dossier adicional sobre este nuevo proyecto de mi marca personal que tienes en tus manos. Es tan grande lo que puedo construir a raíz de este libro que en los próximos meses estaré actualizando un documento que recopile los servicios y las soluciones relacionadas con él. Como siempre, utilizaré la misma estructura: una introducción con datos estadísticos y testimonios que resalten la importancia de lo que vendemos. Además, incluiré datos sobre mi trayectoria, fusionando historia y biografía. Después desglosaré cada solución que vendo junto a sus condiciones. Y, por último, compartiré el mayor número de testimonios que respalden mi trabajo, desde logos de medios de comunicación hasta testimonios de grandes líderes de opinión y compañías.

Ahora que conoces y entiendes estos cimientos, voy a ahondar en la estrategia y la metodología de las Relaciones Públicas Digitales, dos elementos que han permitido que todos mis alumnos y clientes vendan más y tengan éxito, sin tener que invertir en publicidad o salir a buscar clientes.

La nueva forma de vender es *documentar*, sobre todo si eres una marca personal

Para muchos, los grandes influencers en redes sociales viven de sus fotografías perfectas o de atreverse a decir y hacer lo que muchos temen, pero, en realidad, su influencia va mucho más allá de eso.

Con sus contenidos, los influencers han construido una comunidad a la que entretienen cada día del año. Como si de un *reality show* se tratara, comparten su día a día con sus seguidores. Muchas personas sienten que algunos de ellos se equivocan por exhibirse de esa manera y hacer lo que hacen, pero es todo lo contrario: lo que nosotros vemos en las redes sociales es lo que ellos quieren que veamos. En este caso, tú y yo, sin tener que ser influencers o celebridades, también podemos entretener a nuestros seguidores documentando nuestra «vida personal» y nuestra «vida profesional». Debo ponerlo entre comillas porque, como ya te mencioné, eres el único guionista y protagonista de tu vida, por ende, puedes documentar y compartir lo que quieras sobre ti sin sentirte incómodo o pensar que estás compartiendo de más. Te reitero: tu vida y tu carrera son mucho más interesantes de lo que te imaginas, y me lo acaba de recordar Yessica, una chica encantadora que me ha traído mi *espresso* doble a la terraza del hotel donde me gusta venir a escribir.

Ella, con cariño y vergüenza, me preguntó si era una influencer, porque ayer estaba haciendo un encuentro en vivo por Instagram mientras tomaba mi café. Le respondí que no era la influencer que ella se imagina, pero que también influía a mi manera. Con una sonrisa tierna le expliqué a qué me dedico y utilizando un *pitch persuasivo* le dije que soy autora y educadora, y hasta la invité a seguirme en redes sociales. Los CEO, fundadores, emprendedores, ejecutivos y empresarios somos los nuevos influencers digitales, y nos basamos en metodologías como **Docuselling** para presumir con humildad, posicionarnos como una autoridad y vender sutilmente.

Siempre he aplicado este método, solo que en mis inicios ignoraba que se convertiría en una estrategia para maximizar mi visibilidad, impacto y, sobre todo, mis ventas. Cuando eres una hormiga en tu industria (al menos así me sentía yo cuando comencé), cualquier nuevo hito conseguido te parece increíble y esto es algo que yo creo que deberíamos mantener aun cuando hayamos alcanzado cimas más altas.

Recuerdo celebrar con mucha emoción mis primeras 1000 visitas en un solo día en mi blog y los primeros 10 000 seguidores en Facebook, y así sucesivamente. Me la pasé documentando mi progreso y adivina qué pasó: yo, la que creía que no sabía vender, ahora vendía con solo documentar mi evolución. Las personas me pedían todo el tiempo información de productos y servicios que yo no ofrecía en ese momento porque mi marca personal era un *hobby* todavía.

Si cada semana tus clientes y tú obtienen resultados increíbles, cumplen sus objetivos y hasta logran nuevos hitos, ¿por qué no lo «gritas a los cuatro vientos» por todos tus canales digitales? Si lo haces, estarías utilizando mi metodología Docuselling, la misma que enseño a equipos corporativos y emprendedores por todo el mundo, y donde yo misma soy el ejemplo como primer caso de éxito.

En diciembre de 2023, escribí desde cero y sin ninguna estructura o experiencia previa una propuesta como autora para el grupo Planeta. Días después me fui de vacaciones. No paré de soñar con la aprobación de esa propuesta y hasta me hice una foto de visualización en una librería famosa en la Gran Vía en Madrid para ver mis libros ahí. Verás, yo no presenté un solo libro, sino dos. En esta propuesta compartí pantallazos reales en los que mis seguidores me pedían un libro adicional sobre mentalidad y abundancia, y mi kit de prensa con todos mis números hasta el 14 de diciembre de 2023. Cuando finalmente llegamos a un acuerdo por ambos libros y firmamos el contrato, me dispuse a aplicar mi metodología Docuselling con un encuentro en vivo en Instagram y fotografías en mis redes sociales celebrando el logro. Encargué a una gran repostera un bizcocho con dos libros y, junto a mi equipo y mi familia, celebré uno de los mayores hitos de mi carrera. El resultado fue increíble: mis seguidores celebraron conmigo este gran logro. Asimismo, esta experiencia me permitió reconocer mi progreso, agradecer y prometerme ser la mejor autora para mis lectores.

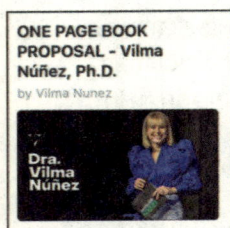

Propuesta
Ley de la acción

Foto
Ley de la visualización

Anuncio oficial
Ley de la celebración

Docuselling es un término que combina dos acciones poderosas: la documentación (*docu*) y las ventas (*selling*), que te permiten presumir de tus logros, hitos, avances y progresos con humildad. Gracias a Docuselling he conseguido que tanto mis clientes como yo disfrutemos del proceso de creación de contenidos en lugar de asumirlo como una gran carga u obligación, entre otras razones, porque provoca una respuesta inmediata.

Tú y yo somos clientes de un sinfín de marcas personales y comerciales y utilizamos las redes sociales. Así que créeme que tus clientes, igual que tú y que yo, invierten horas cada semana en las redes sociales, el centro comercial más concurrido del mundo hoy en día. Me encanta decirlo: cada publicación que lanzas es como una vitrina que verán decenas, cientos, miles y hasta millones de personas.

Piénsalo: si tus potenciales clientes no saben qué haces ni cuáles son los productos o servicios que vendes o cómo puedes servirles, te resultará imposible cerrar ventas. Necesitas, por tanto, apalancarte en esta metodología para dejarle claro a tu audiencia que puedes satisfacer sus deseos o expectativas, e incluso que puedes ayudarle a cumplir sus sueños.

Por si fuera poco, la documentación de todos tus avances, de tus trabajos y metas conquistadas causará un impacto muy positivo en tu posicionamiento. Que no te queden dudas: **a mayor documentación, mayor será el posicionamiento de tu marca en la mente de tus consumidores.**

Con Docuselling aprendes a vender sin decir «cómprame». Los días en los que incitabas con exhortaciones como *cómprame* o *adquiérelo ahora mismo* quedaron en el pasado. Esta metodología te va a ayudar a vender todos los días sin ser agresivo.

Sin Docuselling	Con Docuselling
• ¡Atención, emprendedores! • ¿Quieres posicionarte como una autoridad y vender servicios *high-ticket* todos los días del año? • Con mi curso de marca personal en menos de 30 días conseguirás nuevos clientes 100% gratis. • Escríbeme y te mando una oferta única.	Celebrando los hitos de mis alumnos de marca personal esta semana: • Cerraron ventas por un total de 23 500 dólares. • Laura cerró un acuerdo con una empresa multinacional por mensajes privados de Instagram. • Martín consiguió 400 *leads* gratis para su webinario.

Vender de forma persuasiva como en el primer ejemplo funciona y seguirá funcionando, pero no puedes abusar de esta técnica para generar clientes. Mi recomendación es que alternes entre los mensajes persuasivos de ventas y mi metodología Docuselling. En el segundo ejemplo, donde utilizo casos ficticios a modo educativo, destaqué hitos de supuestos alumnos para generar el deseo en otros. Opté por no poner un enlace ni una llamada a la acción para fomentar respuestas y comentarios, y comenzar una conversión. En ocasiones, este pequeño truco genera aún más deseo.

Cuando se trata de vender, es mejor demostrar que hablar. Cualquier persona o empresa puede presumir de ser la mejor, pero pocas podrían demostrar que en realidad lo son. Cuando se trata de Docuselling, una única publicación es capaz de vender, pero ¿por

qué limitarte si puedes multiplicar el número de personas impacta-
das y de ventas con varios contenidos?

Nunca deberías decir que eres la o el mejor, eso es egocéntrico,
todo lo opuesto a la humildad. Opta, en su lugar, por demostrarlo y
deja que sean otros los que hablen bien de ti. Cuando se trata de
ventas para marcas personales, los resultados son tu mejor carta
de presentación y campaña de promoción. Primero, comparte de
forma habitual tus hitos por pequeños que sean; segundo, no te limites a la hora de compartir testimonios, habla con frecuencia de
los resultados de tus clientes y presúmelos con entusiasmo en tus
plataformas.

Venta egocéntrica	Venta con Docuselling
Soy la mejor consultora de marketing y negocios para tu emprendimiento. Si quieres que te enseñe a vender como yo, envíame un mensaje privado.	**Publicación en la mañana** Preparándome para una consultoría con un cliente de tiendas online, en la que vamos a diseñar su plan de crecimiento para los próximos meses. **Publicación en la noche** El cliente me dijo que había sido la mejor inversión porque, finalmente, tiene claro hacia dónde enfocar sus refuerzos y nuevas estrategias de ventas. Esta es la mejor recompensa como consultora. **Publicación siete días después** ¿Recuerdan a mi cliente de tiendas online de la semana pasada? Aplicó una de las estrategias que diseñamos y consiguió 12 000 dólares adicionales en su facturación del mes. Amo tener clientes que sí toman acción.

Quizá pienses que no tendrás tiempo para hacer este trabajo, pero
yo te pregunto: ¿qué es más importante que vender soluciones reales a clientes reales? Tienes a tu alcance herramientas gratuitas que
tan solo requieren de 30 a 45 minutos al día. Los emprendedores en
mis consultorías siempre se quejan de falta de tiempo. Por expe-

riencia te digo esto: no es falta de tiempo, es falta de prioridades y planificación. Si no tienes tiempo para vender, hay un problema en cómo te organizas y aplicas tu liderazgo.

En el capítulo anterior hablamos de ultraproductividad. Si todavía no has creado tu agenda semanal, quizás este es un buen momento para que incluyas cada día la prioridad de venderte, con o sin Docuselling. Yo descubrí que los 30 minutos previos a mi almuerzo son el momento perfecto para conversar con potenciales clientes. A través de los mensajes privados de mis redes sociales les envío audios y textos que me ayudan a comenzar relaciones y cerrar negocios. Al fin y al cabo, como **marca personal,** necesitas crear relaciones duraderas para vender distintas soluciones a un mismo cliente.

Yo tengo clientes que compran todo lo que lanzo, al igual que yo compro todo lo que mis mentores ofrecen. Recuerdo a uno de ellos que tuve en mis inicios, Ryan Deiss, que en un mastermind habló de una formación y dijo claramente (entre risas) que no la iba a regalar, que debíamos comprarla. Ese día me dio una gran lección y, aunque ya le pagaba decenas de miles de dólares al año, le pagué otros miles por esa membresía. Él tenía razón, nos hemos acostumbrado a querer que todo sea gratis o rematado de precio, incluso lo hemos convertido en hábito. Invertir en tus mentores y colegas es una forma de respeto y admiración. ¿Por qué pedir cosas gratis cuando las puedes pagar?, ¿por qué mendigar cosas a personas que admiras en vez de apoyarlas?, ¿para qué pedir favores que luego te pueden cobrar?

Le temo particularmente a este tercer punto, siempre prefiero pagar antes que hacer un intercambio o deber un favor. Los favores se pagan siempre con intereses. Acostumbrarte a pagar e invertir de buena gana, sin comentarios negativos, es un gran entrenamiento para tu mentalidad de abundancia, crecimiento y para mejorar tu relación con el dinero. No te imaginas lo abundante que me siento cuando puedo pagar por lo que quiero y necesito; me recuerdo que gracias a mi éxito puedo gastar el dinero que genero con mi talento; gasto desde el agradecimiento y sin arrepentimiento. Si amas que te contraten, no les pidas a otros que te regalen su talento, hónralos contratándolos.

¿Qué opinas de todo esto que te he compartido? Quizás esta sea una buena oportunidad para que documentes todo lo que has leído y disfrutado en este libro y comiences a practicar el método Docuselling: Compartir lo que lees te posiciona como un líder sabio y curioso y como un aprendiz eterno. También puedes hacerlo con distintos métodos, todo depende de cuál sea el mensaje final que quieres dejar. No se trata solo de hacerme promoción, aunque confieso que me ayuda muchísimo cualquier tipo de difusión, pues los autores nos debemos a las recomendaciones de nuestros lectores. El objetivo es posicionarte (y de paso posicionarme) mejor.

Permíteme sugerirte algunas ideas para promocionar lo que lees:

- Resalta con marcador una frase o reflexión y súbela junto con un mensaje tuyo, y nunca promociones nada ni a nadie sin dar el crédito correspondiente. Quiero ayudarte a posicionarte como el gran líder sabio que eres.
- Sube unas fotografías con algunas de las notas que estás tomando, no hay nada mejor para tu posicionamiento que vean que la lectura con propósito es una prioridad para ti.
- Si opinas como yo, en este caso reafirma tus opiniones y aprovecha la oportunidad para generar un debate sano.
- Si he dicho algo que está relacionado con tus servicios, aprovecha la oportunidad para conseguir citas, reuniones o ventas.
- Justifica por qué otros deberían leer este libro, así de nuevo expones tus opiniones y tu posición.
- Crea un contenido en audio o video donde compartes tus mayores aprendizajes.
- Aprovecha alguna reflexión, ejercicio o frase de este libro para hacer preguntas a tu audiencia y conseguir información de valor de cara a trabajar tu plan de contenidos.

Como Docuselling es una metodología que puedes aplicar cada día en tus canales digitales, quiero compartirte las cuatro fases que utilizamos para documentar un día de trabajo o una experiencia, en mi caso cuando trabajo con clientes o imparto conferencias.

Metodología Docuselling

Por Vilma Nuñez, Ph. D.

EXPECTATIVA	DURANTE *detrás de cámara*

POST	POST DEL POST

1. Expectativa

La generación de expectativa es la primera fase de esta metodología. Tus prospectos (clientes potenciales) y clientes deben estar expectantes en torno a lo que vendes, ofreces o generas. Tu emoción e ilusión es contagiosa.

Imaginemos que vendes cursos digitales sobre emprendimiento y que tienes pensado grabar nuevos contenidos gratuitos de alto valor e impacto para tu comunidad. En este caso, puedes generar expectativa en tu audiencia con este tipo de mensajes:

> «Día de grabación. Estoy creando una nueva ronda de webinarios y clases gratuitas que les ayudarán a impulsar el crecimiento de sus proyectos con los recursos que ya tienen en sus manos ahora mismo».

Con este tipo de publicaciones no solo documentas y fomentas la preventa, también aprovechas para interactuar y preguntarle a tu audiencia qué necesita en realidad. Muchas de las cosas aquí mencionadas se deben a que mis seguidores me ayudaron con sus ideas.

Ahora veamos otro ejemplo: supongamos que eres un *wedding planner* bien posicionado en tu mercado local (México) y estás considerando expandir tus operaciones a escala internacional. Lo ideal es que empieces a generar curiosidad y expectativa a través de tus redes sociales con la metodología Docuselling acerca de las locaciones clave, es decir, tus principales perspectivas internacionales.

Podrías compartir historias, publicaciones y contenidos verticales para impulsar este tipo de mensajes:

> «En pocas semanas cumpliré un sueño que será posible gracias a la gran comunidad que me apoya en Argentina y República Dominicana. En solo días podríamos empezar a planear tu boda de ensueño ahí... No puedo esperar para ser tu cómplice durante la planeación de uno de los eventos más importantes y especiales de tu vida».

2. Durante (detrás de cámara)

Una vez que hayas generado expectativa, deberás avanzar a la siguiente fase de la metodología Docuselling, la que he bautizado como «el detrás de cámara». Consiste en documentar el *behind the scenes* de tu agenda, planes, acciones, eventos o ventas. Eso significa que, mientras participas en un evento o una experiencia nueva, compartes algunos momentos especiales en tus redes.

Retomemos el ejemplo del *wedding planner*. Este profesional debe documentar toda la puesta en marcha de las bodas que organiza y planifica, desde la decoración o el *catering* hasta la animación musical, la logística y todos los servicios que ofrece dentro de su paquete de planificación de enlaces matrimoniales.

Recuerda que tus clientes necesitan saber, claramente, qué haces, qué ofreces y cómo puedes ayudarlos. Asegúrate de utilizar ese material para compartir contenidos en tus redes sociales. Debes crear carruseles (o *reels*) comparativos de antes y después e historias que te permitan presumir con humildad. No olvides que esa es la nueva forma de vender.

A mi juicio, esta es la fase más importante del Docuselling, porque así tus clientes y prospectos te verán en acción.

3. Post Docuselling

La tercera fase de la metodología es muy reflexiva. Su propósito es claro: enlazar tus hitos profesionales con una reflexión activa, es decir, una que motive a otros a pasar a la acción y entender que nada es imposible.

Esa concatenación de logros con reflexiones puede convertirse en un gran imán para las ventas. Tras documentar el *sold out* de mi conferencia en Argentina, con la que pude educar a más de 800 personas, logré que dos prospectos pasaran a la acción y me contrataran como speaker. También pude llenar otro evento que tenía previsto días después en Chile, reuniendo a otras 800 personas. ¡El éxito atrae al éxito!

En esta fase, el formato visual del antes y el después nunca falla. Como seres humanos, nos complace ver cómo mejoran otros y, por supuesto, cómo mejoramos nosotros. ¿Cuántas veces no te has entretenido disfrutando los contenidos del antes y después? Yo admito que me parece fascinante ver el progreso y las transformaciones de organizaciones, lugares, cosas y personas.

Esta fase de la metodología Docuselling no está diseñada para sacar a relucir el egocentrismo, sino para documentar tus acciones y progresos con un profundo espíritu reflexivo.

4. El post del post

La fase del cierre lleva por nombre «el *post* del *post*» y su función es volver a generar conversación sobre tus hitos y progresos después de pasado un tiempo. Volveré al ejemplo del *wedding planner* para contextualizar mejor esta información.

Durante esta fase final de la metodología Docuselling, puedes compartir un video recopilatorio con las bodas más especiales que has organizado en los últimos dos meses, junto a un mensaje como este:

«Recuerdo las bodas soñadas que organizamos en Argentina y República Dominicana hace apenas unas semanas. Me sentí muy honrado por ser cómplice de los novios que depositaron su confianza en mí, en mi equipo y en nuestra experiencia para lograr estos eventos tan emotivos y especiales para todos. Si tú eres uno de ellos, por favor, déjame un comentario, me encantaría reconectar para revivir juntos ese mágico momento».

Otro de mis métodos favoritos para el *post* del *post* consiste en hacer una recopilación, listado o carrusel con los hitos del pasado. De esta forma reafirmo mi *expertise* y resalto que tengo muchos proyectos y clientes. Lo aplico con regularidad en mis variantes de conferencista y educadora digital.

Uno de los días en que apliqué con más éxito Docuselling fue cuando estuve con John Maxwell, uno de mis mentores, en Paraguay. Vamos a ver cómo apliqué mi metodología mientras disfrutaba uno de los mejores días de mi vida, algo que sucede cuando compartes con líderes transformadores como Maxwell.

PRIMERA FASE: LA EXPECTATIVA ES IGUAL DE IMPORTANTE QUE EL DURANTE

La expectativa ocurre meses o semanas antes. Como siempre, comparto con emoción e ilusión los países y eventos en los que participaré, al igual que los resultados que obtengo. Estas publicaciones no son únicamente para vender entradas, son una forma de venderme mientras documento. El hecho de participar en un evento con una referencia como John Maxwell eleva mi posicionamiento.

EXPECTATIVA

SEGUNDA FASE: EL DURANTE, ESE DETRÁS DE CÁMARA AL ESTILO *REALITY SHOW*

No tienes que ser una celebridad para documentar lo que estás viendo, como se lo expliqué a John Maxwell ese día. Yo no uso mis redes sociales para compartir fotos de lo que voy a comer, yo las uso para ayudar, influir, vender y recordarme mi progreso. Compartí con mi comunidad varios momentos especiales para mí durante ese día y los comentarios se multiplicaron.

DURANTE

TERCERA FASE: EL *POST*, LAS PRIMERAS REFLEXIONES, OPINIONES Y CONCLUSIONES

Cada vez que termino un evento pido las mejores fotografías para documentar lo que acabo de experimentar. Esta publicación tiene que ser estratégica, porque siempre comparto la cifra de asistentes a los eventos, tanto en las fotografías como en el texto. Luego sigo narrando mi experiencia y agradezco siempre a los organizadores o productores.

POST

▶ CUARTA FASE: REVIVE EL RECUERDO Y SÍGUETE VENDIENDO

Como Docuselling es presumir con humildad, en la cuarta fase revivo una experiencia pasada. Puedes hacerlo al día siguiente, semanas o meses después. No hay límites. Cuando te mencioné que documentaras todo tu progreso con fotografías, es porque necesitarás recuerdos fotográficos y audiovisuales para tu estrategia de *marketing* y posicionamiento: Docuselling. Una buena foto o un buen video, acompañados de un texto persuasivo, nunca te fallarán.

POST DEL POST

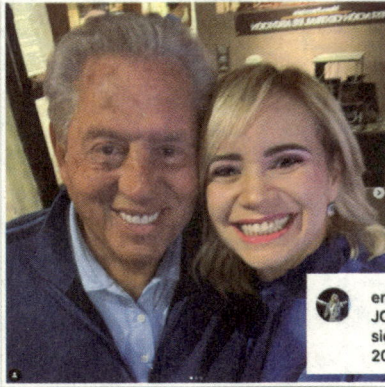

No necesitas ser un conferencista para tener un día Docuselling, lo puedes hacer siempre, aunque sea con una o dos de las fases. Por ejemplo, cuando tengo clientes de consultoría, comparto siempre la expectativa de cómo me preparo y, a veces, una reflexión.

Para concluir con esta increíble estrategia y metodología he diseñado unas últimas recomendaciones que garantizan resultados inmediatos:

1. Documenta todo lo que haces y vende de forma indirecta. Si tienes que poner una alerta en tu móvil o un evento en tu calendario, hazlo. Crea ese hábito.

2. Utiliza datos propios para generar más confianza y credibilidad en tu audiencia. Siempre que puedas, incluye cifras. Yo hasta las destaco en otro color.

3. La prueba social te permite presumir con humildad e incitar nuevas ventas. Testimonios, pantallazos de felicitaciones o hitos deben ser parte de tus contenidos.

4. Mientras documentas, siempre intenta proponer soluciones que pudieran comprarse. Es decir, asocia tu progreso, hitos y logros a soluciones que comercializas.

5. Aprovecha cada publicación de Docuselling para incentivar las conversaciones, obtener retroalimentación y saber qué necesitan tus clientes.

6. Haz peticiones en tus publicaciones de Docuselling. Siempre que promociono o vendo un producto, les pido a antiguos clientes que compartan su testimonio. ¡No seas tacaño ni para pedir!

7. Refuerza el posicionamiento de tu marca personal o comercial con el *contenido generado por el usuario* (UGC, por sus siglas en inglés), que consiste en volver a publicar el contenido que generaron otras personas en internet. Por ejemplo, si das una conferencia en un evento, muchos subirán fotos tuyas junto a tus principales mensajes; asegúrate de subirlo todo en tus redes sociales. Nadie promociona o comparte lo que no impresiona, pero si fuiste impresionante, presume de ello.

8. Para que Docuselling tenga éxito, no puedes limitarte a compartir solo lo que has conseguido, también es importante

compartir cómo lo conseguiste. Recuerdo cuando en nuestras oficinas en Miami tuvimos el honor de entrenar al equipo de John Maxwell en ventas digitales y marketing en español. En esa ocasión subí un video en Instagram con varias tomas increíbles y aproveché la descripción para compartir tanto las herramientas que utilizamos como lo que hicimos con ellas.

Esta publicación estaba dirigida a dos audiencias: por un lado, a emprendedores y líderes que pudieran contratar este servicio en el futuro, y, por otro, a consultores y coaches con el fin de motivarlos a ofrecer algo parecido a sus clientes para generar más ingresos.

Por cierto, con la intención de que esboces una sonrisa mientras me lees y con el fin educativo que tiene este libro, reconozco que acabo de escribir un párrafo puro Docuselling (jeje). Algunos amigos y familiares me dicen en broma que siempre estoy vendiendo, y yo les respondo: «Cómo no hacerlo si amo mi trabajo y estoy orgullosa de mi profesión. Y, sobre todo, lo hago porque vender me ayuda a vivir».

¡Siempre he creído que es mejor que te hagan bromas relacionadas con aquello a lo que te dedicas y vendes que sobre el desconocimiento de cómo te ganas la vida!

Quiero pedirte un favor especial. Si tu misión y propósito es impulsar a emprendedores, como es mi caso, enseña esta metodología a otros. No te la guardes para ti, los buenos somos más, y juntos podemos poner de moda esta nueva forma de vender más real, auténtica, cercana y efectiva.

> Véndete bien y demuestra que eres la mejor opción: estrategias de marketing y ventas para promocionar tu marca personal y monetizar tu pasión.

Marketing para el ego
o marketing para tu legado

¿Qué quieres conseguir con el marketing de tu marca personal: alimentar tu ego o trabajar por y para tu legado?

Yo te propongo que en vez de alimentar tu ego y caer en la trampa del egocentrismo, inviertas en tu progreso cuestionándote cada día: **¿cómo puedo mejorar mi vida mientras ayudo a otros?**

Esto es lo que hace un buen marketing. Por eso yo no sufro al hacer marketing, soy consciente de que mis esfuerzos cambiarán mi vida y la de otras personas de forma simultánea. ¿Te gustaría conocer las estrategias que mayor impulso le han dado a mi marca personal mientras potenciaban mi facturación?

Aunque ya le dedicamos el espacio necesario a la metodología número uno de promoción para marcas personales, Docuselling, no podía terminar esta sección sin compartirte otras estrategias complementarias. No quiero que pretendas implementarlas todas mañana mismo, comienza con las que más encajan con tu marca personal y, poco a poco, añade nuevas. Durante semanas analicé mis métricas y la facturación de los últimos cinco años para resumir las estrategias de marketing más efectivas y darte lo más relevante.

La primera que te compartiré es el secreto de las mayores marcas personales, y luego proseguiré con otras como el plan de contenidos invencible, donde te describo los formatos que llevan años funcionando. Todas estas estrategias funcionan tanto para marcas personales como para marcas comerciales. Si eres como yo y tienes una marca personal y otras comerciales, aprovecha para mejorar tu plan de marketing actual.

Todas y cada una de las estrategias que te compartiré las llevo implementando con éxito desde hace años, y son las que enseño en mis academias y las que trabajo con mis clientes de mentorías y consultorías. Ya he validado por ti lo que funciona, pero tengo que avisarte que no todas estas estrategias te funcionarán igual que a mí. Mi recomendación es que adaptes cada estrategia a tu marca personal, a tu personalidad y a tu modelo de negocios. Eso es lo que he hecho con lo que aprendo de mis mentores, guías y terapeutas; ellos me trazan un mapa que yo siempre mejoro y adapto. En pocas palabras, aduéñate de estas estrategias y hazlas tuyas para conseguir el mayor éxito.

Si me lo permites, me encantaría sugerirte y advertirte algo. Aunque llevamos tiempo entrenando en inteligencia artificial y marketing, te confieso que por más tiempo que nos ahorre la IA, no es aconsejable seguir al 100% las recomendaciones que nos ofrece con nuestras marcas personales. En este momento, veo a la IA como un gran asistente que termina lo que comenzamos o que mejora lo que ya hemos creado para mantener nuestra autenticidad y originalidad.

Si necesitas nuevas ideas para tu plan de contenidos invencible (lo que veremos en las próximas páginas), suminístrale a una plataforma como ChatGPT los contenidos más exitosos que has tenido y pídele que te genere nuevas ideas; de esta forma tendrás recomendaciones adaptadas a ti. Asimismo, aprovecha para darle contexto sobre quién eres y qué objetivos tienes con tu posicionamiento digital, te sorprenderás con los resultados. Así es como me gusta usar la IA, como apoyo para terminar lo que ya comencé. Otro uso que le doy que me saca de muchos apuros consiste en pedirle mejoras a algunos textos, correos y conversaciones de ventas. Ya he creado algo de base y ahora busco una mejora para obtener óptimos resultados. Nuevamente, así mantengo mi originalidad y no pierdo el hábito de pensar, idear y crear. Jamás querrás perder tu hábito creador, solo así podrás innovar de forma constante y resolver los desafíos que se te presenten.

Estrategia: crea comunidad y échate a dormir

¿Te resulta familiar el refrán «Crea fama y échate a dormir»? Cuando se trata de marcas personales la fama es insignificante porque puede ser efímera y corremos el riesgo de pasar al olvido como cualquier moda pasajera.

- ¿Cuántos líderes seguías que ya no comunican?
- ¿Cuántos emprendedores famosos ya no están en los medios?

No jugaron el juego a largo plazo, confiaron en que la fama sería para siempre y confundieron el objetivo. No se trata de llegar a la cima, sino de mantenerse en ella.

La fórmula infalible que utilizan las más grandes y duraderas marcas personales es crear, cuidar y hacer crecer una comunidad. Para marcas personales, la comunidad se refiere a un grupo de personas que siguen a un líder por sus valores e intereses.

Yo pensé que las comunidades eran solo para personas muy famosas, pero la vida tenía algo distinto planeado para mí, y en 2013 pasó algo que cambió el rumbo de mi marca personal.

A pesar de las inseguridades que me acompañaban en aquella época, fui valiente y me atreví a crear una campaña con quienes estaban suscritos a mi *newsletter* y con las visitas de mi blog para intentar quedar finalista en los premios Bitácoras, que galardonaban a los mejores blogs en distintas categorías. Por supuesto, me inscribí en mi categoría, Social Media, y aunque quedé como primera finalista, no gané.

Cuando vi ganar a mis amigos sentí, por una parte, felicidad por ellos y, al mismo tiempo, el sabor más agridulce del mundo. Ahí estaba yo con la gente que fue para apoyarme, después de pasar una tarde en la peluquería, y había perdido. Mis amigos ganaron muy merecidamente, siempre supe que al participar con ellos la competencia estaría reñida, y en cuestión de segundos la tristeza me anegó. Intenté contenerme y fingir para no hacer el ridículo y salir disparada al baño a llorar, y entonces pasó algo que no esperaba ni en mis sueños más locos...

Faltaba la última categoría, la que ellos consideraban el mayor premio, y anuncian que el ganador al Premio Mejor Blog del Público era... el blog de Vilma Núñez. Me quedé en *shock*, tuve que ver bien la pantalla para confirmar si no había sido un error, y subí llorando a recoger mi premio.

¿Cómo rayos había conseguido una dominicana, inmigrante en España, ganar un premio español con el mayor número de votos entre 26 406 blogs y 258 140 votaciones?

Creo que fue ese día de 2013 cuando más lloré (de felicidad y agradecimiento, por supuesto). Ese día, muchas de mis inseguridades comenzaron a desvanecerse y me percaté de que no tenía un blog, sino una comunidad. Y esta me había hecho ganar frente a otros blogs y youtubers con muchos más suscriptores y visitas web.

Ese día tomé la decisión de potenciar mucho más mi comunidad y comenzar a monetizar mi pasión de forma oficial.

¿Qué tienen en común Jimmy Fallon, Oprah Winfrey, Joe Dispenza, Tony Robbins, John Maxwell y muchas otras marcas personales? Que todos, sin excepción, deben su fama, negocios y posicionamiento vigente a su comunidad. ¿Qué tienen en común los emprendedores en YouTube y Twitch con millones de seguidores como Ibai Llanos y Jimmy Donaldson (conocido como Mr. Beast)? ¡Una comunidad! Pasaron de creadores de contenidos a emprendedores en serie. El caso de Mr. Beast realmente merece un estudio profundo. En entrevistas ha confesado que invierte millones de dólares al mes para crear contenidos, mientras dona otros tantos a personas y causas. Como *marketer* lo considero uno de los más grandes de la historia. Es impresionante ver cómo, mientras crea los videos más entretenidos para cualquier edad, incluye sus productos para venderlos con una publicidad sublime y creativa.

Por eso, mi deseo para ti es que tengas una comunidad que te siga desde tus inicios. Yo tengo seguidores desde que comencé con mi marca personal y otros nuevos que empezaron a seguirme en este instante. Cada día mejoro mis contenidos gratuitos para que mi mensaje llegue a los rincones más fascinantes del mundo. Saber que me leen y consumen inmigrantes hispanos en África y Asia me recuerda que para una marca personal influyente las fronteras no existen.

Gracias a mi constancia en los últimos años, he aumentado mi impacto y mejorado mi posicionamiento en España, Centroamérica, Sudamérica y la comunidad hispana en Estados Unidos. No es habitual tener una comunidad en varios continentes, pero, créeme, trabajo cada día para expandirme y mi comunidad es mi cómplice, hasta en esta misión. Son ellos, los miembros de mi comunidad, los que comparten mis contenidos en sus redes y me permiten ir sumando cada día más personas. Son ellos los que, sin esperar una retribución a cambio, aplican el boca a boca digital al compartir de forma desinteresada mis contenidos para ayudar a otras personas.

Oprah, Mr. Beast, Tony Robbins y tú y yo, sin importar el número de seguidores que tengamos, sufrimos el mismo problema: las limitaciones de los algoritmos que nos impiden llegar al total de nuestros seguidores cuando publicamos contenidos. Pero te diré algo: a pesar de ese techo, las comunidades son tan poderosas que están por encima de los algoritmos. El que tiene comunidad nada teme en redes sociales. Ningún algoritmo te separará jamás de tus seguidores reales. ¿Cuántas veces has dejado de ver contenidos de alguien relevante para ti y buscas su perfil? Porque tú eres parte de su comunidad, y de lo contrario estarías semanas o meses sin consumir sus contenidos.

Aunque admiro el trabajo de Mr. Beast y estoy suscrita a su canal de YouTube, no soy parte de su comunidad, nunca he participado en ninguna de sus actividades. Quiero hacer énfasis en esto, porque aunque sumo millones de seguidores entre mis plataformas y bases de datos, reconozco que no tengo siquiera un millón de personas en mi comunidad todavía. El total de suscriptores y seguidores no es sinónimo de comunidad; muchos de ellos no tienen ni tendrán una conexión mayor con tu marca, y no pasa nada.

Aunque las marcas comerciales no necesitan una comunidad para subsistir, tener comunidad ayuda con las ventas y el reconocimiento de marca, tan solo fíjate en empresas como Lego, Starbucks, Tesla o Apple.

Estrategia y metodología MIE: cómo ser una marca Masiva, Inclusiva y Exclusiva

Las mejores estrategias para nuestra marca suelen ser de negocio y marketing. Esto ocurre con mi metodología MIE, a través de la cual me posiciono como una marca Masiva, Inclusiva y Exclusiva. Con MIE puedo obtener una triple ganancia: ayudo, entretengo y educo gratis mientras aumento mi facturación y exposición. Son las masas, es decir, el gran volumen de personas que nos recomiendan, las que nos ayudarán a multiplicar nuestra influencia e impacto. Cuando te limitas a ser exclusivo, quizás cierras con 30 clientes al año, pero cuando eres inclusivo y exclusivo, cierras esos mismos 30 clientes al tiempo que vendes 500 copias de tu libro.

No conozco ninguna marca personal renombrada que venda solo soluciones de alto valor económico. Aunque sea un libro de entre 15 y 25 dólares, lo ofrecen para ayudar y convertirse en una marca personal inclusiva, sin dejar de vender sus soluciones exclusivas.

Tampoco conozco a ninguna marca personal reconocida que no sea masiva. Siempre ofrecen entrevistas, crean contenidos gratuitos y ayudan junto a sus equipos de forma gratuita. Cuando aplicas la primera fase de ser una marca personal masiva, tu reconocimiento de marca aumenta y tu reputación mejora. Es parte de lo que significa ser una marca personal invencible. Si ayudas desmesuradamente a otros, obtendrás siempre las mejores recompensas.

Lo mismo ocurre con las marcas comerciales. Las marcas de lujo ofrecen soluciones de cientos de dólares, a pesar de que la mayoría de sus ventas provienen de productos que rondan los miles de dólares. Antes de lanzar mi membresía para fundadores y CEO, subí todos mis precios de consultoría y cambié mi modelo de acompañamiento a un formato anual. Ya lo había validado y así podía trabajar con menos clientes individuales (solución exclusiva) mientras trabajaba con cientos en una membresía asequible e inclusiva.

Te muestro algunas referencias de soluciones masivas, inclusivas y exclusivas que puedes ofrecer a través de tu marca personal:

Soluciones masivas	Soluciones inclusivas	Soluciones exclusivas
Opiniones, reflexiones y frases	Un libro	Un servicio
Contenidos educativos	Un cuaderno de trabajo o plantilla	Una mentoría grupal
Contenidos de valor	Un curso	Un programa ejecutivo / certificación
Contenidos de entretenimiento	Una breve asesoría / mentoría / consultoría	Un servicio individual de consultoría / asesoría / mentoría
Regalos	Una membresía	Un mastermind

Existen plataformas digitales donde los CEO y fundadores de grandes softwares y empresas que admiramos ponen a disposición entre 15 y 30 minutos para ofrecer mentorías a un precio inclusivo. Algunos incluso donan íntegramente todos o un porcentaje de sus ingresos a fundaciones. Aunque es probable que no tengan un programa de asesoramiento que cueste decenas de miles de dólares, sí han decidido abrir algunos espacios en su agenda para vender minutos de sabiduría. Alexis Ohanian, el fundador de Reddit, el foro donde encuentras respuestas a cualquier duda profesional y existencial, te vende 15 minutos de sabiduría por cientos de dólares y dona el 100% de los ingresos. Es el fundador/inversor de

776 startups, entre ellas Clubhouse y HubSpot, imagínate el conocimiento que Alexis puede compartir contigo si tienes una startup.

Aunque creas que no es posible facturar muy bien con un modelo inclusivo, sí que lo es. Así fue mi modelo de negocio por años. Hoy en día fusiono lo exclusivo con lo inclusivo en cada empresa y sociedad que tengo, porque además de permitirme mejores ingresos, me ayuda a maximizar nuestra exposición y a generar un buen flujo de caja para mantener mis operaciones y nunca dejar de invertir.

¿Cómo visualizas tu estrategia MIE para tu marca personal?
(Masiva, Inclusiva y Exclusiva)

Estrategia: un cliente educado es un cliente con la chequera abierta

Si hay algo que nunca falla, es demostrar que eres bueno en lo que haces, que tienes múltiples talentos y que tu experiencia es real. Imagínate sumarle a esto tu deseo genuino de ayudar de forma gratuita y no siempre cobrar por tus conocimientos. A esto me refiero con mi famosa frase «Un cliente educado es un cliente con la chequera abierta». Desde 2011 educo gratis. He educado así a millones de personas y, aunque me encantaría, no acumulo ni un millón de clientes de pago todavía. Lo que sí tengo claro es que mientras más educo gratis, más clientes nuevos y recurrentes tendré.

Es probable que hayas llegado a este libro porque ya consumías de forma gratuita mis contenidos y que este sea el primer producto que compras de la marca Vilma. O puede que aún no me conocieras y alguien te habló de este libro y me buscaste en internet para ver mis perfiles y mis contenidos para así determinar si podías confiar en mí o si conectabas con quien soy y lo que ofrezco. Si no te expones en redes sociales, ¿cómo podrían tus clientes descubrirte y generar un vínculo de confianza contigo?

Esta exposición en redes sociales exprime tu cerebro, extrayendo conocimientos y experiencias para ponerlas al servicio de otros, un verdadero acto de generosidad y bondad. Te expondrás de forma valiente para ayudar a otros de manera desinteresada. Una vocación es aquello que harías hasta sin esperar una retribución económica, y siempre deberíamos querer educar gratis sin esperar una venta o elogio por ello. ¡Servir y ayudar a otros sin cobrar es un acto de grandeza!

Para elegir el tipo de contenido que debo publicar recurro a mi matriz preferida de valor y esfuerzo. No me gusta hablar de horas de trabajo o inversión económica, me gusta comparar rápidamente el valor y el esfuerzo de mis acciones.

Cuando de educar gratis se trata, siempre priorizo la ganancia rápida, es decir, cómo puedo dar el máximo valor con mi mínimo esfuerzo. Escribir este libro me ha tomado meses, por eso se comercializa y no lo regalo.

Toma mejores decisiones antes de crear tus contenidos con esta matriz

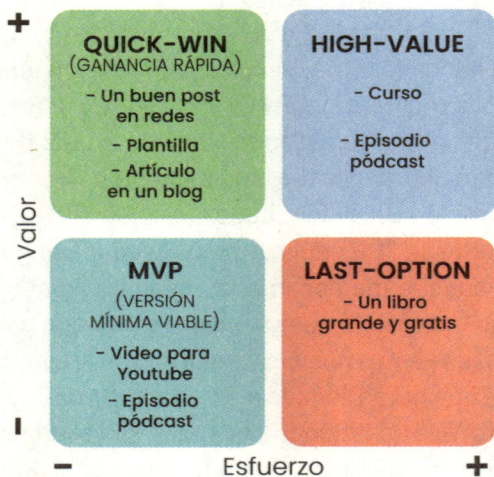

	+	
QUICK-WIN (GANANCIA RÁPIDA)		**HIGH-VALUE**
– Un buen post en redes		– Curso
– Plantilla		– Episodio pódcast
– Artículo en un blog		
Valor		
MVP (VERSIÓN MÍNIMA VIABLE)		**LAST-OPTION**
– Video para Youtube		– Un libro grande y gratis
– Episodio pódcast		
–	Esfuerzo	+

Amo educar gratis porque me obliga a superarme cuando vendo mis conocimientos a través de mis libros, formaciones, servicios, consultorías y alianzas, pero también porque me obliga a mantener-me actualizada. Aunque lo hago entre risas, hablo en serio cuando digo que en mi sector educativo me diferencio creando contenidos gratuitos que son mejores que los que ofrecen mis competidores a cambio de una tarifa. Primero, lo hago porque tú y yo, como con-sumidores, nos merecemos lo mejor, aun cuando no paguemos; y segundo, porque es muy fácil ganarte la confianza de los demás cuando, de forma gratuita, compartes sin miedo.

Ahora, si alguien se siente saciado con tus contenidos gratui-tos, ese no es el cliente que quieres. No necesitas clientes que no valoren lo que vendes. Suena crudo, pero es la verdad. No seas terco y deja de perseguirlos o insistir. Yo solo insisto y doy segui-miento a clientes que han mostrado interés y que entienden el va-lor de lo que comercializo. Cuando mis seguidores me manifiestan que con mis contenidos gratuitos es suficiente, les agradezco su honestidad y les mando un cálido saludo y abrazo. Y mientras, ha-blo con otros que sí quieren más y reconocen el valor de lo que ofrezco después de haberlos impresionado y ayudado con mi con-tenido gratuito.

Si quieres tener un balance entre ayudar, educar, venderte me-jor y vender soluciones, te comparto una fórmula fácil de implemen-tar y mantener. Y no te diré el cliché de 80% educar gratis y dejar el 20% restante para ventas. Comienza con un 30% de contenido gratuito, otro 30% para la metodología Docuselling (que te permite vender sin vender mientras presumes de tus logros), un 20% para generación de *leads* (ya que es imprescindible aumentar nuestra base de datos de prospectos) y, por último, un 20% de «venta sin anestesia». Lo llamo así porque es una venta directa. Quizá será la que menos likes tendrá, pero también es necesaria dentro del pro-ceso de ventas.

La fórmula para educar y vender con tu marca personal

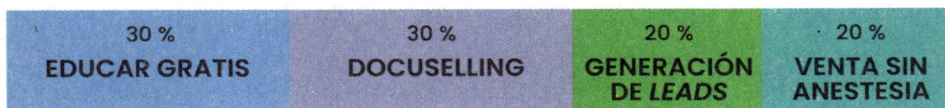

30 % EDUCAR GRATIS	30 % DOCUSELLING	20 % GENERACIÓN DE *LEADS*	20 % VENTA SIN ANESTESIA

DOCUMENTAR TU TRABAJO Y PRESUMIR CON HUMILDAD

Cuando estoy en plena campaña para llenar un evento o en un lanzamiento, tengo que «quemar todas las naves» y aprovechar cada día de promoción. En esos momentos, y dentro del bloque de venta sin anestesia, me apoyo en el humor: me hice viral cuando me disfracé de policía para educar sobre temas complejos de publicidad; también recibí cientos de comentarios cuando me subí a mi caminadora en ropa de oficina, corriendo para presionar en una campaña de *Black Friday*; hasta hice una en la que me postulaba para presidenta de una campaña que llamamos *#Vilma2020*. El humor siempre ha sido una de nuestras mejores herramientas para generar ventas, y te lo recomiendo mucho. No tienes que hacer lo que yo hice, a veces basta con un simple meme o un texto divertido para conectar desde otra emoción con nuestros clientes y venderles.

Estrategia: crea un plan de contenidos invencible

Mahatma Gandhi, el gran líder que creó un movimiento pacífico para liberar a la India del dominio colonial británico, solía pasar un día a la semana en silencio. En unas de esas jornadas de silencio, le pidieron que resumiera su mensaje para el mundo; tomó un lapicero y escribió: «Mi vida es mi mensaje». Vi esta frase en una de las calles de mi país natal, República Dominicana, cuando iba camino al hotel a seguir escribiendo este libro en medio de un bloqueo de escritor para redactar este capítulo. Aunque no lo creas, ha supuesto todo un reto enfrentarme a resumir más de 12 años de marketing en un capítulo y cumplir con las expectativas de personas sin previa experiencia en mercadeo e impresionar a quienes sí la tienen.

Esta frase de Gandhi no solo me pareció atinada por ser coherente con lo que somos y lo que hacemos, sino que también me recordó la importancia de documentar, educar y comunicar a través de medios digitales, aun cuando nos da pereza o creemos que nuestras vidas y carreras no le importan a otras personas. Seguro se te ocurre este otro refrán limitante: «Dime de qué presumes y te diré de qué careces». Pues te diré algo, presumir desde la humildad y felicidad es un acto de generosidad, al igual que vender. Es el balance frente a la contaminación de malas noticias que vemos a diario en medios digitales, a los chismes y al contenido absurdo al que estamos expuestos de forma constante. El mundo necesita más líderes que dediquen su vida a inspirar a otros, en especial a las nuevas generaciones que vienen detrás de uno. Mientras más líderes nos sumemos al uso positivo y responsable de las redes sociales, más podremos ayudar.

¿Acaso no es el entretenimiento el objetivo principal en redes sociales? Créeme, tú eres interesante y entretenido, y tu profesión y vida también lo son. Es triste reconocer esto, pero quizás tu vida sea más interesante para algunos de tus seguidores que para ti mismo. Como seres humanos, en ocasiones, pecamos de no agradecer lo que tenemos por anhelar más. Como sabes, soy ambiciosa porque tengo una gran misión, pero reconozco que también convertí el agradecimiento en un hábito que practico en varias ocasiones al día, lo que me permite estar más presente en mi vida y en mis canales digitales. Crear contenidos no es solo un acto de generosidad, es un hábito de victoria para ti también. Lo que subes es un espejo de lo que estás viviendo, y debería ser el mejor recordatorio para ser agradecido y reconocer cómo has evolucionado.

Y no necesitas cientos, miles o millones de likes, lo que importa es que te vean y no te olviden. ¿Por casualidad recuerdas todo lo que viste hace unas horas en redes sociales? Claro que no, es normal, pero seguro que algunas publicaciones sí las tienes bien frescas en tu mente.

Cuando hablamos de un plan de contenidos o de crear contenidos para redes sociales, debemos enfocarnos en la única métrica que es relevante: las impresiones; es decir, cuántas veces se han mostrado nuestros contenidos en las pantallas de otros internautas.

¿Cuántas veces has ido a una reunión de amigos o familiares donde mencionan algún hito o suceso de tu vida y te percataste de que en aquel momento ni comentaron nada ni te dieron un like? ¿Cuántas publicaciones te han marcado, pero olvidaste interactuar o decidiste no hacerlo a propósito? ¡Muchos ven y pocos reaccionan!

Por cierto, permíteme aprovechar este espacio para contarte cómo a veces mido el impacto de mi marca personal con WhatsApp. Verás, muchas personas evitan comentar e interactuar en medios digitales, a veces por miedo, ego, envidia o incluso vergüenza. Sin embargo, son las mismas que te escriben por privado y por WhatsApp. Cuando comienzo a recibir mensajes de felicitaciones por WhatsApp, sé que algo explotó para bien. A esta estrategia le llamo «revive muertos» porque, de repente, personas que por años no te contactaban reaparecen en tu vida. Me sucede muy a menudo, como cuando estuve en México en el Auditorio Nacional frente a 7000 personas o cuando firmé con Grupo Planeta. Aunque muchos tienen una doble agenda y utilizan la felicitación como un puente para pedirte favores o información, sigue siendo un buen método para medir el impacto de tu marca personal. Espero que esta táctica te sirva para medir el tuyo más allá de métricas cuantitativas, usando indicadores más cualitativos como este.

Por eso, cuando se trata de marcas personales, no importa el plan de negocios que respalde, siempre estructuro el plan de contenidos sobre unos pilares de impacto:

- Que te vean como **aprendiz**. Siempre comparte el libro que estás leyendo, las formaciones que haces y los eventos a los que asistes o las sesiones con tus mentores.
- Que te vean como un **maestro**. Educa siempre que puedas, porque un cliente educado es un cliente con la chequera abierta. Tu mejor estrategia de credibilidad será siempre demostrar que en verdad dominas tu sector transmitiendo tus conocimientos a través de distintos formatos.
- Que te vean como una **persona exitosa**. Presume con humildad de cada hito por pequeño que sea y posiciónate como una autoridad.
- Que te vean como un **servidor**. Por eso debes vender siempre que puedas, sin vergüenza y desde la humildad.
- Que te vean **feliz**. Comparte contenidos de las cosas que valoras y disfrutas de tu vida y profesión porque no querrás transmitir el mensaje erróneo de que eres una persona adicta

al trabajo. No tienes que compartir intimidades de tu vida personal, basta con pequeños extractos.

Con esta clasificación, puedo utilizar distintos formatos y temáticas para posicionarme mientras disfruto y me divierto. El disfrute y la diversión son probablemente lo único que te permitirá ser constante con un buen plan de contenidos.

Olvídate de tener un perfil supuestamente perfecto en tus redes sociales; es más, hoy te invito a ensuciarlas siendo espontáneo, auténtico y único. Tus redes tienen que ser atractivas, no perfectas. Aunque mi equipo tiene siempre un plan de contenidos que extrae de mis entrenamientos, pódcasts, videos y conferencias, yo tengo el control de algunas publicaciones y entiendo que no hay nada más importante que crear para conectar. Esas publicaciones son las que tienen mayor éxito. Reconozco que tengo un gran equipo digital detrás de mi marca que hace un trabajo excepcional, pero la autenticidad y espontaneidad es difícil de superar.

Repasemos juntos, con ejemplos y recomendaciones, algunos de los formatos que tienes a tu disposición con tu marca personal.

Carruseles (reels) o secuencias de imágenes y videos

Este formato funciona a la perfección con marcas personales tanto en Instagram como en LinkedIn. Me encanta utilizar este formato para educar y para vender. Como tenemos hasta 10 imágenes para compartir en cada carrusel, tenemos 10 mensajes distintos para resaltar.

Por otra parte, en el momento de crear un video vertical necesitamos comenzar con un buen titular, un buen gancho. Este determinará si las personas dejarán o no de ver contenidos en sus redes sociales para detenerse a consumir tu carrusel. Tú mismo te detienes cuando tus ojos retienen algo que es de valor para ti, por eso es importante que practiques la persuasión en titulares. Yo creaba siempre titulares tradicionales porque creía que era más inclusivo y efectivo; sin embargo, después de tantos años creando y experimentando con contenidos, te puedo decir que el simple hecho de cambiar la portada y el título de un carrusel cambia de forma drástica los resultados y métricas. Cuando producimos un buen carrusel y no funciona, lo probamos días después con otro título y en la mayoría de las ocasiones sí funciona.

Títulos «tradicionales que rozan lo aburrido»	Títulos persuasivos
Cómo invertir en propiedades con éxito	El secreto de los mayores inversores del mundo
Cómo vender más	3 técnicas infalibles para conseguir nuevos clientes en 24 horas
Lo que tienes que hacer para montar un emprendimiento	NO cometas estos errores al montar tu emprendimiento

Al final del libro (p. 263) te compartiré un acceso digital con algunos regalos que sirven de complemento, entre ellos, más de 100 fórmulas que utilizo con éxito para crear buenos titulares.

Las fotografías

No tienes que ser modelo para compartir fotografías de ti. Es importante humanizar tus perfiles de redes sociales con fotos tomadas con móviles u fotógrafos profesionales sin abusar de la edición (Photoshop).

Me gusta compartir fotos para frases célebres y experiencias personales y para vender mi carrera como autora y conferencista. De un solo evento puedo obtener fotografías y crear meses de contenidos con frases célebres.

Videos verticales

Seamos honestos, todo el tiempo estamos consumiendo contenidos en formato vertical. Te sugiero videos educativos de corta y media duración, algunos prefieren píldoras y otros dedican un tiempo oportuno para profundizar. Puedes mantenerte entre 30 y 90 segundos.

Mi fórmula para crear buenos videos educativos comienza con un buen título que sirva de gancho para llamar la atención. En vez de algo del estilo «Cómo se hace una buena pizza margarita», comenzaría con «Esta es la receta de la pizza margarita más cara del mundo». El segundo paso está en aportar valor, es decir, educar y ayudar para sustentar ese gran gancho y promesa que aparece al inicio de tu video. El tercer paso consiste en resumir lo que compartiste. Y el cuarto, que es opcional, sería dejar una indicación o llamada a la acción. Las indicaciones deben ser claras y directas. Evito los mensajes del tipo "Sígueme para más contenido de valor", ya que, aunque generan nuevos seguidores, son indicaciones que alimentan más a mi ego que a mis conversiones. Es preferible acostumbrar a tus clientes a comentar para conocer su opinión, ofrecerles un regalo o iniciar una conversación de venta.

Estructura para videos verticales

UN TITULAR DE GANCHO

LLAMADO A LA ACCIÓN

CONTENIDO EDUCATIVO

RESUMEN O REFLEXIÓN

Encuentros en vivo

Colaborar es dividir el esfuerzo y carga laboral para conseguir juntos un mismo objetivo. Esto es lo que ocurre cuando decides hacer un encuentro en vivo con otra persona por tus redes sociales. Ambos convocan a sus seguidores y comparten sus conocimientos con un objetivo que, en ocasiones, es vender, y en otras, generar prospectos, aportar valor o solo obtener reproducciones.

Cada vez que hago un encuentro en vivo con otros ocurre lo mismo (no importa si ella/él tiene más o menos seguidores que yo); siempre consigo que nuevas personas se sumen a mis comunidades digitales. Te digo esto porque algunos pecan de no querer hacer encuentros en vivo con profesionales con pocos seguidores, sin percatarse de que podrían obtener no solo nuevos seguidores, sino también futuros compradores. Y de paso ayudar al otro a aumentar su número de seguidores. Como mis prioridades son otras, intento hacer varios encuentros en vivo en solitario y otros encuentros a modo de entrevistas.

Conozco muchas marcas personales que se posicionaron con la simple estrategia de grabar en vivo cada día, durante uno o dos años, en Facebook o Instagram. Al principio se conectaban apenas unas cuantas personas, pero poco a poco, los algoritmos de las redes sociales, que premian la constancia, les permitieron aumentar su número de seguidores y alcance en cada encuentro en vivo. No necesitas hacer encuentros en vivo todo el año, bastaría con que los hagas una vez a la semana. Lo mejor de utilizar este formato es que podrías extraer varias piezas de entre 30 y 60 segundos para rellenar tu plan de contenidos.

Te recomiendo probar distintos horarios para este gran formato. Entre las 9 y 10 p. m. tengo a muchísimas personas conectadas; sin embargo, tengo menos cuando hago un encuentro en vivo durante el día. Solo experimentando descubrirás cuál es el mejor horario para este tipo de iniciativas.

Puedes grabarte en tiempo real con otra cámara y buen audio para extraer cortes de tus encuentros en vivo o simplemente utilizar el material crudo y hacer cortes con una de las tantas herramientas, como Capcut, que existen hoy en día.

Elige un tema o responde a las preguntas de tu audiencia	EXTRACTOS DE 30-60 SEGUNDOS	EXTRACTOS DE 30-60 SEGUNDOS	EXTRACTOS DE 30-60 SEGUNDOS
INSTAGRAM O FACEBOOK LIVE	EXTRACTOS DE 30-60 SEGUNDOS	EXTRACTOS DE 30-60 SEGUNDOS	EXTRACTOS DE 30-60 SEGUNDOS

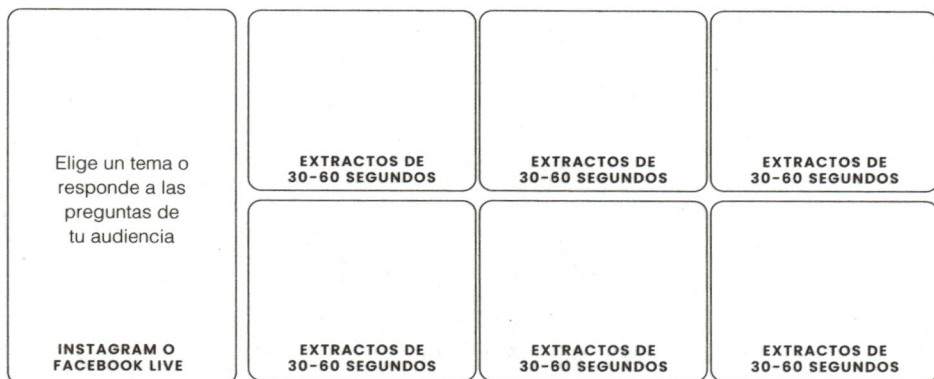

CONTENIDO BASE   **DIVISIÓN DEL CONTENIDO**

Las series educacionales

Para concluir con los formatos, me gustaría hablarte de las series educacionales. Con esta técnica puedes crear varias piezas de contenidos interconectadas, que te permiten educar de forma más profunda sobre un tema mientras te posicionas como una autoridad y especialista.

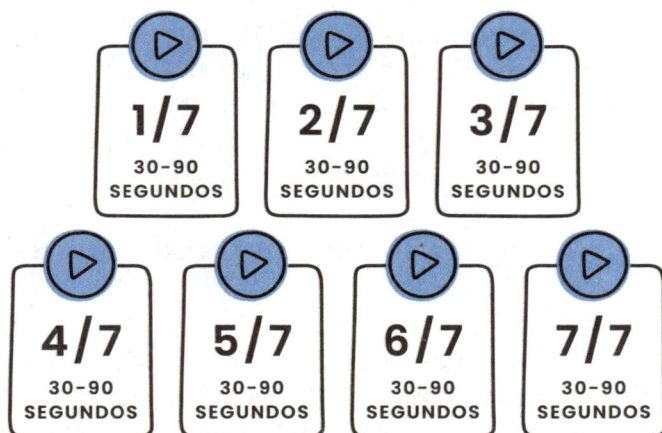

1/7 30-90 SEGUNDOS	2/7 30-90 SEGUNDOS	3/7 30-90 SEGUNDOS

4/7 30-90 SEGUNDOS	5/7 30-90 SEGUNDOS	6/7 30-90 SEGUNDOS	7/7 30-90 SEGUNDOS

Supongamos que trabajas en bienes raíces y uno de tus temas clave es la compra de propiedades con una baja tasa de intereses; podrías hacer una serie educacional de siete piezas gráficas o videos, uno por día, para educar sobre este tema:

1. Explicas en qué consiste la compra con préstamos;
2. hablas sobre la tasa media de intereses;
3. de cómo se negocian mejores tasas con bancos;
4. expones cómo negociar tasas más favorables con otras instituciones financieras;
5. compartes los contras de no tener una tasa baja;
6. te refieres a los beneficios de tener una tasa baja;
7. haces un resumen de los días previos junto con una invitación alineada a tus conversiones para generar *leads* o nuevos clientes. En realidad, estas invitaciones las puedes incluir en cada video.

Esta es solo una referencia para ayudarte a entender este formato.

Ahora que hemos analizado los formatos que tenemos a nuestro alcance, debemos concebir las ideas que nos ayudarán a transmitir quiénes somos, a qué nos dedicamos y, sobre todo, qué vendemos. Como este libro pretende ahorrarte tiempo, creo que será de tu interés conocer las ideas de contenidos que me funcionan desde hace años.

Aunque muchos falsos gurús querrán asustarte diciéndote que todo ha cambiado para poder venderte algo nuevo, recuerda que el marketing es sentido común. Existen ideas de contenidos que nunca dejan de funcionar. Yo llevo años utilizando las mismas ideas, solo hago cambios y mejoras gracias a las nuevas herramientas y tendencias. Desde siempre, el entretenimiento y el humor han funcionado, antes lo hacíamos con fotos y emoticones, hoy lo hacemos con memes o campañas creativas.

Te invito a sumergirte conmigo en el fantástico mundo de los contenidos para líderes y marcas personales más relevantes.

Cuenta tu historia

En cada red social debes tener fija tu historia destacada. Puedes hacerlo con una simple imagen de un antes y un después profesional, con un video o con varias historias. El formato es lo de menos, lo importante es que mientras cuentes tu historia seas humilde y presumas resaltando tus mayores logros e hitos. Tu historia es para venderte bien. Lo más fácil es hacer una cronología que resuma y destaque los hitos y, ¿por qué no?, también los desafíos que tuviste que superar para estar donde estás hoy.

Haz una comparación de tu pasado con tu presente

¡Ufff! Una buena comparación nunca falla. Demostrar con recursos visuales que has progresado y que, como todos, comenzaste con lo justo y mínimo mientras ahora gozas de triunfos, puede convertirse en tu mejor formato para generar prospectos, agendar llamadas y vender tus soluciones. Si quiero demostrar que soy una emprendedora en serie con éxito, puedo poner una foto de cómo trabajaba en mi primer departamento en Miami y cómo ahora tengo un estudio profesional en un edificio propio. No solo vendemos el progreso, también vendemos la idea de que el éxito no ocurre de la noche a la mañana y que no existen los atajos.

Comparaciones

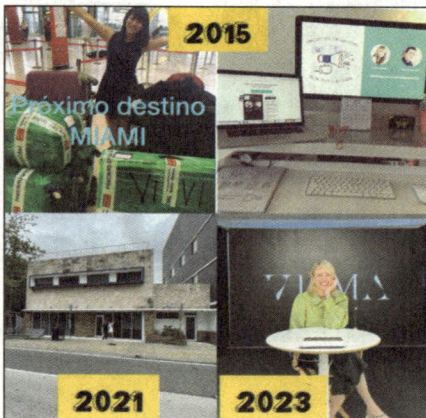

Documenta todas las formaciones que recibes

Mientras Charlie Wetzel (quien ha coescrito con John Maxwell más de 100 libros) fue mi mentor, subía sin fallar cada lunes una historia que documentaba este proceso y algunas cosas que aprendía. Lo confieso: soy una eterna aprendiz y me encanta serlo. Mientras más cultivo mi intelecto, más posibilidades tengo de ayudar a otros y más líneas de negocio puedo aprovechar con mi marca personal. ¡Todo es ganancia!

Celebra en grande cada hito

Yo no espero hasta conseguir otro millón más de oyentes en mi pódcast para mandar a mi asistente a comprar globos y hacerme una foto de celebración. Tomamos la foto con mi móvil y la guardo hasta que llegamos a la meta. Ese día, subo una publicación y celebro junto a mis seguidores este hito. ¿Por qué? Porque el éxito es contagioso, pero si yo no me vendo, nadie lo hará por mí. No solo me limito a celebrar los hitos profesionales, también comparto con mucha emoción e ilusión los personales.

Muéstrate victorioso a través de todos los canales que tengas al alcance. Comparte tus metas, anhelos y sueños e inspira a otros en el proceso.

METAS PERSONALES

MINIVICTORIAS

SUEÑOS

Comparte como educador y creador de contenidos

No importa a qué industria pertenezcas o cuál sea tu profesión, si generas contenidos para redes sociales también eres creador de contenidos. Así como jamás paro de aprender, tampoco paro de enseñar. Compartir mis experiencias, vivencias, conocimientos y aprendizajes con otros es algo que mueve cada fibra de mi ser. Me apasiona enseñar, comunicar y transformar la vida de otros con mis mensajes.

Mi marca personal me permite impactar a miles de personas a diario, por eso no dejo de crear contenidos valiosos y útiles para mi audiencia. Mientras más conocimientos comparto con las masas, más magnética se torna mi marca. Es increíble.

Tú también tienes que hacerlo y con constancia. No vale educar un día y desaparecer 30. Yo siempre aplico el time-blocking para crear muchos contenidos en un solo bloque de tiempo. Con tan solo tres horas al mes puedo publicar un video vertical al día en Facebook, TikTok e Instagram y tener un mes completo de contenidos para mi pódcast.

UN MES =
20 VIDEOS VERTICALES

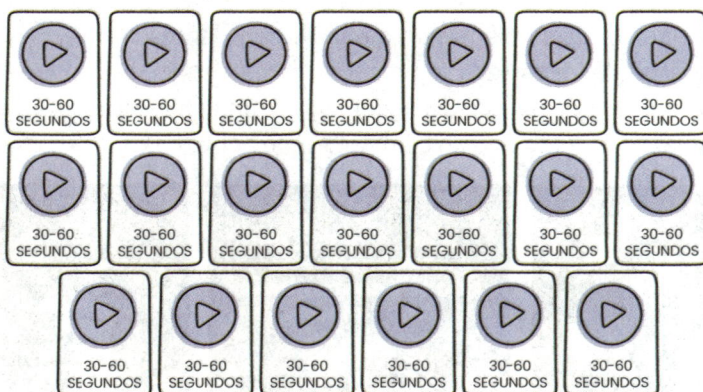

▷	▷	▷	▷	▷	▷	▷
30-60 SEGUNDOS	30-60 SEGUNDOS	30-60 SEGUNDOS	30-60 SEGUNDOS	30-60 SEGUNDOS	30-60 SEGUNDOS	30-60 SEGUNDOS
▷	▷	▷	▷	▷	▷	▷
30-60 SEGUNDOS	30-60 SEGUNDOS	30-60 SEGUNDOS	30-60 SEGUNDOS	30-60 SEGUNDOS	30-60 SEGUNDOS	30-60 SEGUNDOS
▷	▷	▷	▷	▷	▷	
30-60 SEGUNDOS	30-60 SEGUNDOS	30-60 SEGUNDOS	30-60 SEGUNDOS	30-60 SEGUNDOS	30-60 SEGUNDOS	

BLOQUE DE TIEMPO =
60 MINUTOS

UN MES = 12 EPISODIOS

PÓDCAST DE 5-7 MINUTOS	PÓDCAST DE 5-7 MINUTOS	PÓDCAST DE 5-7 MINUTOS

BLOQUE DE TIEMPO = 2 HORAS

Frases célebres

Ya definiste previamente tus frases célebres. Estas deben ocupar un gran espacio en tu plan de contenidos porque tienen mucha aceptación incluso en redes sociales como LinkedIn. Mi recomendación es que alternes frases propias y de otros referentes que te inspiran y que están relacionados con tu persona y negocio. No hay una red social que se resista a una buena frase célebre, hasta en TikTok utilizan audios de pocos segundos para compartir una frase célebre con un video de fondo.

Hay tres formas en las que mi equipo y yo compartimos las frases célebres: *1)* simulando un mensaje de X (antes Twitter); *2)* con fotografías de mi carrera como conferencista para aprovechar y reforzar que es una de mis profesiones; y *3)* en el formato tradicional, exponiendo el texto con un color de fondo neutro.

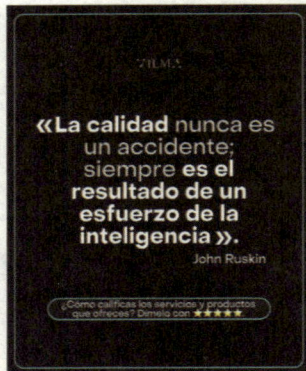

Mercadea y comunica tus hobbies

¿Qué haces para divertirte cuando no trabajas? Por ejemplo Jose, mi esposo, juega al golf y al ajedrez. Recuerdo cuando comenzó a compartir contenidos sobre ajedrez y con unos pocos miles de seguidores consiguió muchísimas interacciones; incluso terminó convirtiendo seguidores en amigos digitales para jugar en línea. El juego nos une como familia, amamos ver a nuestra hija jugar videojuegos porque así nos criamos Jose y yo. Esto lo intento transmitir siempre en mis redes sociales. A veces pecamos de solo publicar contenidos de trabajo, y luego, encima, nos quejamos de que nos consideren *workaholics*. Es normal que te juzguen que solo vives para trabajar si eso es de lo único que presumes en tus redes sociales. Créeme, durante años me enfoqué en el contenido profesional y las personas juraban «¡Es un robot!». En vez de molestarme con los comentarios que me tachaban de *workaholic*, decidí hacer un plan de contenidos más integral y auténtico, el cual ha sido lo mejor que me ha ocurrido.

Newsjacking una vez a la semana

¿Cuál es la noticia del momento en el mundo o en tu industria? Llévala a tu terreno, crea un vínculo con tu profesión y lo que vendes y un contenido para tus redes sociales. A esto le llamamos *newsjacking*, una técnica que consiste en tomar una noticia de última hora, o incluso una tendencia, para trasladarla a tu nicho, industria o área de conocimiento y crear una publicación que te permita educar y conectar con tu audiencia.

Cuando se trata de *newsjacking*, la marca personal que más la utiliza es Elon Musk a través de su cuenta de X. Yo intento crear contenidos con *newsjacking* porque esta técnica te permite:

- Demostrar que estás actualizado.
- Reafirmar que no tienes una marca ordinaria, sino extraordinaria.
- Educar a tu comunidad.
- Posicionarte como una autoridad.
- Captar *leads*.
- Conectar con nuevas audiencias.
- Fomentar las ventas.

Para uno de nuestros lanzamientos me apalanqué en lo viral que se hizo la película *Barbie* para crear un video que obtuvo más de 300 000 reproducciones. La tendencia de *Barbie* me funcionó muy bien para crear un video de mucho valor para mi audiencia sobre un tema que domino y me encanta: el *growth marketing*.

Ese video me permitió captar *leads* cualificados con y sin publicidad para el lanzamiento de la Certificación de Marketing Digital (CMD) de la Escuela Convierte Más. Las ventas generadas por este video fueron uno de nuestros récords. Hicimos otros videos educativos muy buenos y de humor también fantásticos, pero ninguno nos dio los mismos resultados que el de *Barbie*.

No obstante, me gustaría hacer hincapié en esto: **no tienes que sumarte a todas las tendencias que vayan surgiendo, por muy virales que sean**.

Es probable que no todas sean indicadas para tu negocio y no deberías hipotecar los valores de tu marca solo para conseguir lo viral. La ética es un valor innegociable. ¡Nunca lo olvides!

Convierte tus opiniones y creencias en movimiento

No tienes que ser un activista para crear un movimiento. Con tu marca personal también puedes crear movimientos inspiradores y, sobre todo, muy auténticos y reales.

Con el pasar del tiempo me he dado cuenta de que he iniciado y potenciado tres movimientos por los que me reconoce mi comunidad:

#VísteteParaElÉxito
#NoTodasLasCEOsLlevanTacones
y
#LoPuedesTenerTodo

«Vestirse para el éxito» se ha vuelto un movimiento tan grande que cada día recibo menciones en mis redes sociales de personas que, motivadas por este movimiento, comparten cómo se preparan para una cita con el éxito eligiendo un vestuario acorde a su personalidad y objetivos. He compartido abiertamente en mis redes sociales y en escenarios la importancia de sentirnos cómodos en todo momento, por eso impulso este movimiento. Vestirme para el éxito me ayudó a dejar de sentirme inferior y me hizo sentir más confiada al subirme a tarimas, especialmente cuando era de las pocas mujeres, la única o de las más jóvenes.

Vístete para el éxito

Te confesaré algo: la Vilma de hace años solía pensar que impartir clases o conferencias sin tacones era inapropiado. Hasta que un buen día me di cuenta de que esa era una limitación que yo misma me había inventado. Así fue como nació **#NoTodasLasCEOsLlevanTacones,** un movimiento muy orgánico.

Ya no temo combinar mis vestidos y trajes con un buen par de tenis blancos. Y eso no significa que haya dejado de usar tacones, para nada, a veces los llevo y los disfruto muchísimo. Pero cuando me apetece usar tenis, lo hago sin ningún tipo de prejuicio o remordimiento. Y resultó que no era la única. Este movimiento se volvió más de mi comunidad que mío; años después, mis seguidores lo siguen resaltando cuando suben fotografías de su vestuario con tenis.

#LoPuedesTenerTodo también se ha convertido en un movimiento insigne de mi marca personal. Me gusta compartir contigo todo lo que puedo conseguir en los ámbitos personal y profesional de manera simultánea, así como explicarte por qué necesitas darle vida a tu propia definición de éxito.

Para mí, el éxito es tenerlo todo: familia, trabajo, influencia, calidad de vida, plenitud y dinero. Antes sentía culpa por trabajar muchas horas o por estar tanto de viaje, mientras mi hija pequeña se quedaba en casa. No sabía cómo equilibrar ambos roles, el de CEO y el de madre, y eso me angustiaba, pero entendí que podía ser una gran CEO y al mismo tiempo una excelente madre sin renunciar a las cosas que más amo en la vida.

Es cuestión de encontrar un balance que te haga sentir bien, pero también se trata de entender que no todas las dinámicas laborales y familiares son iguales. No intentes seguir una rutina ajena. En su lugar, confía en lo que crees que es mejor para ti y tu familia, y tira hacia delante sin miedo, culpa, vergüenza o remordimiento.

Cuando te digo que puedes tenerlo todo, no estoy mintiendo ni exagerando. Ahora mismo trabajo menos horas, viajo más y mi familia está más compenetrada que antes. Cuando alguien te diga que debes priorizar una cosa u otra, o que no se puede tener todo al mismo tiempo, apaláncate en tu propia definición de éxito y demuéstrale lo contrario.

Gráficas e infografías de tus metodologías

Me encanta compartir públicamente mis metodologías porque respaldan que tengo un proceso y método para replicar resultados una y otra vez.

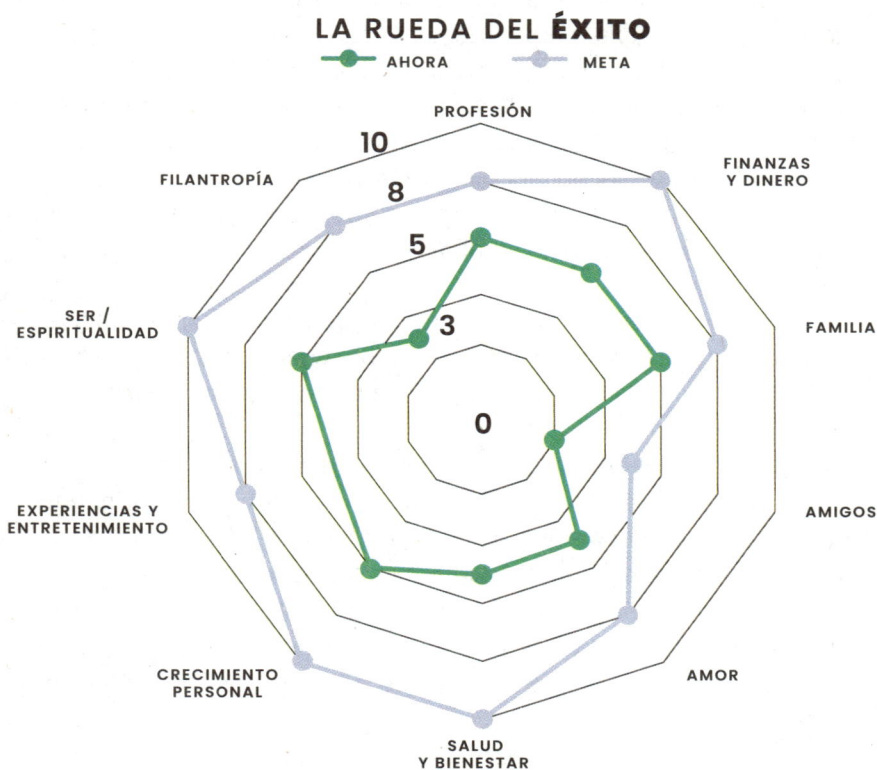

LA RUEDA DEL ÉXITO

●── AHORA   ●── META

PROFESIÓN

FILANTROPÍA

FINANZAS
Y DINERO

SER /
ESPIRITUALIDAD

FAMILIA

10
8
5
3
0

EXPERIENCIAS Y
ENTRETENIMIENTO

AMIGOS

CRECIMIENTO
PERSONAL

AMOR

SALUD
Y BIENESTAR

¿QUÉ ES EL ÉXITO PARA TI?

Al igual que Strategyzer, la empresa propietaria de la famosa metodología Business Model Canvas, comparte sin costo alguno la plantilla con la que profesionales y empresas generan ingresos, tú también puedes compartir tus metodologías con tus seguidores.

Yo comparto siempre mis metodologías en mis redes sociales y en mi blog para así reforzar mi posicionamiento.

Permíteme ser honesta contigo nuevamente. A veces, entenderás el impacto real de tus metodologías no solo por los comentarios positivos que recibes, sino paradójicamente, cuando otros intenten apropiárselas sin reconocer tu autoría. Sin embargo, contar con una comunidad sólida y desarrollar contenido visual atractivo juega un papel crucial, ya que tus seguidores se convierten en tus aliados, alertándote y defendiendo tus creaciones e invenciones.

Enfrentarse a la imitación puede generar frustración, y te lo digo por experiencia, pero curiosamente, también actúa como un testimonio no convencional de tu influencia y originalidad. Después de todo, la imitación surge de la admiración, aunque esté mal encaminada. Quiero ser clara: no apruebo el plagio ni la falta de crédito; soy la primera en reconocer siempre las fuentes que me inspiran. Es más, te confieso que mi equipo legal y yo trabajamos incansablemente para asegurar el reconocimiento adecuado y la protección de mis creaciones.

Aunque ser copiado pueda parecer un elogio retorcido, sigue siendo algo que nos hace reflexionar sobre nuestro éxito. Piensa en esto: nadie imitaría o copiaría algo que no considerase de valor.

Comparte sin miedo tus herramientas de trabajo

Lo que para ti es normal y habitual, para otros es un descubrimiento. Cada vez que subo algún artefacto tecnológico, de inmediato me piden el nombre, referencia y opiniones. Te confieso que, en la mayoría de las ocasiones, me adelanto y menciono el nombre del producto o herramienta, y hasta comparto enlaces directos a cambio de un porcentaje de comisión o aunque las empresas no me paguen por ello.

Esto es un grato ejercicio para medir mi influencia mientras ayudo a mi comunidad. Incluso compartir mi lista de productos tecnológicos para grabarme o las herramientas instaladas en mi móvil y computadora me han ayudado a generar miles de *leads* gratis. Verás, si te piden información sobre cómo trabajas y con qué herramientas y productos lo haces, es porque admiran tu trabajo y te consideran una referencia y respetan tus recomendaciones. Esto también es una forma de medir tu influencia. Prepara una lista de herramientas y productos para compartirla de forma habitual en tus canales digitales.

Recomienda los libros que te han impactado

Toda marca personal debe tener dos listas de libros: la de sus preferidos y la de los relacionados con su industria. En mi caso, cuando me preguntan por libros de marketing, siempre recomiendo *Marketing simple* (de Donald Miller) y *Contagioso* (de Jonah Berger); sin embargo, en mi lista de libros preferidos están *La ganancia es primero* (de Mike Michalowicz), *Dinero feliz* (de Ken Honda), *Millonario en un minuto* (de Mark Victor) y *Los secretos de la mente millonaria* (de T. Harv Eker), entre muchos otros. Convierte en una costumbre compartir los mejores libros con tu audiencia.

Podría seguir compartiéndote más ideas y formatos para tu plan de contenidos invencible, pero decidí concluir este tema con «La rueda de contenidos para líderes». Cuando te sientas sin ideas, vuelve a esta página para inspirarte.

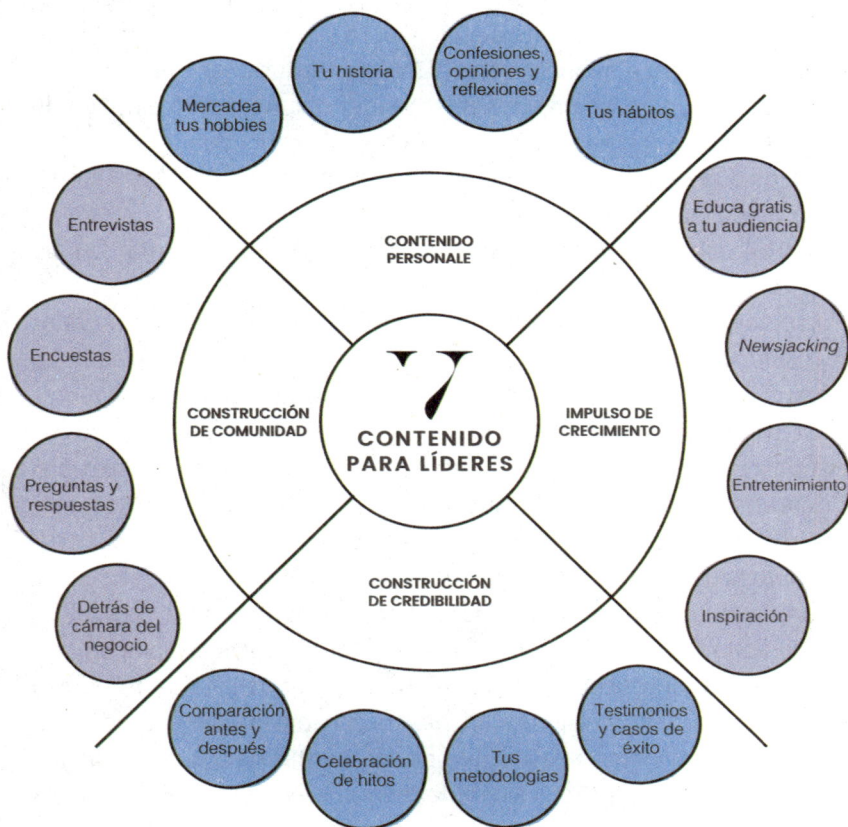

Una cosa más. Antes de publicar cualquier contenido en tus redes sociales, pregúntate:

- ¿Aporta valor esta publicación?
- ¿Estoy orgulloso de esta publicación?
- ¿Yo le daría like a esta publicación y me animaría a seguir consumiendo otros contenidos de la marca?

El plan de contenidos para generar *leads*

Tener una base de datos con prospectos (es decir, clientes potenciales a los que podemos educar y vender en el futuro) es fundamental para tu marca personal. Por igual, una lista de correos electrónicos y teléfonos puede hacer que una simple comunicación con esos contactos nos genere de inmediato alguna retribución económica. Nunca me arrepiento de nada, pero si pudiera cambiar algo de cuando comencé mi marca en 2011, sería capturar los correos electrónicos de mis lectores desde el primer día. Así como algunos de nuestros clientes nos pagan con atención y otros con dinero, existen los que pagan compartiendo algo tan íntimo como su teléfono o su correo electrónico.

Hay dos métodos para conseguir *leads* con nuestra marca personal. El primero consiste en crear una buena *newsletter*, es decir, un boletín electrónico a través del cual enviamos contenido de valor y promociones esporádicas a una lista de contactos. A través de tu marca personal puedes tener una *newsletter* general para comunicarte con tu audiencia de manera frecuente (como mínimo, debería ser una vez por semana y podrías aumentar a un correo por día), o si lo prefieres, podrías tener una *newsletter* temática, como la nuestra de tendencias de *Marketing Snacks* o como la de John Maxwell, *Minute with Maxwell*, a través de la cual te envían con frecuencia por correo un video de pocos minutos, pero de mucho valor.

El segundo método consiste en ofrecer recursos de valor a cambio de datos personales. Al igual que una tienda te pide tu correo electrónico para ofrecerte un descuento en la primera compra, como marcas personales podemos ofrecer libros digitales, plantillas, cursos gratuitos y un sinfín de recursos valiosos si nos comparten sus nombres, teléfonos y correos electrónicos. A estos recursos que ofrecemos a modo de intercambio les llamamos en marketing *lead magnets*, imanes para generar una lista de contactos.

Los *lead magnets* de alto impacto y valor pueden convertirse en un gran activo para el crecimiento de tu marca. Asegúrate de crear plantillas, ebooks, guías, checklists, tool kits o webinarios que resuelvan problemas de tu audiencia y que, al mismo tiempo, te ayuden a posicionarte como una autoridad. En estos momentos, las plantillas están teniendo una tracción increíble. Las personas quieren acceder a recursos que las ayuden a resolver un problema sin tantas complicaciones, y este formato es idóneo para eso. Una plantilla es fácil de digerir y trabajar, y a los usuarios les encanta su versatilidad, utilidad y practicidad.

Russell Brunson, el fundador de ClickFunnels, dice que «el dinero está en las listas de correos», y eso es 100% cierto. Sin duda, la base de datos es uno de los mayores activos que tiene una marca, por eso debes impulsar su crecimiento a medida que vaya escalando tu **marca personal**.

Recomiendo encarecidamente esta estrategia de *lead magnets* para construir una base de contactos, porque fue la que me puso en el radar de millones de personas. Mi blog comenzó a tener mayor tracción y multiplicó sus visitas cuando comencé a compartir plantillas y libros digitales gratuitos.

Estos son los formatos principales de *lead magnets* que casi nunca fallan:

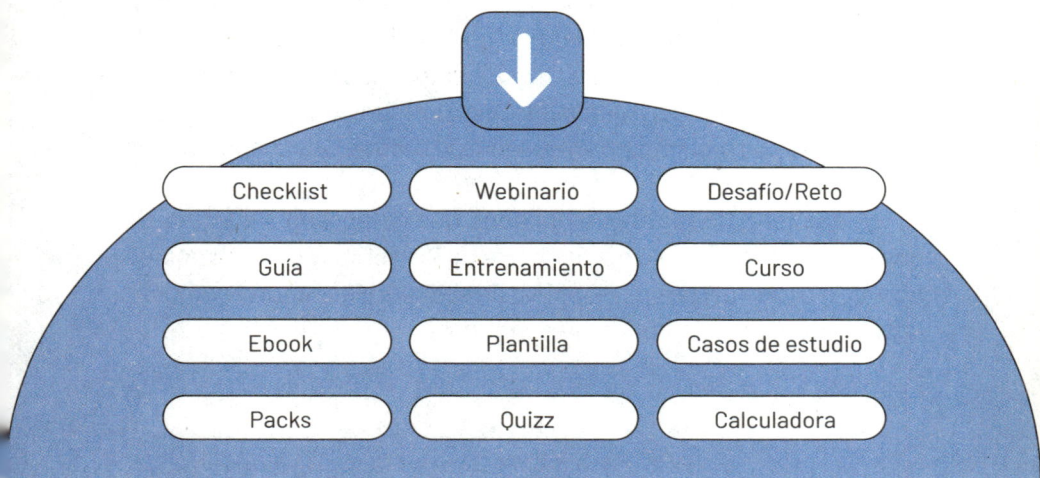

Checklist	Webinario	Desafío/Reto
Guía	Entrenamiento	Curso
Ebook	Plantilla	Casos de estudio
Packs	Quizz	Calculadora

Los *quizzes* (la actividad a través de la cual hacemos preguntas a un individuo con el objetivo de evaluarlo) funcionan muy bien en el ámbito personal y profesional. BuzzFeed, con todos sus *quizzes*, ha demostrado que es un método altamente efectivo para captar *leads*. Muchas marcas comerciales utilizan este formato para ayudar a sus clientes a elegir los mejores productos.

Con tu marca personal puedes crear un *quizz* para reforzar tu temática paraguas. Pero, sin duda, el formato más fácil de crear y que más valor tiene para tus clientes es una buena plantilla. Cuando le ahorras tiempo a una persona, esta te lo agradecerá siempre.

Estrategia: comparte tus ingresos con otros aliados

Los afiliados no son solo una estrategia de negocios, también son una estrategia de mercadeo para dar a conocer nuestra marca. Cuando apoyé a Grant Cardone en uno de sus lanzamientos digitales, lo expuse frente a mi comunidad hispana en la que muchos no sabían ni quién era. Para él fue estratégico introducirse en mi comunidad y para mí fue muy positivo asociar mi marca a la suya, porque me traspasó su influencia. Conseguí miles de seguidores y suscriptores solo por haber entrevistado y apoyado a Grant en su lanzamiento. Tampoco quiero ser hipócrita, claro que obtuve una buena compensación económica y quedé en el puesto número cuatro de los afiliados que más *leads* le generaron y en el número 16 de los que más vendieron. Pero la mayor compensación es, meses después, seguir recibiendo mensajes de mi comunidad que agradecen que hiciéramos resúmenes en español de todo el entrenamiento, en el que aprendieron tanto.

Recomiendo que tengas afiliados que te apoyen a cambio de una comisión (que suele oscilar entre un 20 y 50%) y que tú también apoyes a otras marcas personales, no solo para ganar una compensación económica, sino también influencia.

Estrategia: la publicidad es un aliado multiplicador

Con publicidad puedes multiplicar lo que sea que estés facturando hoy. Yo recuerdo cuando no me atrevía a invertir ni 1 000 dólares al mes en publicidad, y ahora invertimos eso en minutos. Mi negocio no sería el mismo sin la publicidad online. Aunque tenemos un presupuesto, hazte la idea de que tenemos una «barra libre» (siempre y cuando el retorno sea positivo). Las buenas campañas de publicidad multiplican, pero para lograrlo debes tener a buenos especialistas en de tu equipo o contratar a agencias o profesionales independientes muy eficientes.

La campaña de publicidad que enseño a todas las marcas personales la llamo «Visibilidad Infinita», y consiste en promocionar con anuncios bien segmentados las publicaciones de tus redes sociales que mejores resultados han tenido.

¿Recuerdas mi viral de *Barbie*? Pues con ese *reel* aplicamos esta metodología y lo convertimos en un anuncio de publicidad que aumentó mi número de seguidores, nos generó *leads* y, días después, ventas.

Yo tengo un presupuesto mensual para impulsar los contenidos más efectivos de mi **marca personal** y así darme a conocer mientras atraigo nuevos seguidores cualificados. Estas campañas por lo general no tienen objetivos de conversión para *leads* o ventas, son únicamente para alcance y reproducciones porque los seguidores llegan solos.

El secreto para que «Visibilidad Infinita» funcione está en segmentar a la audiencia adecuada. Yo, por mi tipo de negocio, trabajo con tres categorías:

1. Los apasionados del marketing y las ventas
2. Los emprendedores
3. Los gerentes y directivos de ventas, marketing y publicidad de grandes compañías

Cuando comparto lo que llamo *píldoras* (o cápsulas informativas) con estrategias de ventas digitales, me interesa enfocarlas a los tres grupos de clientes (#3); cuando hablo de emprendimiento, solo lo dirigimos a emprendedores (#2), y cuando hablo de marketing táctico, lo hago para los apasionados (#1). Para determinar si tu segmentación es adecuada, monitorea los comentarios de las publicaciones que conviertes en anuncios. Si son positivos, tu segmentación es perfecta; por el contrario, si hay algunos comentarios no tan positivos, es señal de que debes mejorar tu segmentación.

En ese caso, primero tendrás que determinar cuáles son los segmentos de clientes en los que te vas a anunciar y luego elegir tus mejores publicaciones para impulsarlas con publicidad. No cometas el error de impulsar las que no funcionaron de forma orgánica, tu comunidad es el primer filtro de interés. Para determinar si una publicación es perfecta para «Visibilidad Infinita», analizo tanto las métricas cuantitativas (número de reproducciones, comentarios, likes, compartidos y los mensajes privados recibidos) como el nivel cualitativo para ver si la publicación está generando interés en mi marca personal o en las soluciones que vendo.

Estrategia: sé persuasivo y aumenta tu facturación

Sin pretender ser ambiciosa por querer resumir una parte del proceso de las ventas digitales en pocas páginas, te comparto algunas recomendaciones y técnicas de persuasión que utilizo con mi marca personal.

Ser una **marca personal magnética** y altamente persuasiva no es tan complejo como parece, y tú puedes comenzar hoy mismo con pequeñas técnicas de persuasión para multiplicar tu facturación.

Aprende a escribir de forma persuasiva
Siempre recomiendo devorar las fichas de productos de la tienda online Laconicum o las páginas informativas de los productos de Apple en español, verás que son unos textos altamente persuasivos que enganchan desde el primer segundo. Por ejemplo, en uno de ellos Apple presumía que la MacBook Air es superfina y rápida para trabajar, jugar o crear donde quieras. También afirmaba que era la más asequible para hacerlo todo sobre la marcha. Es impresionante cómo en tan solo dos frases resaltan sus mejores atributos para

persuadirnos. Pretendo que llegues a escribir este tipo de textos con la práctica.

El *copywriting* es el arte y la técnica de escribir textos persuasivos que capten la atención del lector para, posteriormente, motivarlo a tomar una acción específica. No lo aprenderás de la noche a la mañana, pero recuerda que **la práctica hace al maestro** (un refrán que nos gusta). Comienza por redactar mejores textos para tu LinkedIn y otras redes sociales y verás cómo tus resultados cambiarán.

Aunque puedes leer libros y hacer muchos cursos, eso no es suficiente para convertirte en un redactor persuasivo, necesitas poner manos a la obra. Cuando decidí volverme altamente persuasiva e influyente, comencé reescribiendo hasta los mensajes que enviaba por WhatsApp, y con el pobre de mi marido practiqué en muchas ocasiones para ver si en verdad era capaz de cambiar sus opiniones gracias a la forma en la que me comunicaba.

Hoy en día invierto horas (y hasta días) en crear textos persuasivos, conceptos creativos y cartas de ventas para vender con persuasión y ética.

> Prueba hoy mismo a reescribir tu biografía, el párrafo que describe tu servicio o producto más vendido; crea desde cero una gran publicación de redes sociales.

Invéntate analogías, metáforas y similes o utiliza los existentes

La persuasión es sinónimo de claridad. Si el receptor de tu mensaje no entiende, tienes un problema grave de comunicación, y ni hablar de lo que supone al momento de persuadir. La falta de claridad (y, por ende, la confusión) es una de las mayores causas de bajas ventas en los negocios. Hasta yo, después de años de experiencia, he confundido a mi audiencia por no darme a entender y no transmitir el valor de lo que vendo. Mejoré notablemente mi persuasión cuando comencé a comunicarme con símiles y analogías, y hoy tengo un documento con un listado de los que me voy inventando y de otros muy comunes que tengo siempre a la mano. Te pongo un ejemplo:

> Si quieres sentirte ligero como una pluma, aprende a decir no y deja de asumir cargas y responsabilidades que no te corresponden.

Nos hemos criado escuchando símiles como «ligero como pluma» o «duerme como un bebé»; aprovéchalos para comunicarte y persuadir.

Una metáfora que me inventé y que más éxito tiene en mis contenidos y conferencias es «Las redes sociales son el centro comercial más grande que visitan tus clientes». Me funciona muy bien, incluso le suelo añadir una analogía (también propia) donde digo que cada contenido online es como una vitrina de una tienda en ese gran centro comercial.

¡Pruébalo en tus contenidos, escritos y conferencias, y te acordarás de mí! Puedes inclusive pedirle a la inteligencia artificial apoyo para crear símiles, metáforas y analogías.

	¡A practicar!
Metáfora Figura retórica que establece una comparación directa entre dos cosas sin utilizar «como» o «parecido a».	
Símil Figura retórica que establece una comparación explícita entre dos cosas utilizando «como» o «parecido a».	
Analogía Una forma de comparación que establece una relación de semejanza o correspondencia entre dos cosas o situaciones distintas.	

Diseña tus propias insignias

¡Las insignias venden! Se equiparan, literalmente, al poder visual de tu influencia y autoridad de marca. Mi recomendación es que diseñes insignias con tus mayores logros como marca personal; fíjate en algunas de las que he utilizado en el pasado:

Crea logotipos de tus conceptos y metodologías

La persuasión también es visual. Me gusta buscarle, junto a mi equipo, un nombre y hacerle un logotipo a cada concepto académico y a cada metodología.

Crea tus propias métricas

Utiliza los datos y resultados relacionados con tu marca para impulsar tu autoridad, posicionamiento y ventas. Los datos propios aportan credibilidad y te permiten robustecer tu posicionamiento digital. Estas son algunas de las métricas que respaldan mi marca y que me han permitido cerrar tratos con muchos clientes importantes:

Entrenadora Fortune 500

Sus metodologías y contenidos académicos se enseñan en la mayoría de las escuelas de negocios y universidades hispanoparlantes que instruyen sobre marketing, negocios y redes sociales.

Los logos se traducen en mayores ventas

Presume de tus logros sin vergüenza pero con humildad, porque, aunque no lo creas, se convertirán en un imán para las ventas. Si has trabajado o colaborado con otras marcas, debes apalancarte en el poder de sus logos para captar la atención de tus potenciales clientes. Te invito a crear tu propio mural de logos, ya verás que esta táctica te arrojará grandes resultados.

Experiencia con marcas globales

Indica en qué medios has aparecido

Por muy pequeño que parezca, quiero que sepas que todo suma. Yo no empecé dando entrevistas a medios como *Forbes*, pero en algún momento se me presentó esa oportunidad y estuve preparada para sacarle el máximo provecho. Me gustaría que entendieras algo: no se trata de cómo empiezas, sino de cómo progresas.

La evolución de mi **marca personal** me ha permitido aparecer en estos medios y eso ha beneficiado, de una forma impresionante, mi autoridad y mi posicionamiento como marca:

Apariciones en medios

Haz un video promocional de tu profesión como conferencista o autor

Yo hice un video de mi carrera como conferencista para venderme mejor. Es muy sencillo, recopila varias participaciones mías como conferencista internacional en inglés y español, junto con testimonios de asistentes y clientes que me han contratado.

Para concluir con este fascinante tema de persuasión (en el que profundizo en mi curso de ventas digitales en la Escuela Convierte Más), quiero que hablemos de las ventas y de la persuasión a través de mensajes privados en las redes sociales.

Siempre les digo a mis seguidores y clientes que el dinero también está en los mensajes privados, pero no siempre me hacen caso. Entiendo que WhatsApp sea una herramienta conveniente para hablar con potenciales clientes, pero no es la única opción. Aquí una cruda realidad: cuando algunas empresas prefieren derivar a los interesados en sus productos y servicios a WhatsApp por conveniencia propia, sin tener en cuenta las preferencias de sus potenciales clientes, podrían estar perdiendo ventas. Es más, he llegado a ver el horripilante aviso: «No reviso mensajes privados, solo WhatsApp», y me cuestiono para qué tienen presencia en redes sociales, donde se supone que la comunicación es bidireccional. Si un cliente te escribe por Facebook, cierra la venta en esa misma red social, no hay necesidad de agregar otro paso más al proceso de venta.

A pesar de tener varias personas en mi equipo que me ayudan a gestionar los mensajes privados de redes sociales, dedico, como mínimo, entre 20 y 30 minutos al día a responder de forma aleatoria mensajes en LinkedIn e Instagram, las dos redes sociales donde más prospectos tenemos.

La primera técnica de persuasión que aplico es la empatía. Desde que comienzo una conversación con un seguidor me pongo en su lugar, sin juzgar, para crear una conexión emocional y un ambiente de confianza. Esto me ayuda a que, llegados al momento de la venta, el seguidor esté más receptivo.

La segunda técnica que llevo a cabo es la de hacer preguntas estratégicas. Imagino que soy un doctor y que mi seguidor es un paciente en busca de una receta médica. Para emitir una receta tengo que hacer preguntas, una evaluación y luego más preguntas. Por eso, cuando se trata de ventas digitales, el que pregunta tiene el poder de la conversación. Te sorprenderías cuánto se identifican con tu marca las personas cuando haces buenas preguntas. Por dedicar tantas horas a los mensajes privados aprendí que el buen vendedor escucha o lee un 80% del tiempo y pregunta y habla el 20% restante.

Algunas de las preguntas que me gusta hacer son:

- Cuéntame [nombre], ¿qué objetivos tienes?, ¿qué buscas exactamente?
- ¿Por qué ahora es un buen momento?
- ¿Qué expectativas tienes?, ¿cómo podríamos impresionarte?
- ¿Qué tendría que ocurrir para que compres hoy y no lo postergues más?
- ¿Qué te dejaría un mal sabor de boca o qué te decepcionaría?

La tercera es pedir permiso para venderles. Siempre les agradezco que hayan respondido a mis preguntas y, si en verdad puedo ayudarles, les pido permiso para darles «mi receta». Suelo enviarla por audio; primero, porque tardo mucho menos que en escribirla y, segundo, porque un audio es más íntimo y personal.

La cuarta técnica de persuasión está en pedirles que, por favor, evalúen la información y que me comuniquen cualquier duda u objeción.

La quinta consiste en despedirme por el momento, resaltando algún beneficio o resultado tangible de lo que estoy vendiendo. De nuevo, me gusta hacerlo con un audio (que debe durar como máximo un minuto), en el que les suelo decir que debo atender a otros clientes mientras ellos evalúan «la receta». En algunos casos, en los que hay mayores posibilidades de cerrar la venta, envío un tercer audio donde uso sus propias palabras sobre sus problemas y sueños para así romper una o más objeciones.

Es importante resaltar resultados y beneficios, porque los buenos vendedores vendemos valor. Para recalcar esto, utilizo el ejemplo del cepillo de dientes en mis entrenamientos de ventas digitales.

Ego-Centric

CEPILLO DE DIENTES

Lo que compran

Customer-Centric

HIGIENE

CUIDADO DENTAL

SONRISA LIMPIA

Lo que quieren y se llevan

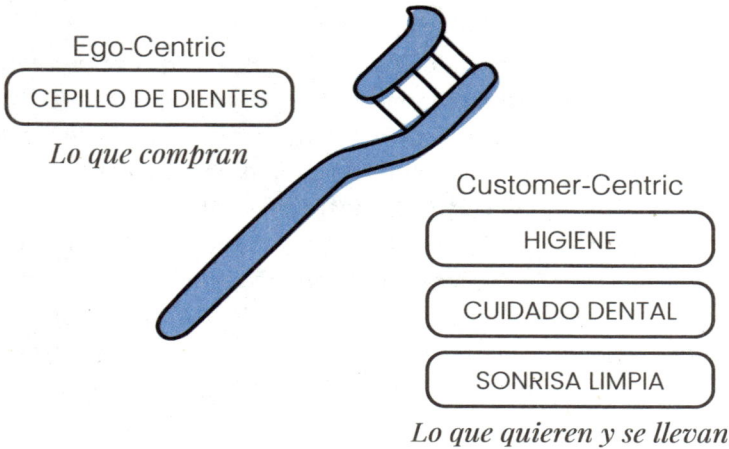

La sexta técnica, cuando el cliente me hace preguntas o manifiesta sus objeciones, consiste en compartir testimonios, casos de éxito o audios personalizados. Aquí es donde determinas si la venta se llevará a cabo o si, por el contrario, no hay interés. Como no me gusta perder mi tiempo ni que otros pierdan el suyo, me despido cortésmente en cuanto veo que las probabilidades de venta disminuyen de forma drástica.

Siempre dejo una huella positiva en cada conversación con mis clientes. Si vieras cómo trato a los detractores o clientes molestos, ¡te sorprenderías! Mi filosofía es sencilla: una de las partes tiene que ceder o ambas tienen que detener la conversación. Recuerdo a un cliente que me manifestó su disgusto por la forma en que alguien de mi equipo se expresó; de inmediato supe que exageraba, que estaba jugando el papel de víctima. En ese caso, no obstante, procedí a responderle de forma positiva, le agradecí que se tomara el tiempo para expresarme su situación y que me diera tiempo para investigarla.

Una persona molesta primero quiere sentirse escuchada y luego sentirse valorada. ¡Es así de sencillo! No tenía sentido defender nuestra posición, esa persona no iba a cambiar de idea. Por fortuna, este cliente entendió mi postura y desistió. No siempre ocurre así, pero lo agradecí. Si te toca algún caso con un cliente que no desiste, sé honesto y pídele pausar la conversación si no están llegando a ningún lugar. Dile, además, que te encantaría saber lo que espera de ti en ese momento. Esta técnica la aprendí en las relaciones amorosas, cuando no conseguía terminar una discusión.

Volvamos a mis técnicas de persuasión para vender con mensajes privados, te quiero compartir la séptima y más importante: el seguimiento. El *follow up* es vital para demostrar interés, volver a generar una conversación con tus seguidores e incentivarlos a completar la conversión de venta deseada. También es fundamental para detectar las verdaderas razones por las que alguien no compra tus soluciones (en ventas, eso se conoce como *deal breaker*). Puedes automatizar el *follow up* con herramientas como ManyChat o de forma manual. Cuando lo hacemos automatizado, enviamos un mensaje de este tipo:

> «[nombre], ¿qué te pareció el [servicio/producto] para conseguir [resultado principal]?».

Si, por el contrario, hacemos un seguimiento manual, intentamos que sea lo más personalizado posible. Mi método preferido es muy básico, pero siempre me genera respuestas, aun cuando me responden para darme largas o una excusa.

> «[Nombre], me acabo de percatar de que dejamos esta conversación pendiente. Solo paso para preguntarte: ¿todavía te interesa conseguir [el resultado que ellos me manifestaron con sus propias palabras]?».

Es importante que utilices las mismas palabras que ellos, para recodarles cuál es su prioridad y que no sientan que los estás presionando.

La octava técnica de persuasión consiste en que tu potencial cliente te rinda cuentas. Cuando me dicen que comprarán en unos minutos, horas o días, les pido que, por favor, me avisen y envíen un pantallazo de la compra, para darles la bienvenida oficial y girar, a su vez, indicaciones a mi equipo.

La novena te ayudará con futuros compradores y consiste en el *deal maker* (como se conoce en inglés). Esta técnica se centra en preguntar a cada cliente que compra por qué lo hizo. Saber por qué compran es igual de importante que saber por qué no compran. Cuando sé las razones y motivaciones por las que me compran, puedo persuadir con evidencia a otros. Si me dicen «Vilma, te compré porque me respondiste tú misma», sé que tengo que buscar tiempo para seguir haciéndolo, porque supone cerrar más ventas invirtiendo segundos de mi tiempo.

Mi equipo responde todos mis mensajes privados y, cuando considera oportuno que yo intervenga, me envían los enlaces de esas conversaciones. Literalmente, tardo segundos en responder a esos seguidores con el fin de ayudar o vender. ¡Si yo puedo, tú también puedes!

Aumenta tu valor con persuasión

La última técnica de persuasión es mi metodología *Rainbow Value Plan*, que reúne los instrumentos de ventas necesarios para transmitir un mayor valor en cada solución que negociamos. A través de cada uno de estos elementos puedo generar más confianza y credibilidad. Siempre que lanzo una nueva solución o un nuevo producto/servicio, me gusta crear o recopilar estos instrumentos para persuadir a las personas interesadas.

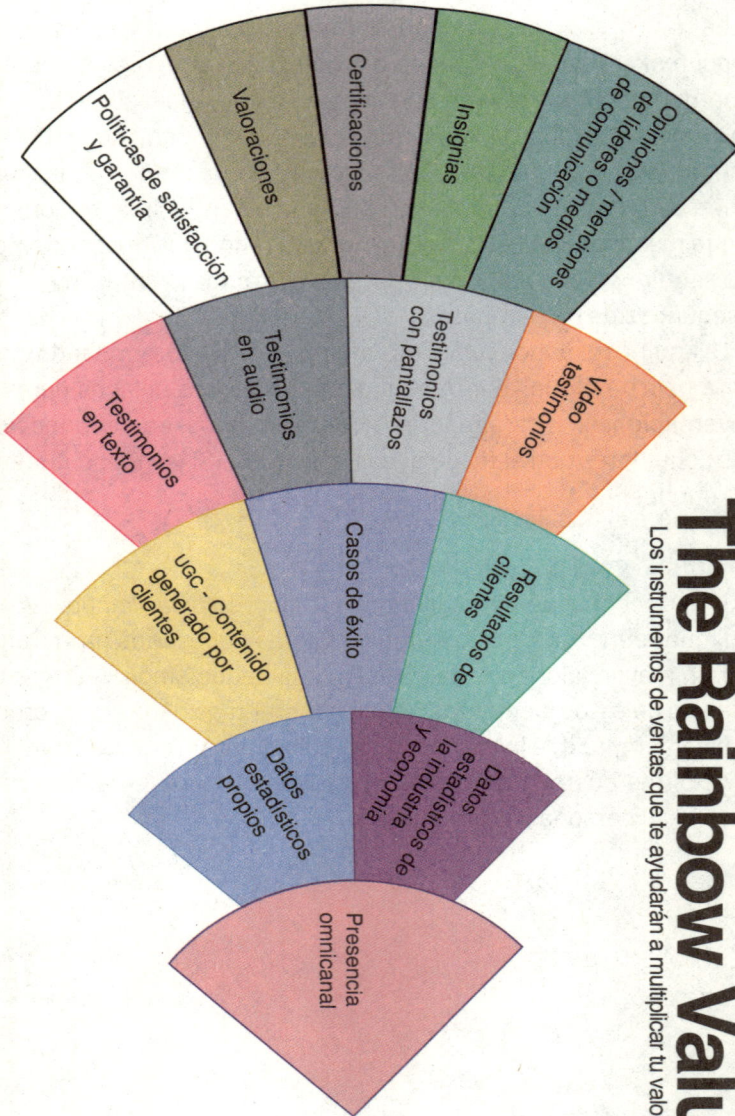

The Rainbow Value Plan

Los instrumentos de ventas que te ayudarán a multiplicar tu valor, influencia y conversiones

Por Vilma Núñez, Ph.D.

Políticas de satisfacción y garantía

Valoraciones

Certificaciones

Insignias

Opiniones de líderes / menciones de medios o comunicación

Testimonios en audio

Testimonios con pantallazos

Vídeo testimonios

Testimonios en texto

UGC - Contenido generado por clientes

Casos de éxito

Resultados de clientes

Datos estadísticos propios

Datos estadísticos de la industria y economía

Presencia omnicanal

Tener valoraciones positivas en Google elevará de forma automática la confianza en tu marca. Las insignias, tal y como ya vimos, son elementos visuales que nos permiten resaltar hitos, beneficios o resultados. Las certificaciones avalan nuestras marcas y los premios son una forma de reconocer nuestra labor.

Los testimonios son esenciales. ¿Cuántas veces confiamos en opiniones de personas que ni siquiera conocemos? Lo cierto es que preferimos confiar en un desconocido que en un vendedor. Yo tengo un grupo de WhatsApp con mi equipo de redes sociales y vendedores de la marca Vilma, en el que, todos los días, los vendedores tienen la obligación de recopilar buenos testimonios.

Tenemos que extraer los mejores testimonios de cada conferencia, al igual que de mis libros y formaciones. El poder de las recomendaciones nunca defrauda. Ahora bien, es importante que los tengamos en distintos formatos, como videos, audios o textos y, por último, los más importantes, los pantallazos de redes sociales: correos electrónicos, chats de Zoom o WhatsApp.

No hay nada más real que un testimonio voluntario. Los casos de éxito son otro formato para testimonios; el objetivo es tener un caso exitoso por cada tipo de cliente al que le vendes para que tus potenciales clientes se sientan identificados. Algunos de tus clientes incluso compartirán su testimonio sin que se lo pidas en sus propias redes sociales. Esto es lo que en marketing llamamos UGC (*User Generated Content*), es decir, el contenido que tus clientes generan sobre tu marca y que luego, si deseas, puedes repostear en tus canales.

Cuando hablo de resultados de clientes, me refiero a que puedes hacer un listado con todos los hitos importantes que tus clientes consiguieron en el pasado; esto no solo te reafirma como el gran profesional que eres, sino que también te sirve para persuadir a otros. Este truco lo utilizamos en páginas, llamadas y conversaciones de ventas.

Si recién estás comenzando con tu **marca personal** o tienes nuevos productos o servicios que ofrecer, apaláncate en datos estadísticos de la economía y la industria. Por ejemplo, puedes buscar un dato sobre el futuro de la educación en línea para vender tu programa de negocios de educación online. Y cuando ya hayas llevado a cabo ese programa con tus clientes, utiliza datos estadísticos propios de los resultados, como el número de clientes o transacciones; incluso puedes crear una encuesta para tus clientes y extraer así también métricas propias. En uno de nuestros programas de negocios preguntamos: «¿Cuántas nuevas líneas de ingresos obtuviste gracias a nuestra formación?»; la mayoría respondió que dos. Por esa razón, en futuras comunicaciones resaltábamos el porcentaje de clientes que agregaron como mínimo dos nuevas líneas de ingresos.

Otro elemento que nos permite transmitir más valor es tener una presencia omnicanal, es decir, estar en todas las plataformas digitales o en la mayoría de las redes sociales donde están tus clientes.

Dice Tony Robbins que «la anticipación en los negocios es un gran poder». Pues yo concluyo este espacio de persuasión pidiéndote que te anticipes y que no esperes a tener bajos resultados para convertirte en una marca personal persuasiva. ¡Comienza hoy mismo!

Manifiesto de una marca personal invencible

De invisible a invencible es el cuarto libro que publico con una versión en papel. ¡Y lo acabas de leer, muchas gracias!

Desde el principio te dije que lo escribí con un propósito bien definido: para motivarte a valorar la creación de tu marca personal, o bien para desarrollar la que ya tienes como una opción válida para presumir, con humildad, de cada uno de tus talentos y habilidades. ¡Manifesté ese deseo durante todo el libro!

Ahora que lo has leído hasta el final, te pregunto: ¿realmente utilizas al máximo los talentos y las habilidades individuales que Dios o la naturaleza —como quieras interpretarlo— te ha concedido? ¿Das todo lo que puedes a favor de tu bienestar personal y el de los demás? ¡Piénsalo!

Si reconoces que no lo haces, te aseguro que una **marca personal online** es una cómplice idónea para lograrlo, siempre y cuando te motives y pases del pensamiento a la acción.

Es posible que ya seas un triunfador y saborees el éxito gracias a tus talentos y habilidades. ¡No importa! Una marca personal online bien trabajada nunca es una carga extra, sobre todo en un mundo que se ajusta cada día más a los intereses y caprichos de las redes sociales.

Una marca personal online eficiente multiplica tus éxitos, y no es necesario que trabajes horas extra. Estoy segura de que con solo planificar mejor tu tiempo lo conseguirás, y para eso existen técnicas probadas como el time-blocking.

En dos de mis libros anteriores, *La brújula de los negocios digitales* y *Magnetizar*, expuse una serie de herramientas teóricas (sustentadas en mi experiencia práctica) que te permitirán desplegar un exitoso plan de acción si decides crear o desarrollar tu marca personal.

Hoy todo es más fácil porque existen recursos, como mis libros, que te dan la posibilidad de prepararte mejor. Ni yo ni los que comenzaron conmigo disfrutamos de esas ventajas... ¡Y, aun así, triunfamos!

¿Por qué no lo puedes hacer tú?

Durante la lectura utilicé en varias ocasiones el término *abundancia*. En este manifiesto final de *De invisible a invencible* quiero centrarme un poco más en su trascendencia y, por supuesto, vincularla a mis objetivos con este libro.

Abundancia es un concepto filosófico acuñado por el doctor Deepak Chopra, médico, speaker y escritor muy reconocido en el universo de la medicina alternativa y la espiritualidad. Cuando Deepak Chopra habla de *abundancia*, no se refiere solo a la riqueza material, también abarca lo espiritual y lo mental: la felicidad, el amor, la paz del espíritu y la paz de la mente. Chopra da por hecho que «el universo es una fuente ilimitada de recursos y oportunidades, y todos tenemos la capacidad de conectarnos con esa fuente».

¿Por qué recurro a Chopra y a su concepto de *abundancia*? Lo hago porque una marca personal —repito—, en un mundo dominado por las redes sociales, es una opción muy válida para establecer conexión con esa fuente universal. Lo aseguro sin cortapisas, porque una **marca personal magnética** es manantial de **abundancia** material, espiritual y mental.

Lo confirma el éxito de **Vilma** y de otras marcas personales que partieron de cero, y lo digo ajena a cualquier falso triunfalismo o ego malsano. Una marca personal magnética implica seguridad financiera y una reputación sólida en el competitivo mercado laboral o empresarial de hoy en día, lo que genera infinitas oportunidades.

Toda esa abundancia material, a su vez, produce un impacto positivo en el espíritu y la estabilidad mental. Una marca personal te hace más visible y creíble, resalta tu personalidad y te permite dejar un legado en este mundo. Genera autoconfianza, empatía y agradecimiento. Todas y cada una de esas cualidades abren el camino al espíritu y a la mente para que se colmen de abundancia...

¡Y la abundancia genera abundancia!

He recopilado una serie de ideas que considero importantes, expresadas en este libro. Lo hago con la intención de condensar, en apenas una página, la esencia del mensaje que me propuse transmitirte.

Considéralas mi **manifiesto conceptual**, con el que me despido de ti hasta mi próxima publicación. Estoy segura de que muchas otras ideas pudieran engrosar esta lista, pero no pocas veces la premura editorial nos juega una mala pasada. No obstante, confío en ti para encontrarlas, aunque tengas que releer alguno que otro capítulo.

- Mi pasado no condiciona mi futuro.
- Mi **marca personal** es mi mejor plan de negocios y marketing.
- Mi éxito es sinónimo de autenticidad y rentabilidad.
- Soy mi primer caso de éxito.
- Soy valiente y me expongo, a pesar de mis miedos, para ayudar y servir a otros a través de mi marca personal.
- Puedo hacer realidad todo lo que soy capaz de soñar.
- Pido ayuda porque prefiero compartir la carga y el éxito con los demás.
- Mi pasión es mi plan de acción.
- Impresiono a otros sin mentir.
- Soy ultraproductiva/o, pero trabajo lo justo para generar mucho.
- Presumo con humildad mis hitos porque mi éxito es contagioso.
- Documentar mi progreso es una responsabilidad y prioridad.
- Cada día pongo mis múltiples talentos al servicio de otros para ayudarlos.
- Educar es una prioridad, y por eso cada semana comparto píldoras de información de alto valor de forma gratuita.

- Invierto en buenas relaciones profesionales.
- Invierto gran parte de mi tiempo en reflexionar, pensar y planificar.
- Cada día me entreno en el hábito de tener éxito.
- Disfruto contando historias, incluida la mía.
- Mi vida es mi mensaje y legado, y por eso me comprometo a ser mi mejor versión cada día.

Y sería injusto despedirme sin antes expresar mi agradecimiento a todos aquellos que, de una u otra forma, me ayudaron a hacer realidad el sueño de escribir *De invisible a invencible*.

4

SIN ACCIÓN NO HAY CONVERSIÓN

Enhorabuena por haber llegado hasta este último capítulo. Como ya comenté varias veces, mi misión es cambiar, para bien, la vida de las personas, haciendo lo que me complace. Quiero alcanzar el éxito y ayudar a que los demás también lo logren. Por eso, junto a mi equipo, he creado un espacio virtual privado para ti, donde podrás encontrar recursos de valor que te ayudarán a tomar acción y a impulsar tu marca personal.

Este espacio lo estaré actualizando esporádicamente para que siempre tengas la certeza de contar con los recursos más actuales y pertinentes, incluido un texto exclusivo sobre el networking, como te prometí en las primeras páginas de este libro. Una marca personal necesita de relaciones y alianzas para expandirse y multiplicar su impacto. Ahí encontrarás mis mejores técnicas para un networking efectivo.

Para acceder, tan solo debes ingresar desde tu navegador en la siguiente página web y escribir la contraseña de acceso:

- **Página web:** www.vilmanunez.com/invencible-cap4
- **Contraseña:** #soyinvencible

Te invito a que marques esta página como favorita en tu navegador para tener acceso rápido siempre.

Gracias por acompañarme en este increíble viaje, espero que este libro te haya abierto los ojos sobre todas las oportunidades que te puede brindar **tu marca personal** y cómo pasar **de invisible a invencible**.

5

CUADERNO DE TRABAJO

Diseña tu año invencible

**Creer es más importante que hacer,
pero hacer es importante para creer.**

Con este pequeño recurso, quiero ayudarte a diseñar tu año invencible, sin importar tu entorno, la economía y lo que está ocurriendo en el mundo. Tú tienes derecho a diseñar el mejor año de tu vida, es decir, un año invencible.

- ¿Qué harías si fracasar no fuera una opción?
- ¿Qué harías sin que te pagaran?
- ¿Qué harías para ser feliz?
- ¿Dónde vivirías, con quién vivirías y qué harías cada día si tuvieras libertad financiera?

Estas son las preguntas que me movilizan, las preguntas que me ayudan a soñar en grande y sin limitaciones.

Una vida sin metas es como conducir sin un destino final.

Cuando finalices este año invencible que estás diseñando, ganará tu progreso en vez de tus excusas; y si no consigues cumplir todas las metas o no alcanzas el 100% de algunas de ellas, no importa, lo vuelves a intentar el próximo año.

Durante años he ido mejorando mi sistema de metas anuales y he conseguido resumir mis mejores herramientas para acompañarte en un viaje visionario para que diseñes ese futuro que tanto anhelas.

Me gusta definir a una persona visionaria como aquella que pasa a la acción a corto plazo mientras mantiene una visión a largo plazo.

Comenzar con este recurso es entrar en acción a corto plazo. Aterrizar lo que quieres y trabajar en definir un primer plan de acción es lo que necesitas para comenzar tu viaje hacia el futuro mientras disfrutas del presente.

Entre tantas opciones que tuviste para diseñar tu año, te agradezco por elegir un año invencible, un proyecto que ha ido evolucionando año tras año como parte de mi misión de apoyar a líderes de alto rendimiento a conseguir sus sueños y, por qué no, para solucionar algunos problemas que siguen rondando sus vidas.

Mis amigos, familiares, seguidores y clientes siempre me definen como una *doer* y resaltan que cuando quiero algo no descanso hasta conseguirlo. Pero la realidad es otra, me encanta soñar, me encanta hacer, pero también cambio mis planes de forma muy frecuente porque me niego a vivir siendo esclava de mis propias decisiones y metas si ya no me llenan o no son relevantes en mi presente o futuro. Este es mi mejor consejo para ti; si después de crear tu año invencible, quieres cambiar la ruta, hazlo, eres el único protagonista en la historia de tu vida y tienes el control remoto para decidir qué hacer, cuándo hacerlo y por qué hacerlo.

Por último, espero que tu gran meta, por encima de todas, sea el progreso, aun cuando esto signifique salir de tu zona de confort y victimización para entrar en una zona de aprendizaje y crecimiento.

Persigue el progreso y el éxito, el dinero y la felicidad, y la verdadera plenitud te perseguirá.

Vilma Núñez, Ph. D.,
tu mentora para un año invencible

¿Qué es el éxito para ti?

Define qué es el éxito personal y profesional para ti. Cada ser humano tiene su propia definición de éxito, es decir, cómo te sentirías pleno disfrutando del presente sin dejar de soñar con un mejor futuro.

_____

_____

_____

_____

_____

_____

_____

_____

_____

¿Qué hitos has acumulado en el último año?

Lista tus hitos acumulados en el último año, no importa si son pequeños o grandes. Lista todo lo que te ha hecho celebrar victorias.

_____

_____

_____

_____

_____

_____

_____

_____

_____

_____

_____

Tus últimos meses en hitos y resultados

Repasa tu calendario para hacer memoria de los hitos y resultados que conseguiste en los últimos 12 meses.

ENERO	FEBRERO	MARZO
ABRIL	MAYO	JUNIO
JULIO	AGOSTO	SEPTIEMBRE
OCTUBRE	NOVIEMBRE	DICIEMBRE

¿Por qué das gracias hoy?

> *Quien no agradece lo poco, no sabrá agradecer lo mucho.*
> VILMA NÚÑEZ*

Agradecimientos

_____

_____

_____

_____

_____

_____

_____

_____

_____

_____

_____

_____

_____

_____

_____

_____

_____

_____

* En lo sucesivo se abreviará como V. N.

Reescribe tus creencias

*Que tu pasado no condicione tu presente
ni mucho menos tu futuro.*
V. N.

Cuando cambias el significado de una creencia limitante, tu mente comenzará a abrirse a nuevas posibilidades y te permitirá descubrir caminos y oportunidades que antes estaban ocultos por tus propias barreras internas. Tu éxito espera pacientemente a que atravieses la barrera de tus miedos y limitaciones. Este es el mejor momento para empezar a cambiar el significado de tus creencias y así convertirte en el arquitecto de tu propio destino.

¿Qué opinas hoy del dinero?	Reescribe tu historia con el **dinero** y cambia el significado que le das.
¿Qué opinas **hoy** sobre la **prosperidad** y **riqueza**?	Reescribe tu historia con la **prosperidad** y **riqueza** y dale un nuevo significado en tu vida.
¿Qué opinas hoy sobre la abundancia?	Reescribe tu historia con la abundancia y hoy mismo disfruta del nuevo significado.

¿Qué quieres?

¿Cuáles serían todas las metas y objetivos que te gustaría alcanzar?
No te limites por el cómo o cuánto, simplemente escribe todo lo que quieres.

METAS	Plazo		
	Corto	Mediano	Largo

¿Qué quieres?

Tener muchas metas no es sinónimo de agobio, es sinónimo de ser un soñador y visionario que, con la constancia, determinación y disciplina necesarias, puede cumplir cualquier sueño y meta.

METAS	Plazo		
	Corto	Mediano	Largo

Tipos de metas para un año invencible

Clasifico mis metas en tres categorías: las de felicidad, las financieras y las de éxito. Te comparto algunas preguntas que me ayudan cada año.

HAPPY GOALS | Metas que te hacen feliz

- ¿Cómo mejorarás tu **calidad de vida?**
- ¿Qué *hobbies* te hacen **feliz?**
- ¿Cómo quieres priorizar tus **relaciones?**
- ¿Cómo quieres mejorar tus **relaciones?**
- ¿Qué **vacaciones o viajes** quieres planificar?
- ¿Qué **compartes** o **devuelves** al mundo?

SUCCESS GOALS | Metas de éxito

- ¿Cómo mides tu **progreso?**
- ¿Qué **nuevas cumbres** quieres alcanzar con tu profesión?
- ¿Cuánto quieres **ganar?**
- ¿Sobre qué vas a **estudiar?**
- ¿Qué nuevas **habilidades** aprenderás?
- ¿Cómo vas a invertir en **relaciones profesionales?**
- ¿Qué grandes **hitos** quieres conseguir?
- ¿Qué te haría **dar un salto** en tu profesión?
- ¿A cuáles **mentores** vas a seguir o contratar?
- ¿Qué inversión en **desarrollo personal** harás?

MONEY GOALS | Metas financieras

- ¿Cuánto vas a **ganar**?
- ¿Cuánto vas a **ahorrar**?
- ¿Cuánto vas a **invertir**?

¿Qué harás para crear *happy revenue*, es decir, obtener ingresos mediante acciones que no solo te brinden beneficios económicos, sino que también te aporten felicidad?

Desapego e innovación

Para expandirte necesitas espacio,
y esto muchas veces significa cerrar ciclos,
etapas, proyectos y hasta empresas.

El apego, cuando anhelamos mejores metas, se convierte en una atadura. Con cada planificación estratégica debemos hacernos cuatro preguntas, las cuales, por cierto, sigo haciéndome cada mes o cuatrimestre con mi vida personal y cada una de mis empresas.

Honestamente, lo que más me ha ayudado a expandirme y crecer a nivel personal y profesional ha sido dejar de impulsar proyectos, líneas de ingresos y metas. En muchas ocasiones, descarto y sigo caminando, lo que a veces convierte una meta sin resultados en un nuevo proyecto que sí tiene éxito. Algo que me ayuda en mi día a día es cuestionarme si las tareas y acciones que llevo a cabo realmente están alineadas con mis objetivos y metas. Es una especie de plan de redireccionamiento para priorizar lo que en verdad me importa.

¿Qué deberías seguir impulsando?

MANTENER

¿Qué deberías dejar de impulsar?

ELIMINAR

¿Qué nuevos proyectos deberías lanzar?

NUEVO

¿Por qué me eligen, me contratan o apoyan?

CONFIANZA

Metas para un año invencible

Para acompañarte en este viaje de tu año invencible, te comparto mi método para crear objetivos con propósito, presión y recompensa, para así tener más oportunidades de cumplir tus sueños. Estas metas se convertirán en tu brújula para priorizar las futuras acciones que debes tomar.

Comienza escribiendo tu objetivo invencible; por ejemplo, en mi caso, sería vender un millón de copias de uno de mis libros. Debo cuestionarme de forma honesta por qué quiero alcanzar ese objetivo, incluso me lo pregunto hasta siete veces, hasta encontrar la razón real de mi deseo. Ese motivo me mantendrá enfocada a lo largo del tiempo. Luego, escribo cómo multiplicar esta meta hasta por diez para desafiar a mi mente a pensar en ideas aún más grandes. Luego hay que definir la fecha límite a nivel de cuatrimestres y la recompensa que designaremos para nuestra meta, es decir, cómo vamos a celebrar cuando la alcancemos. Por último, debes decidir el presupuesto que quieres asignar para alcanzar tus metas y el compromiso con una idea invencible; es decir, una idea en la que crees firmemente para hacer realidad tu meta. Así puedes hacerlo con cada una de tus metas. Tómate el tiempo necesario; tu futuro merece una paciencia estratégica.

> *Está bien querer más. Que tu ambición siempre esté alineada con tu misión. Continúa definiendo metas que te reten, que te emocionen y que te hagan conseguir la mayor de todas, el **progreso**.*
>
> V. N.

Objetivo invencible	¿Por qué quieres ese objetivo?	Objetivo X10	Fecha límite		Recompensa	Inversión	Una idea invencible
1			C1	C2			
			C3	C4			
2			C1	C2			
			C3	C4			
3			C1	C2			
			C3	C4			
4			C1	C2			
			C3	C4			
5			C1	C2			
			C3	C4			
6			C1	C2			
			C3	C4			
7			C1	C2			
			C3	C4			
8			C1	C2			
			C3	C4			

	Objetivo invencible	¿Por qué quieres ese objetivo?	Objetivo X10	Fecha límite		Recompensa	Inversión	Una idea invencible
9				C1	C2			
				C3	C4			
10				C1	C2			
				C3	C4			
11				C1	C2			
				C3	C4			
12				C1	C2			
				C3	C4			
13				C1	C2			
				C3	C4			
14				C1	C2			
				C3	C4			
15				C1	C2			
				C3	C4			

Metas para relaciones

Si estás en una relación y quieres, adicionalmente, crear un año invencible junto a tu pareja, esto es lo que hago con mi esposo.

	TUS METAS		METAS DE TU PAREJA			METAS EN COMÚN		
	Objetivo	¿Por qué?	Objetivo	¿Por qué?	Objetivo	¿Por qué?	Recompensa	
1								
2								
3								
4								
5								

Del objetivo a los resultados

Metas sin acción generan frustración.

Cada vez que comienzo una nueva meta o que me siento estancada, activo mi método «plan puente», que consiste en ser muy honesta para reconocer dónde estoy ahora mismo y cuáles son los recursos de los que dispongo.

Luego, defino los resultados deseados y, por último, me comprometo con 10 acciones que me acerquen a mi objetivo.

TU SITUACIÓN ACTUAL	TU PLAN PUENTE	RESULTADOS DESEADOS
	1	
	2	
	3	
	4	
	5	
	6	
	7	
	8	
	9	
	10	
	Lo que harás hoy:	

Hábitos invencibles

Una buena rutina de hábitos es lo que separa a los soñadores de los ganadores.

Cada uno de nosotros necesitamos crear rutinas de hábitos para conseguir resultados. Cuando tengo que hacer una clase o presentación, siempre aplico la misma rutina. Comienzo poniendo una buena lista de música y dibujando en un papel posibles diapositivas; luego, descargo láminas infográficas que se adapten a mis diapositivas; y, finalmente, abro una presentación de Keynote con mis estilos para convertir dibujos e ideas en diapositivas de alto impacto.

Esta es mi rutina de hábitos para crear diapositivas; sin embargo, cuando me despierto, preparo un café expreso y me dispongo a estudiar y leer como parte de mi crecimiento. En muchas ocasiones, anclas un hábito junto a otro y ahí se comienza a desarrollar una rutina de hábitos.

Tenemos hábitos y rutinas de hábitos positivos y otros negativos. Es importante hacer una introspección para identificar qué rutina o hábito nos está alejando de nuestras metas en vez de acercarnos.

No te limites, puedes tener hábitos como pedir retroalimentación, viajar o darte masajes para tomar decisiones como lo hacemos mi esposo y yo.

Vuélvete creativo diseñando la vida de tus sueños con hábitos invencibles.

- [ ] HACER PREGUNTAS
- [ ] DELEGAR (PERSONAL)
- [ ] DELEGAR (PROFESIONAL)
- [ ] ESTUDIAR
- [ ] LEER
- [ ] COMER SALUDABLE
- [ ] EJERCICIO
- [ ] MEDITAR
- [ ] PLANIFICACIÓN DE TAREAS
- [ ] HACER NETWORKING
- [ ] TIEMPO PARA PENSAR
- [ ] PLANIFICACIÓN FINANCIERA
- [ ] TIEMPO PARA CREAR
- [ ] *MINDSET* POSITIVO
- [ ] PRODUCTIVIDAD
- [ ] PRACTICAR EL SILENCIO
- [ ] BLOQUES DE «*ME TIME*»

- [ ] AGRADECIMIENTO
- [ ] VISUALIZACIÓN
- [ ] DORMIR BIEN (8 h)
- [ ] RESOLUCIÓN DE PROBLEMAS
- [ ] DECIR NO
- [ ] RECIBIR MENTORÍA
- [ ] DAR MENTORÍA
- [ ] CREAR CONTENIDOS
- [ ] COLABORACIONES
- [ ] VIAJAR
- [ ] BLOQUES PARA FAMILIA
- [ ] ESCRIBIR
- [ ] CUIDAR RELACIONES
- [ ] *DOER* (HACEDOR)
- [ ] *GIVER* (DADOR)
- [ ] TOMAR RESPONSABILIDAD

El progreso es tu meta principal

Que este espacio te sirva como un diario que puedas actualizar cada cuatrimestre para resaltar tus mayores hitos, así como los avances con tus metas. Mi coach siempre me dice que no debemos ser esclavos de nuestras propias decisiones; si deseas cambiar una meta, o eliminarla de tu plan, hazlo sin culpa. **Es tu año invencible.**

▶ **LA EVOLUCIÓN Y EL PROGRESO ES INEVITABLE CUANDO TIENES METAS Y TOMAS ACCIÓN MASIVA**

HITOS DEL PRIMER CUATRIMESTRE (1C)	REFLEXIONES

▶ **HONRA TU PROCESO CON UN BUEN SEGUIMIENTO**

HITOS DEL SEGUNDO CUATRIMESTRE (2C)	REFLEXIONES

PERSIGUE EL PROGRESO Y EL ÉXITO TE SEGUIRÁ

HITOS DEL TERCER CUATRIMESTRE (3C)	REFLEXIONES

ERES LO QUE HACES, NO LO QUE DICES

HITOS DEL CUARTO CUATRIMESTRE (4C)	REFLEXIONES

Mi pasión es mi plan de acción

La pasión no es suficiente.

Necesitas convertir tu pasión en tu plan de acción, en un motor de motivación para volverte constante y disciplinado.

Necesitas tener metas claras para crear el hábito de tener éxito, el hábito de conseguir una victoria tras otra.

No te imaginas lo fácil que es entrenarte en ser una persona victoriosa, permíteme mostrarte algunos ejercicios sencillos para que desarrolles este hábito en tiempo récord.

- **Pon tu móvil en blanco y negro** después de las 8 p.m., así apenas lo utilizarás y evitarás el contacto con pantallas antes de dormir para tener un buen descanso.
- **Vete a dormir antes** y así te despertarás solo, sin alarmas, y ya tendrás la mejor victoria del día.
- **Si te quejas de que no tienes tiempo** para estudiar y prepararte, despiértate 30 minutos antes cada día y tendrás un tiempo a solas para invertirlo en tu desarrollo y crecimiento.
- **Comienza el día con pequeñas tareas** en vez de comenzar con la tarea más grande. Estas minivictorias te darán la motivación para las demás tareas.
- **Acostúmbrate a tener varias tareas cada día**, pero solo tres importantes e intenta cumplirlas antes del mediodía.

El éxito es tu derecho y la mejor forma de ejercerlo cada día es ser disciplinado para cumplir tus metas y sueños.

Un año invencible es sinónimo de victorias, celebraciones y también de fracasos y tropiezos. Recuerda detenerte cuando sea necesario para «afinar tu hacha» en vez de seguir golpeando.

La práctica que me ha mantenido firme y disciplinada ha sido el agradecimiento. Despierto cada mañana agradeciendo la oportunidad de estar viva y por todo lo que ya he conseguido. Agradezco el dinero que pago y no solo el que recibo. Agradezco cada momento de salud débil para valorar más mi bienestar. Agradezco cada mini-victoria en el viaje hacia un gran objetivo. Como dice la frase «viaje antes que destino».

Cuando el agradecimiento se vuelva parte fundamental de tu vida, comenzarás a disfrutar más del presente, a sentir una plenitud inexplicable y, sobre todo, será el mejor antídoto para el síndrome del impostor y las épocas desafiantes.

Por último, me despido con este mensaje:

> Eres lo que consumes. ¿Cómo te hablas?, ¿qué vocabulario utilizas para hablar de tu vida personal y profesional?, ¿de qué habla tu círculo más cercano?

La próxima vez que te pregunten cómo estás, ten cuidado de no caer en el círculo vicioso de hacerte la víctima; di que estás trabajando en tu año invencible y créetelo. Al poco tiempo, te acostumbrarás y verás una meta tras otra hacerse realidad, lo que será una consecuencia de tu esfuerzo y disciplina.

Repite conmigo:

Tengo el hábito de tener *éxito*.

Te mereces lo mejor, no te conformes con menos.

El éxito te pertenece, atráelo con un año invencible.

Vilma Núñez, Ph. D.

AGRADECIMIENTOS

El agradecimiento es mi hábito preferido.

No tengo palabras. Este proyecto surgió en mi mente, en una de mis sesiones de reflexión, e inmediatamente pusimos manos a la obra.

Para que este libro llegara a tus manos, tuve muchos cómplices entre mi equipo, unos proveedores fantásticos y editoriales del Grupo Planeta. Gracias a ellos compartimos la carga, y juntos creamos un producto que el mercado hispano estaba esperando.

Gracias, cómplices, sin ustedes este viaje no hubiera sido tan maravilloso. Me siento honrada de poder crear acompañada de tan grandes profesionales.

Solo quiero destacar a algunas personas muy especiales. Comenzaré con seis de ellas que siempre me protegen y que me permitieron escribir este libro. Emma Villalobos, mi hija adorada que a su corta edad entendió lo importante que era este proyecto y me dejó hacer sesiones increíbles mientras me acompañaba jugando a mi lado. Mi esposo Jose Villalobos, quien hace siempre malabares para darme espacios creativos y que escuchó durante horas mis ideas para darme, como siempre, los mejores consejos (incluido el título de este libro). Doña Vilma Villanueva, mi querida madre, la que siempre cuida todos los detalles y la que hace posible que viva de mi pasión trabajando mano a mano conmigo. Rosellina Castagna, mi hermana, mi defensora #1, la primera persona que trabajó conmigo y la que ahora se ha convertido en mi mano derecha en mis negocios y mi marca personal. Maru Matos, una de mis mejores amigas, la que lleva la mitad de mi vida compartiendo aventuras conmigo y con la que tengo el placer de impulsar proyectos memorables. Abnery Ramos, quien llegó a mi vida hace años para poner orden y me permite trabajar con clientes maravillosos y viajar por el mundo para compartir mi mensaje.

Por último, menciono a mis cuatro cómplices literarios. Mi editora, Angelika Plettner, de la cual aprendí con cada recomendación y comentario para esta nueva edición del libro. Rita Colina, quien llegó al equipo de Vilma como una bendición para ayudarme a plasmar mis pensamientos en textos; gracias a ella he vuelto a cambiar vidas a pesar de mi ocupada agenda. Don Bruno Torres, con usted este viaje literario ha sido exquisito, usted me ayudó a ser una mejor autora, me retó a pensar antes de escribir y me ayudó a convertir esta obra en un material adaptable a cualquier audiencia interesada en influir a través de su marca personal. Marco Antonio García, quien hace años me envió un correo y se ofreció a ayudarme a dejar impecables mis textos del blog y que me ha acompañado en mis últimos viajes literarios.

Este es un hito compartido que debemos celebrar todos juntos.

Y a ti, mi querido lector, que estos agradecimientos te sirvan como una lección de que el éxito es siempre una actividad compartida. ¿Para qué llegar más rápido y cansado, pero solo, si puedes llegar más lejos y disfrutar el camino compartiendo la carga y el éxito con otros?

Una última cosa, apreciado lector...

Te quiero feliz.

Eso solía decirme mi padre (QEPD), y hoy te lo digo a ti...

Te quiero feliz.

El éxito de tu marca personal está asegurado si dejas de procrastinar y tomas acción ahora. Pero quiero que lo hagas siendo feliz. Hoy te reafirmo que, si quieres, puedes tenerlo todo: éxito, buenas relaciones, dinero, plenitud y mucha felicidad.

> **Estás destinado a grandes cosas, no te conformes con menos.**

Gracias por permitirme el honor de ser tu mentora a través de este libro.

Nos vemos en la cumbre de los líderes, transformando la vida de miles de personas.